社会福祉入門

芝野松次郎・新川泰弘・山縣文治

［編著］

ミネルヴァ書房

はしがき

　今日，子どもと子育て家庭は，少子高齢化や核家族化や子育て観の多様化等のさまざまな社会的変化の影響を受け，それを取り巻く環境も大きく変化している。たとえば，子育てをしている親が，自分の親や親族からのサポートが得られないだけでなく，近隣の子育て仲間との交流もなく，地域社会から孤立してしまっているケースが見受けられる。このように，子育て家庭が地域社会から孤立している場合には，子育て不安やストレスが引き金となって，子ども虐待やネグレクトなど子どもの健やかな育ちが脅かされる事態に陥ることがある。また，子ども虐待やネグレクトなどによって子どもの生命が危ぶまれる事件も生じており，喫緊の対応が必要となっている。

　こうしたことから，保育所や保育士には，これまで以上の役割や機能が求められ，社会福祉の理念，理論，歴史，法・制度と子育て家庭へのソーシャルワークを学ぶことは，より重要なものとなってきている。そして，このことに応じるように，2015（平成27）年4月からは，子ども・子育て支援新制度に基づいて，子どもや家庭を取り巻くさまざまな環境の変化等に対応した新しい子どもの育ちの支援と子育て家庭への支援が始まり，2017（平成29）年3月31日には，保育所保育指針が約10年ぶりに改定された。また，保育士養成課程を見直すための検討がなされ，新たな保育士養成課程が2019（平成31）年度から適用されることになった。ちなみに，見直し後の教科目の「社会福祉（講義2単位）」の内容も再度，検討されたのである。

　本書は，社会福祉の理念，理論，歴史，法・制度と子育て家庭へのソーシャルワークについて，それをこれから学ぼうとする人のために編まれたものである。それに当たっては，実に様々な基礎的あるいは専門的な知識や技術が必要となるが，本書では，そうした内容を網羅して取り上げている。

　本書では，第1章「社会福祉の法・制度に基づいたソーシャルワーク」，第2章「社会福祉の動向と子ども家庭福祉の課題」，第3章「社会福祉専門職の倫理」，第4章「ソーシャルワークにおける対象理解とケースマネジメント」，第5章「ソーシャルワークの展開過程と評価」，第6章「ソーシャルワークの方法」，第7章「援助関係とコミュニケーション技術」，第8章「社会福祉六法と社会福祉制度」，第9章「社会福祉の実施機関と福祉施設」，第10章「利用者保護に関わる社会福祉制度」，第11章「共生社会の実現と障害者施策」，第12章「日本の社会福祉の歴史的変遷」，第13章「欧米の社会福祉の歩みと諸外国の動向」，第14章「在宅福祉・地域福祉の推進」，第15章「社会保障」から構成されている。各章の終わりには，内容の確認・応用・深化のために，「演習問題」を設けている。

　全編を通して，社会福祉の理念，理論，歴史，法・制度と子育て家庭へのソーシャルワークに精通している専門家が各章を執筆担当している。本書により，社会福祉の理念，理

論, 歴史, 法・制度と子育て家庭を支援するソーシャルワークに関する専門的知識・技術を学ばれ, 将来, 子どもと子育て家庭の支援を担う専門職になっていただくことになれば, 編者にとって望外の幸せである。

　最後に, 本書の出版を快くお引き受けいただいたミネルヴァ書房に, とりわけいろいろとご助言ご援助をいただいた編集部長の浅井久仁人氏に, 心より厚くお礼申し上げたいと思う。

編者一同

社会福祉入門　目　次

第1章 社会福祉の法・制度に基づいたソーシャルワーク

　本章では，まず，対人援助理論・技術としてのソーシャルワークについて，発祥の地である欧米のソーシャルワーク実践理論と技術の発展過程をたどりながら代表的な実践理論について述べる。また，ソーシャルワークの国際定義についても吟味する。その上で，国家資格である社会福祉士法や日本の包括的な実践理論を構築した岡村重夫の社会福祉固有の機能について検討しながら，保育，教育，医療・保健，心理といった領域のさまざまな対人援助専門職が活用可能なソーシャルワークの特性について整理する。そして，複雑化，多様化した人のニーズに対応して改正あるいは創設されてきた法・制度に基づくソーシャルワークの要となるケースマネジメントについて検討する。最後に，人と環境とのインターフェースにおいてニーズとサービス資源とをつなぐ（リンキング）対人援助専門職の例をいくつか検討し，本章のまとめとする。

1. ケースワーク，そしてソーシャルワーク

（1）欧米におけるケースワークの黎明

　英国では19世紀の後半，都市に集中した人びとの中から，劣悪な衛生環境下で病気や怪我によって働けなくなる者が多数でることとなった。こうした人びとを十分機能しなくなった公的制度に代わって支えたのが教会，慈善機関，あるいは個人の慈善活動であった。貧困に陥った人びとの中には，複数の教会や慈善機関を上手に利用し必要以上の給付を受ける人もおれば，給付や施しを受けることを潔しとしない人もおり，乱給・漏給が問題となる。こうした問題を解決すべく，個別に慈善活動する団体を組織化し，乱給・漏給を防ぎ，給付を受けるべき人かどうかを効率的に判断することによって慈善活動に秩序をもたらすための慈善組織協会（Charity Organization Society = COS）が設立されることとなった。英国では1869年にロンドンで最初のCOSが誕生したが，米国では1877年に，そして日本においても1908年に最初のCOSが設立されている。

　このCOSに所属し，貧困家庭を訪問して主に給付が適切に行われているかどうかを確かめる役割を担っていた人たちがおり，友愛訪問員（friendly visitor）と呼ばれた。やがて彼らは，現金や現物給付だけでは，貧困からの自立支援に有効ではないことを知ることになる。友愛訪問員には，給付管理

1

だけではなく，傾聴し，心に働きかけ，自立を援助することが必要とされるようになった。これが「ケースワーク」の誕生へとつながる。

　1800年代末から1900年代初め頃には，友愛訪問員として活動していた大学卒の女性たちには，単なる良き隣人ではなく，ケースワーカーとしての専門性を高める必要があるとされ，米国では専門職養成学校が各地に設立され始める。1898年にニューヨーク市においてニューヨーク・フィランソロピー学校が設立され，1908年には，シカゴ市にシカゴ・シビックス・フィランソロピー学校が設立された。後に，前者はコロンビア大学のスクール・オブ・ソーシャルワーク（ソーシャルワーク専門職大学院），後者はシカゴ大学のスクール・オブ・ソーシャルサービス・アドミニストレーション（社会事業行政専門職大学院）となり，今日のソーシャルワーカーの養成のみならずソーシャルワークの研究者・教育者養成の大学院として米国ソーシャルワークの発展に貢献し続けている。

　専門職としての教育・訓練の重要性を訴えたのは，自らもメリーランド州ボルティモア市のCOSに関わり，活動の理論家でもあったリッチモンド（Richmond, M.）であった。彼女は，最初のケースワーク実践理論ともされる「診断主義」を提唱した。今日では女性の多い専門職と思われがちな社会福祉であるが，当時，専門職として社会的に認められ，敬われるためには，専門的教育訓練は男性によって行われるべきであると，リッチモンドが主張したとされ，驚きを禁じ得ない。ケースワークが誕生したのはそうした時代だった。

（2）米国における代表的なケースワーク実践理論の展開
　本項ではケースワーク実践理論の展開を概観する。したがって，ここで述べるケースワークの諸理論については，第6章も参照していただきたい。
　また，実践理論の展開を概ね歴史に沿って概観するために，当初用いられていたケースワークあるいはソーシャルケースワークという言葉を尊重し，あえて「ケースワーク」という言葉を用いることとした。より包括的なケースワーク実践理論が現れ，本章のタイトルにある「ソーシャルワーク」として統一された経緯については，本項の③において触れる。

① 診断主義と機能主義
　ケースワークは専門職として，また学問として，当時すでに確立された専門職・学問を代表する医学などと肩を並べようとしていた。新参者のケースワークとしては，科学性や研究を重視する必要があった。リッチモンドも科学的な調査研究に裏付けられた処遇手続きを明確にしようとした1人であっ

た。処遇対象である人とその人がおかれた環境について，たとえば貧困が問題であるとすれば，その人が貧困に陥るに至った経緯すなわち問題歴や，どのような環境でどのように育ってきたかという生育歴，そして家庭やその人間関係といった家族歴などを丹念に調査し，貧困の原因を突き止め（診断し），処遇方法を明らかにして実施するという実践の理論的プロセスを提唱した。1917年に出版された『社会診断（*Social Diagnosis*)』は，そうした徹底した調査に基づく診断がケースワークの真髄であると説いたリッチモンド理論の集大成であった（Richmond, 1917)。

　リッチモンドの実践理論には，「調査（study）―診断（diagnosis）―処遇（treatment）」という直線的な援助プロセスが示されている。検査をし，症状の原因を探り，診断，治療するという医学の実践プロセスに倣っており，リッチモンドの実践理論は「診断主義アプローチ」あるいは「診断主義派」と呼ばれ，長年にわたって影響力のある実践理論として専門職の教育訓練に用いられた。

　この診断主義は，コロンビア大学のホリス（Hollis, F.）に受け継がれることになる。当時，米国で歓迎され，リッチモンドも影響を受けたジグムント・フロイトの精神分析やフロイトの娘であるアンナ・フロイトの精神分析的自我心理学の影響を受けながら，ホリスは，人の心理，そして人を取り巻く社会的環境の働きにも配慮した「心理・社会的ケースワーク（Psychosocial Casework）」を提唱した（Hollis 1970）。

　ホリスより少し前に，診断主義の流れを汲むパールマン（Perlman, H）は，アンナ・フロイトの自我心理学に重点を置くケースワーク実践理論を確立していた。1957年に10年間温めたと言われる『ソーシャルケースワーク：問題解決プロセス（*Social Casework : A Problem-Solving Process*)』を満を持して出版している（Perlman, 1957）。学術書としては異例の20万部を売り上げ，10の言語に翻訳されており，パールマンの実践理論は，ケースワークの実践理論を語る上で忘れてはならないものとなった。

　パールマンは，アンナ・フロイトの自我心理学を援用し，人（自我）は無意識的な心的エネルギーの源であるイドと道徳や良心などによって抑制的に働く超自我とに挟まれ両者の間で調整役として働く受動的な存在ではなく，自我が自らを積極的に防衛する機制に見られるように主体的，能動的に問題解決を行う存在であるとした。ワーカーの役割は，そうした人の能動的に問題解決し，社会的に機能すること（生きること）を援助することであるとして，MCOモデルとしてまとめている（第6章参照）。

　ケースワークの実践理論では，こうした診断主義が処遇理論の大きな流れを形成する一方で，リッチモンドがケースワークの要であるとした「診断」

の必要性を否定する実践理論が現れる。米国東部のペンシルバニア大学の人たちが提唱した「機能主義」である。「機能主義アプローチ」とも呼ばれる。

ペンシルバニア大学のタフト（Taft, J.）は，シカゴ大学で博士号を取得しているが，同大学で教育学部・大学院を設立したジョン・デューイの問題解決やプラグマティズムといった実用的・実践的な考え方の影響を受けた。また，タフトは，オーストリアの精神分析家であったオットー・ランクの考え方に大きな影響を受ける。ランクは医師ではなかったが，フロイトに出会い精神分析家となり，長年精神分析の発展に寄与した。しかし，フロイトの学説とは相入れない「出生外傷」という説を唱え，フロイトと袂を分かつこととなった。タフトは，ランクが重視した出生時の外傷が人の生きようとする自由な「意志」を生み出すとする考え方を受け入れ，ケースワークとは，人の自由意志を邪魔する社会的障害を見出し，取り除くのを援助することであるとした。処遇はワーカーとクライエントが出会った時から始まっており，診断の後に援助するという考え方を否定し，出会いから始まるプロセスを重要視した。また，こうした処遇を可能とする機関の機能が重要であるとしたために，機能主義と呼ばれることとなった。1970年にロバーツとニー（Roberts, R. & Nee, R.）が編集した著書は，当時のケースワーク実践理論をまとめたものであるが，機能主義についてはスモーリー（Smalley, R.）が担当している（Smalley, 1970）。

② 課題中心ケースワークと行動変容ケースワーク

ロバーツとニーの著書には，米国でのケースワークの実践理論としては当時比較的新しい理論として見なされていたものも含まれている。今日ではケースワーク実践理論の展開を語る上では見過ごすことのできない重要な理論となっているのが「課題中心ケースワーク」と「行動変容ケースワーク」である。

課題中心ケースワークは，リードとエプシュタイン（Reid, W & Epstein, L.）という類まれな研究者であり実践家の出会いから生まれ，若い研究者や学生との協働によって計画的に洗練されてきた実践理論である（Reid & Epstein, 1972）。その特徴は，まず処遇の短期性を重視した点を挙げることができる。当時，心理療法の領域では，分析的な治療の長期化が問題となり，自然治癒とほとんど変わりないことが指摘され，治療効果の評価に治療期間という変数が考慮されることとなった。短期治療の優位性が注目され始めた時期であった。リードとエプシュタインは，課題中心ケースワークも短期であるべきだとした。リードは，「同等の効果を示す処遇方法が複数あれば，短期なものが優れている」と述べている（芝野，2005）。

　課題中心ケースワークの最大の特徴は，処遇すなわち援助活動を詳細に分析し，「タスク（課題＝task）」という新たな概念を生み出した点であろう。リードとエプシュタインによると，行動は，形態あるいは状態（トポグラフィー）で捉えると「ビヘイビア（behavior）」であるが，目的をもった行動すなわち「アクト（行為＝act）」として捉えることができる。たとえば頭を掻くというビヘイビアは，恥ずかしい思いをして掻くという目的があればアクトとなる。こうしたアクトが一定の間に目的をもって複数行われれば，その全体は「アクション（action）」となる。そして，目的達成に至る一連のアクションを「タスク（task）」としたのである。

　選択された問題の解決に至るまでの間にクライエントがすべき行動は，目的をもった一連のアクションでありタスクということになる。課題中心ケースワークでは，こうしたアクションの一つひとつ，そしてその全体としてのタスクは，クライエントが自らの力で実行しうるものでなければならない。クライエントとワーカーの間で合意されたタスクは明文化される。タスクは，クライエントのみに課せられるものではなく，ワーカーや問題に関わる家族や関係者，そして協働する専門職などにも課せられる。タスクの具体的な内容は明文化され，関係者全てが共有し，「契約」を交わす。この契約という概念も課題中心ケースワークの大きな特徴となっている。

　「行動変容ケースワーク（Behavioral Modification Casework）」は，主にミシガン大学の人たちが提唱した学習理論をベースとする実践理論である。ロバーツとニーの著書では，トーマス（Thomas, E.）が担当している。当時，心理療法の領域でも，精神分析的な治療方法と比較して短期で行動の変化をもたらす方法として注目されていた（Thomas, 1970）。

　この行動変容ケースワークの特徴は，まず，観察でき，数として記録できる行動を処遇の対象とする点である。このように問題を行動として捉え，記録することによって，処遇の結果，行動がどう変化したかを評価し，効果を計画的に測定することができるとした。

　2番目の特徴としては，当時の行動理論に基づいて，行動を分類している点で，分類することによって選択すべき行動変容の方法が示唆されることになる。トーマスは，行動には大きく分けてレスポンダント行動とオペラント行動という2種類の行動があるとしている。前者は，行動に先立つ刺激がはっきりしていて，その刺激に対して反射的に起こる行動のことである。後者は，ある状況のもとで生じた行動がもたらす結果によって将来生じる行動の頻度が左右される行動である。今日ではさらに3番目のカテゴリーとして認知行動が認められており，心理療法の領域では認知行動を変容する認知行動療法が心理治療の中核となっている。

5

行動変容ケースワークの特徴をもう一つ挙げておきたい。処遇効果を客観的に示すことが重要であり，それは対人援助の専門職としてのケースワークの責任であるとした点である。今日でいうアカウンタビリティ（説明責任）を重視した。対象問題を観察・記録可能な行動として捉えることによって，処遇効果を客観的かつ数値化して示すことができるとした。

③ 包括的実践理論としてのライフモデル：医学モデルからの脱却，そして
　　ソーシャルワークへ

　欧米でのケースワーク実践理論は進化し続け，多くの実践理論が生み出されてきた（久保・副田，2005）。本項で取り上げたのはそのほんの一部ではあるが，ケースワークの永い歴史において代表的なものとされている実践理論である。これらの実践理論は，あえて言うと，機能主義ケースワークを除いて，何らかの形で診断主義の流れを汲んでおり，そのベースにはリッチモンドの調査・診断・処遇という線形プロセスの医学モデルがある。本項を締め括るにあたって，この医学モデルから脱去した実践理論である『ライフモデル（Life Model）』を取り上げ，概観したい。これまでに取り上げたケースワーク実践理論の共通点としては，人と環境の両者を常に双眼的に捉え，一体として理解する伝統がある。ここで取り上げるライフモデルはそうした伝統を洗練させたもので，もっともケースワークらしく，かつケースワークからソーシャルワークにつながる包括的実践理論といえる。

　これはコロンビア大学のジャーメイン（Germain, C.）が専門職大学院のカリキュラムの中核となるソーシャルワーク実践理論として開発したものである。共同執筆者であるギターマン（Gitterman, A.）は，『ライフモデル・ソーシャルワーク―理論と実践の展開（第3版）』の，亡き共著者であるジャーメインに捧げた前書きで，このライフモデルはコロンビア大学のソーシャルワーク専門職大学院長の命を受け，教員が協力して計画的に作り上げたものであると述べている（Germain & Gitterman, 1980）。

　ジャーメインはこの著書に先立って幾つかのケースワーク実践理論に関する著書を出版しているが，ケースワークが包括的な枠組みを求めて取り込もうとした2つの重要な理論について触れている。一つは，「一般システムズ理論」であり，もう一つは「エコロジーの理論」である。前者は，人と，人が生活する複雑な環境の構造と機能を，システムを構成するエレメントのダイナミックな関係として解き明かした。ケースワークがこの壮大な理論を取り込み，人の抱える問題を，一般システムズ理論が解き明かしたダイナミックなシステムという枠組みで理解することができれば，問題解決を援助する有効な方法を手に入れることができると考えられた。一般システムズ理論を

援用し，人と人的環境といったエレメントが作り出す生活の構造とダイナミックな機能を理解する。生活の安定した状態を壊す変化が生じた際に安定を取り戻そうとするネガティブフィードバックやポジティブフィードバックといったダイナミックな機能の理解は，ケースワークにとってたいへん魅力的であった。だが，ジャーメインは，この理論は結果的にケースワークには十分に取り入れられなかったとしている。その最大の理由は，理論があまりにも難解であったからだとしている。

　そこへエコロジーの理論が持ち込まれることになる。たとえば，食物連鎖のように生態系を構成する動物の捕食関係や，森林などの生態系における植物の分布のように，人びとが構成する社会的環境における人と人のダイナミクな関係を理解するのに，エコロジーの理論はわかりやすかった。ケースワークはこれを容易に受け入れたと，ジャーメインは語っている（Germain, 1978）。

　ジャーメインとギターマンが多くの研究者や実践家と共同し，一般システムズ理論やエコロジーの理論を援用して作り上げたライフモデルの特徴は，まず，その包括性と医学モデルからの脱却であろう。ケースワーク実践理論は，人と環境を同時に捉え一体として認識することを伝統としてきたが，機能主義の実践理論も，診断主義の流れを汲む実践理論も，精神分析や自我心理学，あるいは行動理論などの影響を受け，人の心理にやや傾いていたといえよう。ことに診断主義の流れを汲む実践理論は，リッチモンドの調査・診断・治療のように医学モデルがベースにあった。問題を医学で言うところの疾病の症状として捉え，厳密な検査をすることによって症状の原因を突き止め，診断し，処遇（治療）方法を選択，実施するという考え方である。しかし，一般システムズ理論やエコロジーの理論を援用して人の問題を包括的に捉えるということは，疾病の症状として問題を捉えるというよりは，人と環境との複雑なやり取り（交互作用）を人の生活（生きること）として捉え，問題は生活そのものであるとする。このライフモデルによって初めて，ケースワークは，人の問題を症状ではなく，生活（ライフ）そのものとして捉えることができたといえよう。

　ここまで，ケースワークのさまざまな実践理論を見てきた。最後に取り上げたライフモデルは，人の問題の捉え方の包括性だけではなく，援助方法についても包括的な捉え方をしており，ケースワークからより包括的な実践理論としてのソーシャルワークになるきっかけとなったモデルともいえる。

　貧困という問題の解決を考えるとき，その原因は人そのものにあるとして，人の不道徳で邪悪な精神が問題であり，人を変えなければならないとする考え方と，その原因は人が住む環境や制度などにあり，不衛生な都市環境や社

会の仕組みに問題があるとして，社会を変革しなければならないとする考え方があった。この両者の考え方は時代の流れの中で振り子が移動するように個人への処遇が強調されたり，生活環境や制度といった社会環境の変革が強調されたりした。ケースワークでは，当初より人と環境を一体として捉えることの重要性が一貫して訴えられてきたが，精神分析や心理学の影響を受け，個人や家族への治療的な処遇に重点が置かれるようになった。個人の集まりである小集団への処遇も重視され，グループの中での集団活動を通して人は成長するとする理論に基づき，人の健全な成長の援助においてグループを活用するというアプローチと，グループには人が抱える問題を治してくれる力があるとする理論に基づき，グループを治療的に活用するというアプローチが発展し，「グループワーク（group work）」という援助方法が確立した。一方，ジェーン・アダムスやメアリー・マクドウェル（McDowell, M.）といった社会変革を重視する人びとはコミュニティの組織化を目指し，「コミュニティオーガニゼーション」という方法を確立していく。

　結果，ケースワーク，グループワーク，そしてコミュニティオーガニゼーションという3つの方法が社会福祉の実践方法として長い間受け継がれてきた。しかし，現在では，社会福祉の実践方法は包括的なソーシャルワークとして統合されている。日本では，社会福祉士の援助のレパートリーとして，ケースワーク，グループワーク，コミュニティオーガニゼーション（コミュニティワーク）に相当する個別援助技術，集団援助技術，地域援助技術という捉え方もされるが，社会福祉士受験資格を取得するための教育課程とそれに基づく出題基準では，そうした分類法は用いていない。「相談援助の理論と方法」という科目の出題基準項目を見ると，包括的な視点から，本項で取り上げた実践理論を含むさまざまな実践モデル・アプローチが取り上げられている。地域援助技術に関しては「地域福祉の理論と方法」が別途定められている。また，後に本章でも触れる包括的な視点での新たな援助技術として「ケースマネジメント（case management）」が取り上げられている。

2．社会福祉士法，そしてソーシャルワークの特性

　日本では1987年に「社会福祉士及び介護福祉士法」が公布されたが，この社会福祉士がソーシャルワークを実践する主体であると考えることができる。法制定以前にももちろん，社会福祉の教育を受けた人びとが社会福祉の第一次分野・領域（福祉事務所，児童福祉，高齢者福祉，障害者福祉などの施設，機関）や，社会福祉の第二次分野・領域（学校，医療・保健機関など）においてソーシャルワークを担っていた人たちが数多くいた。そうした人たち，

なかでも医療や精神医療，児童・高齢者・障害者福祉の領域で利用者の援助に当たっていた人びとからは，根強い国家資格への要望があったが，実現には至らなかった。しかし，1986年に東京で開催された第23回国際社会福祉会議を前に，海外から「日本には福祉の専門職がいないのか？」といった疑問が投げかけられ，国内でも超高齢社会を目前にして介護専門職の不足が懸念され，一気に国家資格設置の機運が高まった。結果，介護福祉士との抱き合わせで，社会福祉士及び介護福祉士法が定められ，永年の悲願であった国家資格が誕生することとなった。

　ただ，この社会福祉士は，当初，医療の領域などをカバーしなかったため，欧米のようにあらゆる生活分野で活動するソーシャルワーカーとは違っていた。国家資格実現を支援した人びとの中には落胆する者も少なくなかったとされる。本節では，その後多くの改正を重ねてきた国家資格である社会福祉士の業務を概観し，法が定める役割とソーシャルワークとの関係について検討し，ソーシャルワークが社会福祉士のみならず保育，教育，医療・保健，看護，心理など，関連するさまざま領域で人を援助する専門職（対人援助専門職）も活用できる援助理論であり技術であることを確認する。その上で，前節で概観したソーシャルワークのさまざまな実践理論を踏まえ，また，日本における包括的な実践理論の最初の提唱者である岡村重夫の実践理論をも踏まえて，ソーシャルワークの特性を整理する。さらに，本節の後半と次節において，日本の社会福祉士や多くの対人援助専門職のように大学の学部教育課程でソーシャルワークを学んだ専門職の実践力を考え，ソーシャルワークの要ともいえる「ケースマネジメント（case management）」について検討することによって，社会福祉の法律と制度に基づくソーシャルワークのこれからの可能性についても考える。

（1）社会福祉士とその役割
　1987年に公布された社会福祉士及び介護福祉士法の第2条には，

> 「社会福祉士」とは，第二十八条の登録を受け，社会福祉士の名称を用いて，専門的知識及び技術をもつて，身体上若しくは精神上の障害があること又は環境上の理由により日常生活を営むのに支障がある者の福祉に関する相談に応じ，助言，指導，福祉サービスを提供する者又は医師その他の保健医療サービスを提供する者その他の関係者（第四十七条において「福祉サービス関係者等」という。）との連絡及び調整その他の援助を行うこと（第七条及び第四十七条の二において「相談援助」という。）を業とする者をいう。

と記されている。また，第4条には，「社会福祉士試験に合格した者は，社会福祉士となる資格を有する。」とあるように，第7条に定める12通りの方法で国家試験の受験資格を得た後，国家試験を受け合格した者が，社会福祉士となる資格をもつことになる。社会福祉士と名乗り，専門的知識と技術を持って身体・精神上の障害あるいは環境上の理由で日常生活に支障がある者の福祉に関する相談に応じて，助言や指導，福祉サービスを提供したり，医療・保健サービスを提供する専門職との連絡・調整をしたりすることが役割ということになる。

　また，同第48条に定められているように社会福祉士の資格のない者は社会福祉士という名称を使用してはならないと定められており，社会福祉士はいわゆる「名称独占」の資格である。しかし，医師のように医師の資格のない者は法に定められた医行為をしてはならないという「業務独占」の資格ではない。したがって，相談・助言・指導・福祉サービス提供・連携といった業務は他の者がしてはならないというわけではない。さらに，相談・助言・指導・福祉サービス提供・連携という業務はソーシャルワーク的な業務であるが，社会福祉士の業務として「ソーシャルワーク」という表現はない。これらを考慮すると，社会福祉士法が定める業務とソーシャルワークは等しいとはいえない。

　本章で考えるソーシャルワークは，前節で見てきたように，欧米での長い実践理論発展の歴史がある対人援助の理論と技術であるが，社会福祉士のみならず保育士，教師，医師，保健師，看護師，心理士など関連するさまざまな領域での対人援助専門職も活用できる汎用性のある援助理論・技術であるといえる。

（2）ソーシャルワークの特性

　前節で紹介したように，ソーシャルワーク実践理論はさまざまな理論家（研究者）や実践家によって，あるいはそうした人たちが協働して創り出した多くの実践理論の集合体である。その集合体に含まれる一つひとつの実践理論は互いに関連し緩やかに結びついたシステムを形成している。ソーシャルワークを実践する対人援助専門職は，この実践理論システムから実践の理論的根拠を得て日常生活に支障のある人を援助する。したがって，ソーシャルワークとは何かという問いに対して，簡便な答えはない。

　しかし，前節で見たように，さまざまな理論と技術のベースとなる問題の捉え方，すなわち人と，人が生活する環境を一体として捉える視点，あるいは援助を必要とする人と接する姿勢などには共通するところがある。それは他の対人援助の理論・技術とは異なっておりソーシャルワークの特性と考え

ることができる。こうした特性に鑑みて，ソーシャルワークを実践する専門
職とソーシャルワークの国際的な定義が示されている。国際ソーシャルワー
カー連盟（International Federation of Social Workers＝IFSW）は，2000年のモ
ントリオールでの総会で定義を示し，2014年にはメルボルンにおける IFSW
総会でグローバル定義（新定義）を採択している。本項では，この国際定義
からソーシャルワークの特性を検討する。

　IFSW の2000年の定義は，半年遅れて2001年に日本語の定訳が公表された。
定義に加え，解説，価値，理論，実践が示されているが，以下に定義と解説
を示す（岩崎，2001）。

> 定義：ソーシャルワーク専門職は，人間の福利（ウェルビーイング）の増進を目
> 指して，社会の変革を進め，人間関係における問題解決を図り，人びとのエンパ
> ワーメントと解放を促していく。ソーシャルワークは，人間の行動と社会システ
> ムに関する理論を利用して，人びとがその環境と相互に影響し合う接点に介入す
> る。人権と社会正義の原理は，ソーシャルワークの拠り所とする基盤である。

> 解説：様々な形態をもって行われるソーシャルワークは，人びととその環境の
> 間の多様で複雑な相互作用に働きかける。その使命は，すべての人びとが，彼ら
> のもつ可能性を十分に発展させ，その生活を豊かなものにし，かつ，機能不全を
> 防ぐことができるようにすることである。専門職としてのソーシャルワークが焦
> 点を置くのは，問題解決と変革である。従ってこの意味で，ソーシャルワーカー
> は，社会においての，かつ，ソーシャルワーカーが支援する個人，家族，コミュ
> ニティの人びととの生活にとっての，変革をもたらす仲介者である。ソーシャルワ
> ークは，価値，理論，および実践が相互に関連しあうシステムである。

　この定義と解説から，筆者による下線破線部分に記されているように，ソ
ーシャルワーク専門職は，人のウェルビーイング（幸福で健康な状態）の向
上を目指して，社会変革（環境の変革）や人間関係における問題解決（人へ
の処遇）を図り，人（個人，家族，コミュニティの人びと）が力をつけ，可
能性を実現するのを援助する専門職（仲介者＝エージェント）であるとして
いる。そして，筆者による下線実線部分に記されているように，ソーシャル
ワークは，人の行動と社会システムに関する理論を用いて，人と環境（社会
制度など）とが複雑に相互作用し合うところ，すなわち接点（インターフェ
ース）に介入するさまざまな援助活動であるとしている。
　一方，2015年に公にされたグローバル定義の日本語定訳は以下に示すとお
りである（社会福祉専門職団体協議会，2015）。

> ソーシャルワークは，社会変革と社会開発，社会的結束，および人々のエンパワメントと解放を促進する，実践に基づいた専門職であり学問である。社会正義，人権，集団的責任，および多様性尊重の諸原理は，ソーシャルワークの中核をなす。ソーシャルワークの理論，社会科学，人文学および地域・民族固有の知を基盤として，ソーシャルワークは，生活課題に取り組みウェルビーイングを高めるよう，人々やさまざまな構造に働きかける。この定義は，各国および世界の各地域で展開してもよい。

　ソーシャルワークを実践に基づいた専門職であり学問であるとし，目指すところとして，社会開発や社会的結束が加わった。これは，旧定義の背景にある西洋中心主義・近代主義に対する加盟国の批判を受け，途上国の事情に配慮した結果といえよう。拠って立つ原理や理論についても，これまでの社会正義や人権に加え，多様性尊重の諸原理や地域・民族固有の知などをソーシャルワーク実践の基盤としている。また，旧定義でもミクロな個人の問題解決とマクロな社会改革の両方に焦点を当てるとしているが，新定義では社会変革に社会開発を加え，マクロな問題解決を強調し，抑圧や不正義を生み出す構造を変革するソーシャルワークを訴えている。これも途上国や紛争のある国への配慮であり，グローバルに見られる分断や格差の増大が懸念される社会構造の変革を訴える定義となっている。しかし，新定義にあった「人と環境の接点への介入」という主旨の表現が消え，エコロジーの理論に基づき人の生活を包括的に捉えるライフモデルのエッセンスが失われたのは残念である。こうした点を考慮し，かつ本項の目的が日本の法・制度におけるソーシャルワークの特性を検討することであるとすると，新定義は，伝統的かつ今日も重要なソーシャルワークの特性を見え難くしており，本項での検討は旧定義の内容に重点を置くことにしたい。

　本項のまとめとして，前節で概観したケースワーク実践理論の検討を踏まえ，そして主に IFSW の旧定義において明示されていることから，ソーシャルワークの特性を整理する。ソーシャルワークは，①人（個人・家族・集団など）と環境（社会制度など）を一体として捉え，その両者が相互に影響し合う接点（インターフェース）を援助の焦点とする。②個人・家族・集団といったミクロの問題解決については，精神分析や自我心理学，行動理論をはじめとするさまざまな人の心理や行動に関する諸理論やソーシャルワーク実践理論を基盤とする。③マクロの社会変革については，抑圧や不正義の構造を見出し，そうした社会構造の変革にも挑戦する。欧米での1世紀を超えるソーシャルワークの実践理論システムの発展を踏まえ，社会福祉士のみならず保育や看護，医療，教育，心理の領域でそれぞれの法・制度を根

拠として活動するさまざまな対人援助専門職によって用いることのできるソーシャルワークの特性を整理してみた。

　ここまで見てきたソーシャルワークの特性は，問題とその解決法に関する理論的・技術的な側面を重視して解説したものである。専門職を定義する場合に用いられる3要素という観点からすると，主に，問題を理解し援助の方向性を示す「知識」と，知識が示す方向に向かって具体的に援助を進める「技術」が中心になっている。専門職の要素にはもう一つあり，それは援助を進めようとする積極的な姿勢と動機付けになる「価値」である。問題に直面し苦しむ人を思いやり，人は尊い存在であり自己実現を目指す存在であると認知するところから専門職の「価値」は生まれ，傾聴し受け入れる（受容・許容）態度として表出される。ソーシャルワークのグローバル定義には明示されていないが，旧定義の解説には「ソーシャルワークは，価値，理論，および実践が相互に関連しあうシステムである」と記されており，ソーシャルワークにおける「価値」の重要性を忘れてはならない。

（3）日本の包括的実践理論

　前節で見たように米国では，ソーシャルワーク固有とはいえなかった医学モデルから脱し，一般システムズ理論やエコロジーの理論を援用して生活を包括的に捉え，問題解決を援助するライフモデルが，ソーシャルワークの代表的な包括的実践理論と言える。日本においてそうした包括的な社会福祉実践理論は，ライフモデルよりも以前に岡村重夫によって公にされている（岡村，1957）。いわゆる「岡村理論」については，第5章でも詳細な説明があるので，本項では，ソーシャルワークの特性と次節で述べるケースマネジメントとの関係を中心に検討したい。

　岡村は，人が生きること，すなわち「社会生活」は，人が制度と交渉関連をもつところから始まるとする。医療や教育などといった「社会制度」は，人の「社会生活上の基本的な要求」を充たす仕組みであるとする。そして，「社会生活上の基本的な要求」とは人が生きるために必要とするものとしている。社会生活上の要求をもった人が，その要求を充たすために，生活している環境の中にある制度と交渉関連をもつことが「社会関係」であるとしている。この社会関係は生活することであり社会生活ということもできる。交渉関連としての社会関係は社会生活そのもの，社会生活の本質であるといえる。岡村の言う制度は環境として捉えることができ，本項では制度的環境と呼ぶことにしたい。こうした人と制度的環境，そしてその間の交渉関連は，まさに，「人と環境とその両者が複雑に影響し合うインターフェース」というソーシャルワークの包括的な視点と一致しているといえる。

岡村は，こうした生活上の要求をもった人と制度的環境との交渉関連すなわち社会関係に焦点を絞ることによって，社会福祉固有の問題の捉え方，そしてそうした問題の解決を援助する社会福祉固有の機能を明らかにした。岡村は人から制度的環境への交渉（働きかけ）を「社会関係の主体的側面」と呼び，制度的環境から人への働きかけを「社会関係の客体的側面」と呼んだ。社会生活はこうした2つの側面をもつ複雑な社会関係であるとした。岡村は，人の社会生活はさらに複雑だとする。たとえば，病気になった人が健康になりたいという要求と，知識と技術を身につけたいという要求を同時にもったとしよう。医療制度と社会関係をもちながら，同時に教育制度と社会関係をもつことになる。要求が増えれば社会関係はより複雑になる。

　その結果，こうした複雑な社会関係に問題が生じることになる。①同時に進行する社会関係の間に矛盾，軋轢が生じることがある。たとえば，長期療養を処方する病院からの要求と長期欠席を問題視する学校の要求とが矛盾すると，そこに社会生活上の困難が生じることになる。岡村はこれを「社会関係の不調和」と呼んだ。②社会生活上の要求があり，それに対応する制度があるにもかかわらず，両者がつながっていないことがある。たとえば患者が治療してくれる病院を探し出すことができなかったり，利用申請の方法を知らなかったりするような場合で，岡村はこれを「社会関係の欠損」と呼んだ。③社会生活上の要求があるにもかかわらず，それに対応する制度がない場合である。たとえば，極めて特殊な病気で治療方法がまだ開発されていない場合などで，岡村はこれを「社会制度の欠陥」と呼んだ。こうした社会福祉固有の問題に対して，社会関係のどこに問題があるかを調査する機能を「評価的機能」，社会関係に不調和がある場合に矛盾を解決する機能を「調整的機能」，社会関係に欠損がある場合に要求と制度とをつなぐ機能を「送致的機能」，そして制度に欠陥がある場合に制度ができるまで社会福祉が肩代わりをする機能を「代替的機能」と呼んだ。岡村はこれらの機能を社会福祉固有の機能とした。岡村は後に代替的機能を削除し，新たな制度を作り出す機能を「保護的機能」とした。

　岡村は，社会福祉の機能は人そのものを治療するのでもなければ，制度そのものを開発するものでもない。両者の間の社会関係が社会福祉固有の対象であり，社会関係を評価，調整し，送致することが固有の役割であるとしている。そして，必要な場合には制度を開発しなければならなくなることもあるとしている。岡村の包括的実践理論における社会関係への直接的働きかけの重視は，ソーシャルワークが人と環境が複雑に影響し合うインターフェースに介入するとする考え方と一致する。

　筆者は，岡村の社会福祉固有の機能の中でも送致的機能がソーシャルワー

クにとって極めて重要であると考えている。人の社会生活上の要求が存在し，対応する制度があるにもかかわらず，この両者の間に交渉関連がない，すなわち社会関係が欠損している場合に，社会福祉は送致的機能によって問題解決を援助することになる。今日，高齢者，障害者，児童の領域では，超少子高齢社会の社会経済的環境変化に対応すべく法・制度改正が目まぐるしく行われている。改正された法・制度に基づき，さまざまなニーズ（岡村の言う社会生活上の要求）に応える事務事業（サービス資源）の整備がされてきたが，こうした両者の間の交渉関連すなわち社会関係が十分でないことも多い。そこで，高齢者や障害者福祉ではニーズと資源をつなぐケアマネジメントが重要になる。児童福祉法の領域でも，少子化問題に加え，子ども虐待の問題が深刻化しており，法改正が相次いでいる。2012年に子ども・子育て関連3法が成立し，2015年より子ども・子育て新制度がスタートした。子ども・子育て支援給付における教育・保育給付や地域子ども・子育て支援事業などにおいてさまざまなサービス資源が整備されてきたが，子どもの成長と子育てに関わるニーズとこれらのサービスが十分につながっていない現実がある。地域子ども・子育て支援事業では，このつながりを促進する利用者支援事業がスタートした。ケアマネジメントや利用者支援事業は，岡村の言う送致的機能を核としており，ソーシャルワークで言うと，人と環境とのインターフェースへの介入といえる。米国でも学部卒業のソーシャルワーカーが行うケースマネジメントの要となる機能が送致的機能である。

3．人と環境（法・制度）との接点で機能するソーシャルワーク（PEIM）

　本節では，第1節第3項で検討した包括的なソーシャルワーク実践理論であるライフモデル，そして第2節第4項で検討した岡村の包括的社会福祉実践理論を踏まえてケースマネジメントについて検討する。日本のように医療，看護，福祉，教育，心理などの領域で，大学学部教育で対人援助の理論と技術を学び，対人援助専門職としてソーシャルワークを活用する者にとっては，ケースマネジメントがソーシャルワークの要となる援助理論であり技術となりうることを確認する。岡村が言うように人が生活する環境は，法に基づく制度が中心となって構成されているとすれば，生きるためのニーズ（社会生活上の要求）を持つ人と，そのニーズを充たす制度からなる環境との交互作用（岡村の社会関係であり，ソーシャルワークの定義にあるインターフェース）に生じる問題の解決を援助するソーシャルワークの中心的な理論・技術がケースマネジメントということになる。本項ではこれを「人と環境のイン

ターフェースにおいて機能するマネジメント（person environment interface management＝PEIM）」と呼ぶ。

さらに，本節では社会福祉に関連するさまざまな法・制度に基づくソーシャルワークについて，ケースマネジメントの例を挙げて検討する。先にも触れたが，日本では超少子高齢社会が到来し，社会経済的な環境が厳しさを増す中で，高齢者福祉，障害者福祉，そして児童福祉，あるいは医療，看護，教育などの領域において法・制度改正が矢継ぎ早に行われ，それに基づく事務事業（サービス資源）が数多く生み出されている。ニーズをもつ人にこれらのサービス資源を的確かつ効率・効果的に提供する方法が必要となる。本項ではそれがケースマネジメントであることを，具体的に確認する。

（1）ケースマネジメントとは

ケースマネジメントについては，第4章において具体的に紹介されているので本項では理念的な側面を概観する。

ケースマネジメントがソーシャルワークの新しい援助技術として注目され始めたのは30年あまり前のことになる。ケースマネジメントは1987年の『ソーシャルワーク事典第18版（*Encyclopedia of Social Work*）』に初めて単独の項目として登場する。執筆担当者のルビン（Rubin, A）は，ケースマネジメントのプロセスを，アセスメント・プランニング・リンキング・モニタリングとしている（Rubin, 1987）。これは，ほぼ今日の一般的なソーシャルワークの援助プロセスと同じである。モニタリングは援助の進捗をモニターし，評価するということでエバリュエーションの要素も含まれており，ソーシャルワークの一般的なプロセスとの違いはリンキングということになる。ソーシャルワークではアセスメントに基づいて援助計画を作るプランニングの後は，計画実施という意味の「インプリメンテーション（実施）」がくるが，ケースマネジメントでは「リンキング」となっており，これが大きな違いといえる。リンキングは人のニーズとサービス資源とをつなぐことである。古くは，ブライアー（Briar, S.）が，ケースワークの役割の一つとしたブローカーの役割に相当する（Briar 1971）。バスキンド（Baskind, F.）が，学部卒業のソーシャルワーカー（BSW）は，スペシャリストである大学院修士課程修了のMSWとは異なり，ジェネラリストとしての役割を果たすとした。彼は，機関・施設長などに質問紙調査を実施し，上司としてBSWに期待する役割について尋ね，データを因子分析し，役割を抽出したが，その中でもっとも期待されたのはブローカーの役割であったとしている（Baskind, 1984）。このブローカーとリンキングはほぼ同じであると考えてよい。リンキングは，このようにソーシャルワークの重要な役割と考えられてきた。岡村が社会福

祉固有の機能の一つとした送致的機能も，生活上の要求をもつ人と制度的環境のサービス資源とをつなぐ機能であり，まさにリンキングを意味している。リンキングはケースマネジメントの要の機能であるとともに，ソーシャルワークの人と環境との接点に介入する具体的な技術だといえよう。

　筆者は，これまで述べてきたソーシャルワークの特性とケースマネジメントの中心となるリンキングや岡村の社会福祉固有の機能としての送致的機能などを踏まえ，ケースマネジメントを以下のように定義する。「クライエント（利用者・生活者）のニーズ（社会生活上の要求）と社会資源（制度的環境における諸サービス）を的確に把握し，クライエントがもっとも必要とするときに，もっとも必要とする社会資源につなぐこと」。本節の冒頭で触れたように，こうしたケースマネジメントを「人と環境のインターフェースにおいて機能するマネジメント」と呼ぶ。

（2）社会福祉の法・制度に基づくケースマネジメント

　近年，超少子高齢化による社会経済的環境の変化に対応すべく社会福祉に関連する法・制度の改正が行われてきた。人のニーズの多様化，複雑化に対応できる地域のサービス資源の質・量の改善，新たなサービス資源の開発が行われている。また，そうした人のニーズと地域のサービス資源を丁寧に把握し，的確にリンキングする事業も整備されてきた。こうした事業はソーシャルワークの要となるケースマネジメント機能であり，ようやくソーシャルワークが地域で展開できるようになりつつある。

　2003年，日本学術会議第18期社会福祉・社会保障研究連絡委員会は「ソーシャルワークが展開できる社会システムづくりへの提案」を報告している。同報告書は，「子ども虐待，ホームレス，精神障害者問題等に関して社会からのソーシャルワークに対する期待や要請は極めて大きい。ソーシャルワーク教育系大学や教員は急増しており，社会的人材の急激な拡大が図られてきた」。しかし，「社会的にソーシャルワーカーを受け入れる状況になっていない」。したがって，「ソーシャルワークが展開できる社会システムづくりに向けて，ソーシャルワーカーの任用・養成・研修について提案する」としている。当時の状況と今日の状況とは違うところが多いが，今日でもソーシャルワークを必要とする領域は，福祉分野のみならず，関連する医療・保健，看護，教育，心理などに拡大しており，社会は，ソーシャルワーカーのみならず，ソーシャルワークを実施できる対人援助専門職に対する期待もある。超少子高齢社会の多様かつ複雑なニーズに対応すべくさまざまな法・制度改正が行われ，ソーシャルワークが展開できる社会へと成熟しつつある。なかでもソーシャルワークのリンキング機能を要とするケースマネジメントへの期

待は高いといえよう。

　たとえば，ケアマネジメントは，今日の社会において高齢者や障害者の介護に不可欠な機能となっている。児童福祉においても，子ども・子育て支援新制度の地域子ども・子育て支援事業における利用者支援事業はまさにソーシャルワークとしてのケースマネジメントといえる。

　児童福祉の分野では他に，子ども虐待への対応に関連して，多くの専門相談員が設置された。たとえば，児童福祉施設に配置される「家庭支援専門相談員（ファミリーソーシャルワーカー）」や里親支援機関などに配置される「里親支援専門相談員（里親支援ソーシャルワーカー）」である。2016年の児童福祉法の改正や新しい社会的養育ビジョンに基づき，市区町村に設置される「子ども家庭総合支援拠点」における「子ども家庭支援員」もケースマネジメントを実施する対人援助専門職と考えられる。

　本節では，「利用者支援事業」と「里親支援専門相談員」について検討し，関連法・制度に基づくケースマネジメントのあり方を考える。

（3）子ども・子育て支援に関わる法・制度に基づく利用者支援事業

　少子化に歯止めがかからないなか，法・制度の改正と新たな制度の創設によるさまざまな取り組みがなされてきた。女性の社会進出と子育ての両立を念頭に置いたエンゼルプランは，「緊急保育対策等5か年事業」を目玉とする少子化対策ではあったが，待機児童を増加させただけで少子化を食い止めることはできなかった。その後，単なる少子化対策ではなく男性の育児参加や企業の育児支援，ワークライフバランス，待機児童対策などに取り組み，安心して子どもを産み，育てることに喜びを感じることのできる社会を目指す「次世代育成支援行動計画」の策定が基礎自治体のみならず事業主に課せられた。さらに「子ども・子育て応援プラン」，「子ども・子育てビジョン」，「待機児童解消加速化プラン」など新たな制度が次つぎと生み出された。社会全体で子どもと子育てを支援し，児童に対して教育・保育を総合的に提供するとともに，共働き家庭だけではなく，すべての子育て家庭への支援を実現するために，包括的な制度が新たに設けられることになった。2012年「子ども・子育て関連3法」が成立し，2015年より「子ども・子育て支援新制度」が始まった。

　新制度の柱は，教育と保育を一体的に提供することによって子どもの成長を支える「教育・保育給付」と，すべての子育て家庭を支援する「地域子ども・子育て支援事業」である。教育・保育給付については，幼稚園・保育所・認定こども園（幼保連携型・幼稚園型・保育所型・地方裁量型）の利用に対する「施設型給付」，家庭的保育や小規模保育，事業所内保育，居宅訪

問型保育の利用に対する「地域型保育給付」がある。子どもの年齢が3歳以上で，幼稚園あるいは認定こども園（幼稚園型など）を希望する場合，利用者は「1号認定」を受ける必要があり，保育所あるいは認定こども園（保育所型など）を希望する場合，利用者は「2号認定」を受ける必要がある。子どもの年齢が3歳未満で保育所あるいは認定こども園（保育所型など）を希望する場合，利用者は「3号認定」を受ける必要があり，認定にはそれぞれ資格要件が定められている。

　地域子ども・子育て支援事業では，基礎自治体において全ての子育て家庭と子どもを対象に，子育てと子育ちのニーズに応えるサービスを提供するが，「利用者支援事業」，「地域子育て支援拠点事業」，「妊婦健康審査」，「乳児家庭全戸訪問事業」など10を超える事業が実施されている。

　こうした子ども・子育て支援の多岐にわたるサービスを実施する子ども・子育て支援計画の策定に当たっては，子育て家庭等への調査を実施し，ニーズ量を把握して，市区町村の「子ども・子育て会議」において審議される。子ども・子育て会議は計画の進捗状況を継続的にモニターし，必要に応じて改善への提言をする。子ども・子育て支援に関わる事務事業（サービス）の全体を見ると，自治体によっては200を超える事業を実施している。しかし，会議での委員の意見や自治体が行う利用者評価の分析からは，自治体の丁寧な広報にも関わらず，利用者がサービスについて知らなかったり，知っていても利用の仕方がわからなかったりという状況があり，改善が強く求められている。こうした状況は，利用者が子育てに関する要望，すなわち岡村の言う社会生活上の要求をもっており，地域にはそれに対応する制度とそれに基づくサービス資源があるにもかかわらず，両者の交渉関連（交互作用）に問題が生じていることになる。すなわち，岡村の言う社会関係の欠損という問題が，人と環境とのインターフェースにおいて生じているのである。したがって，送致的機能，すなわちリンキングが必要とされ，ソーシャルワークとしてのケースマネジメントが必要とされる状況があることになる（芝野, 2019）。

　子ども・子育て新制度に基づく地域子ども・子育て支援事業には，先に触れた「利用者支援事業」がある。この事業は，基礎自治体である市区町村が子ども・子育て支援事業計画に基づいて提供する多岐にわたる事業（サービス資源）を利用者がニーズに合わせて確実に利用できるように，サービス資源の内容と利用方法についての情報を提供し，利用者（のニーズ）とサービスをリンクキングするための事業である。子ども・子育て支援事業が絵に描いた餅にならないようにする要の事業であるといえる。まさにソーシャルワークとしてのケースマネジメントを実施する事業ということになる。法では，利用者支援事業には「特定型」と呼ばれる，教育・保育給付の施設型給付あ

るいは地域型給付に関しての情報を提供し，利用者がニーズに合ったサービスを選択・利用できるように援助するものがある。自治体によっては，これを「保育コンシェルジュ」と呼ぶところもある。利用者支援事業には「基本型」と呼ばれるものもある。これは，すべての子育て家庭のニーズに合わせて，子ども・子育て支援事業で提供される事業や関連するサービスについての情報を提供しリンキングするもので，「地域子育て支援拠点」や「子育て世代包括支援センター（母子健康包括支援センター）」などで提供される。自治体によってはこれを「子育てコンシェルジュ」と呼ぶところもある。また，「母子保健型」と呼ばれる利用者支援事業は，特にリスクの高い妊婦や新生児のニーズに応えるべく医療・保健に関わる資源についての情報を提供し，リンクキングするものであり，子ども虐待の予防に寄与すると考えられている。

　このように利用者支援事業は，法・制度に基づき，ニーズとサービス資源のインターフェースにおいてリンキングを中心とするソーシャルワークを行うケースマネジメントであるということができる。

（4）社会的養育ビジョンと里親支援専門相談員

　子ども虐待が深刻化するなか，家庭に留まれない子どもたちに対する社会的養護のあり方が検討され，施設養護を家庭に近づけるユニット化が推進されるとともに，家庭養護（里親委託）の推進が本格化することとなった。2012年に厚生労働省は，子どもの最善の利益に鑑み，被虐待児が早期に家庭復帰できるよう「家庭支援専門相談員（ファミリーソーシャルワーカー）」を児童養護施設など児童福祉施設に配置できるようにした。加えて，「里親支援専門相談員（里親支援ソーシャルワーカー）」を里親支援機関等に配置して，社会的養護における家庭養護の強化に乗り出した（厚生労働省雇用均等・児童家庭局長「雇児発0405第11号」通知 2012）。

　2016年の児童福祉法改正は，法が制定されてから初めての理念改正で，子どもの権利条約の主要理念である「子どもの最善の利益（best interests of children）」が前面に押し出された。これを受け2017年には，新しい社会的養育の在り方に関する検討会から『新しい社会的養育ビジョン』が公にされた。2020年には都道府県及び政令指定都市において「社会的養育推進計画」が策定され，里親委託の割合について数値目標などが設定されるなど家庭養護のさらなる推進に向けた取り組みがなされている。計画の実現のためには，里親への支援強化が大きな課題となり，里親支援専門相談員が果たす役割の重要性が増している。

　子どもを委託された里親は，子どもの家庭復帰を目指して期間限定で子ど

もを養育することになるが，子育てにまつわる問題など里親として経験する悩みや問題を解決したいという要求をもつことも少なくない。厚生労働省が描く里親支援のイメージでは，児童相談所の里親担当職員，里親支援機関の里親委託等推進員，里親会の里親支援担当者，児童家庭支援センターの職員，そして里親支援専門相談員がチームとして里親支援活動をすることとしている。しかし，里親支援専門相談員はソーシャルワーカーであるとしながらも，役割は，児童福祉法上，施設に求められる退所後のアフターケアとしての里親支援，地域支援としての里親支援とされており，ソーシャルワーク機能が明確に示されているわけではない。しかし，里親を支援する場合には，里子を養育する里親として子育てについて悩むことも多く，そうした日常の悩みを解決したいという社会生活上の要求をもっている。この要求に応える制度上の資源は，子ども・子育て新制度における地域子ども・子育て支援事業や，関連して自治体が提供する子育てに関わるサービス資源であり，当然里親も利用することができる。しかし，そうした資源についての情報が里親には不足しており，利用方法がわからないこともある。岡村の言う社会関係の欠損がここにある。里親支援専門相談員にはリンキングという送致的機能を核とするケースマネジメントを実施することが求められる。協働するチームの専門職も制度的な資源であるとすると，里親とチームの関係を調整し，つなぐことも里親支援専門相談員のソーシャルワーク的機能であると考えることができる。

　見てきたように人と環境とのインターフェースにおいて介在しマネジメントを行う専門職は，人のニーズの複雑化・多様化に対応して改正・創設される法・制度に基づき，ソーシャルワークとしてのケースマネジメントを行うことが期待されている。社会福祉のみならず医療・保健，保育，教育などさまざまな領域でそうした専門職が必要とされているのである。

演習問題

1．ソーシャルワークが長い歴史の中で，医学モデルを重要な拠り所としたが，人の生活そのものを包括的に捉え，援助するライフモデルによってソーシャルワークらしい実践理論と技術を得たとされる。医学モデルとライフモデルの違いを整理してみよう。
2．児童養護施設における家庭支援専門相談員は，ファミリーソーシャルワーカーとも呼ばれ，施設措置された子どもの家庭復帰や家族再構築では，他のさまざまな専門職と協力しながらソーシャルワークを行う。その働きについて法的根拠も含めて調べ，ソーシャルワークの特性をよりよく理解しよう。

3．ソーシャルワークでは，専門的知識や技術が人を援助する上で極めて重要で
あるとする。したがって，ソーシャルワークを実践する専門職は，本章でその
代表的なものを取り上げたが，さまざまな実践理論やそれに基づく援助技法を
身につける必要がある。しかし，それだけではソーシャルワークを生かすため
には不十分だとされる。その理由について考えてみよう。その際，第2節の
（2）で触れた専門職の3要素，すなわち知識，技術，価値のうち3番目の要
素である価値について考えてみよう。

引用・参考文献

Baskind, F. R. (1984) *Defining Generalist Social Work Practice*, University
    Press of America.

Briar, S. and Miller, H. (1971) *Problems and Issues in Social Casework*, Colum-
    bia University Press.

Germain, C. B. (1978) "Introduction : Ecology and Social Work," In Germain, C.
    B. ed. *Social Work Practice : People and Environments : An Ecological
    Perspective*, Columbia University Press, 1-22.

Germain and Gitterman (1980) *The Life Model of Social Work Practice*,
    Columnbia University Press.

Hollis, F. (1970) "The Psychosocial Approach to the Practice of Casework," In
    Roberts, R. W. & Nee, R. H. (eds.), *Theories of Social Casework*, The Uni-
    versity of Chicago Press, 33-75.

Perlman, H. H. (1957) *Social Casework : A Problem-Solving Process*, The Uni-
    versity of Chicago Press.

Reid, W. J. & Epstein, L. (1972) *Task-Centered Casework*, Columbia University
    Press.

Richmond, M. E. (1917) *Social Diagnosis*, Russell Sage Foundation.

Rubin, A. (1987) "Case Management," *Encyclopedia of Social Work* (*18th Edi-
    tion*), NASW, 212-222.

Smalley, R. E. (1970) "The Functional Approach to Casework Practice," In
    Roberts, R. W. & Nee, R. H. (eds.), *Theories of Social Casework*, The Uni-
    versity of Chicago Press, 77-128.

Thomas, E. J. (1970) "Behavioral Modification and Casework," in Roberts, R.
    W. and Nee, R. H. (eds.), *Theories of Social Casework*, University of Chi-
    cago Press, 183-218.

新しい社会養育の在り方検討会（2017）『新しい社会的養育ビジョン』厚生労働省。

岩崎浩三訳（2001）『国際ソーシャルワーカー連盟（IFSW）のソーシャルワーク
    定義』IFSW 日本国調整団体（日本ソーシャルワーカー協会，日本社会福祉士

会，日本医療社会事業協会）

岡村重夫（1957）『社会福祉学総論』柴田書店。

久保紘章・副田あけみ編著（2005）『ソーシャルワークの実践モデル──心理社会的アプローチからナラティブまで』川島書店。

芝野松次郎（2005）「課題中心ソーシャルワーク」久保紘章・副田あけみ編著『ソーシャルワークの実践モデル──心理社会的アプローチからナラティブまで』川島書店，93-115.

芝野松次郎（2019）「子育て支援の課題と展望」『子ども家庭福祉専門職のための子育て支援入門』ミネルヴァ書房。

社会福祉専門職団体協議会（2015）『ソーシャルワーク専門職のグローバル定義』。

日本学術会議第18期社会福祉・社会保障研究連絡委員会（2003）『社会福祉・社会保障研究連絡委員会報告　ソーシャルワークが展開できる社会システムづくりへの提案』

（芝野松次郎）

第2章　社会福祉の動向と子ども家庭福祉の課題

　　　　子ども家庭福祉は，親子を対象とした社会福祉である。したがって，社会福祉
　　　　の考え方や政策動向等と軌を一にしつつも，子ども家庭福祉の特性を反映した特
　　　　徴的な施策や実践も必要となる。本章では現代の親子が置かれている状況から，
　　　　社会福祉および子ども家庭福祉の問題を考える。

1．少子高齢社会の姿とその要因

（1）少子高齢社会の姿

① 少子高齢社会の指標

　周知のように，日本では，30年ほど前から少子高齢化が進んでいる。少子
高齢社会は，少子化と高齢化が同時に進行する社会のことをいう。少子高齢
社会の特徴は，少子社会を示す指標，高齢社会を示す指標，人口構造全体を
示す指標，の大きく3つであらわすことができる。少子社会を示す指標には，
出生数，合計特殊出生率（1人の女性（15歳から49歳まで）が生涯に産む子
どもの数），年少人口指数（生産年齢人口（15歳から65歳未満）に占める年
少人口（0歳から15歳未満）の割合），高齢社会を示す指標には，平均寿命，
高齢化率（総人口に占める老年人口（65歳以上人口）の割合），老年人口指
数（生産年齢人口に占める老年人口の割合），人口構造全体を示す指標には，
人口ピラミッド，従属人口指数（生産年齢人口に占める従属人口（年少人口
と老年人口の和）の割合），などがある。

② 出生数の動向

　2020年の年間出生数は84万人台となっている。第1次ベビーブームの時期
で270万人，第2次ベビーブームでも210万人の出生数であった。しかしなが
ら，その後，第3次ベビーブームの到来はなく，ひたすら減少している状況
である（図2-1）。

　合計特殊出生率は，1970年代半ばから減少し続け，2005年には1.26にまで
低下した。その後1.45まで回復したが，再び減少傾向となり，2020年には
1.34となった。

　図からも明らかなように，30歳前後の出産期にあたる女性は，継続的に減
少するため，このままの状況で推移すると，2030年頃には，年間出生数は60

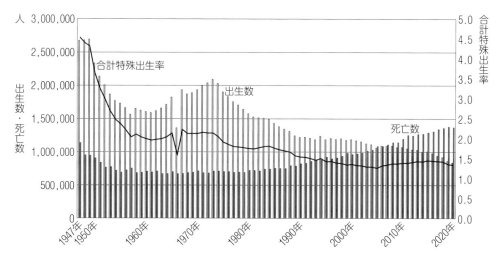

図 2 - 1　出生数・死亡数・合計特殊出生率

資料：厚生労働省（2020a）。

万人台の半ばにまで低下するものと考えられる。

　出生数の横ばい状況は，合計特殊出生率が人口置換水準（人口が増加も減少もしない均衡した状態となる合計特殊出生率の水準のこと）である2.07に達しなければ起こらない。そうすると，急激な出生数の減少のあとは，出生数が安定したり，上昇したりするわけではなく，緩やかに減少し続ける。

　少子化は，日本国内で一律に起こるのではなく，地域差がある。地域差は，単純な出生数の低下だけでなく，社会移動によってさらに加速する。

③　死亡数の動向

　死亡数は，第 2 次世界大戦直後は，戦病死，劣悪な保健衛生環境，栄養不良，乳児死亡などで，年間100万人を超える状況であった。しかしながら，その影響はほぼ10年で薄まり，70万人前後で推移する状況が長く続いた。

　出生数が死亡数を大幅に上回る状況のなかでの人口動態は，生産年齢人口の増加，総人口の増加という状況を生み出した。この間，医療保健制度の充実や医療技術，薬品開発などにより，平均寿命も延びていった。

　表 2 - 1 には，男女別の平均寿命と高齢化率が示してある。平均寿命は，1950年代には，50歳台後半であった男性の平均寿命は，1971年に70歳を超え，2020年81.8歳と，80歳を超える状況が続いている。女性の延びはさらに大きく，1960年に70歳代に入り，1984年には80歳代となる。2020年には87.7歳と90歳に近づいている。また，1963年には153人であった100歳以上人口は，1981年に1,000人，1998年に 1 万人，さらに，2012年には 5 万人を超え，2020年には 8 万6,510人となっている。

表 2-1　平均寿命・高齢化率の推移

| | 平均寿命 | | 高齢化率 |
	男性	女性	
1950	58.00	61.50	4.9
1960	65.32	70.19	5.7
1970	69.31	74.66	7.1
1980	73.35	78.76	9.1
1990	75.92	81.90	12.1
2000	77.72	84.60	17.4
2010	79.64	86.39	23.0
2019	81.41	87.45	28.4
2020	81.64	87.74	28.7

資料：厚生労働省（2020b）。

　平均寿命が延びた結果，高齢化率も急激に上昇している。高齢化社会（高齢化率が 7 ％を超えた社会）を迎えたのは1970年，それから24年後の1994年には高齢社会（高齢化率が14％を超えた社会），さらに，そのわずか13年後の2007年には超高齢社会（高齢化率が21％を超えた社会）に突入した。2020年現在の高齢化率は28.7％である。国際的にみても，短期上昇は際立っており，1980年には世界で11番目であった高齢化率が，2005年に世界で最も高い国となった。ちなみに，第 2 位はイタリア（2020年：23.3％），第 3 位はポルトガル（同：22.7％）である。

④　従属人口の推移
　図 2-2 は，年少人口指数，老年人口指数，従属人口指数の関係を示したものである。この図では，長い間，差があった年少人口指数と，老年人口指数が1990年代半ばで逆転し，その後は一方的にその差が開き続けている。また，従属人口指数は，同じく1990年代から上昇し始めている。その中身は，老年人口の増加によるものであることがわかる。従属人口指数自体は，1960年代前半までも 5 割を超えていたが，当時は年少人口中心の従属人口であり，現在とはその中身が異なる。
　従属人口とは生産活動よりも，社会サービスを含む消費活動の方が多い世代，生産年齢人口はその逆の世代ということである。現在の日本は，生産年齢人口世代に社会を維持していくための負担が高くなっているという状況にあり，かつ，当面この状況がさらに深刻化していくと推測される。

（2）少子高齢社会化を促進している要因
　急激に少子高齢化が進んでいる背景には，いくつかの要因が考えられる。高齢化は，保健・医学的要因によりそのほとんどを説明できるが，少子化は極めて社会的な問題であり，夫婦あるいは個人の選択的要因もかなり大きい。

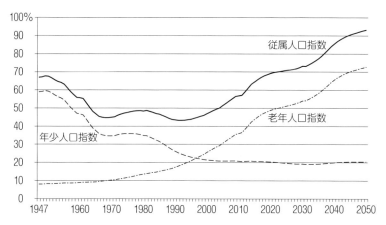

図2-2　従属人口指数等の推移

出典：厚生労働省（2020a）。

少子化の要因は，大きく3つに分けて捉えることができる。これらが相互に関連しながら，少子化は進んでいると考えられる。

① 男女の社会的不平等にかかわる要因

　職場，地域社会，家庭内，いずれにおいても，男女の不平等が存在している。子育てや家事は，長い間，女性の役割として位置づけられてきた。男女共同参画社会基本法の制定などにより，かつてよりは少なくとも職場における環境は整えられつつあるが，制度的な取り組みと，男女それぞれの個人的意識との間には，まだまだ大きなギャップが存在する。

　就労を通じた女性の社会進出が進むなかで，受け皿としての職場に子育て期の女性の就労継続を阻害する環境があると，かつては，就労をあきらめる女性が少なくなかった。しかしながら，今日では，就労継続を選択し，結婚そのものを忌避したり，延期したりという選択も増えてきている。

　子育てをしながら，就労を継続するとなると，育児休業制度や保育サービスなどの社会的支援が必要となる。この20年あまりで，制度的な整備は格段に進んだが，保育所等の待機児の存在や男性の育児休業の取得しにくさなど，就労との両立を実現できるような社会状況にはまだなっていない。

② 婚姻にかかわる要因

　婚姻時期が相対的に遅くなってきていることや非婚（個人の意思として婚姻関係を選択しないこと，あるいはその状況にあること）志向も少子化の一因となっている。

　女性の高学歴化は，継続して安定した職業につきたいという希望者を増加させた。職業的安定は，経済的安定をもたらすこととなり，女性の社会的地

位が相対的に向上することになる。晩婚化は，このような状況とも関係している。1950年には23.0歳であった女性の平均初婚年齢は，1977年には25歳を超え，2019年には29.6歳と，30歳目前の状況となっている（社会保障・人口問題研究所，2020）。

　また，男女別生涯未婚率（50歳まで一度も結婚したことのない人の割合）は，男性の場合，1980年代半ばから急激に上昇しはじめ，2015年には23.4％となっている。女性の場合も，同時期頃から徐々に上昇し，14.1％となっている。さらに，2040年には，男性29.5％，女性18.7％と，生涯未婚を通す人がかなり増えると予想されている（社会保障・人口問題研究所，2020）。

　また，たとえ結婚しても，出産をしない，あるいは子どもを多くは産まないという選択をする夫婦も増えてきている。すなわち，婚姻関係や子育てに拘束された生活よりも，一人の女性・男性として生きていくことを志向するというものである。非婚志向者のなかには，社会制度上の婚姻関係のみを否定し，事実婚を選択するものもいるが，いずれにしてもこのような関係のなかでは，子ども数が少なくなる可能性が高くなる。

③　子どもを育てることにかかわる要因

　子どもを育てることの負担である。子どもをあまり産まない理由の一部は，すでに示した2つの要因とも大きく関連しているが，その他にも，さまざまな要因が指摘されている。たとえば，① 養育費や保育・教育費などの経済的負担，② 母親が子育てとは異なる自分自身の成長や生きがいに費やすことのできる自由時間の減少や，心身のゆとりの欠落からくる心理・精神的負担，③ 子どもの世話に実際に大きな労力がかかることからくる身体的負担，④ 子育ての実質的責任が母親にかかっているという家庭内ジェンダー問題，⑤ 子どもの将来の生活像に夢がもてないこと，などである。

　以上のようなさまざまな要因が，さらにお互いに作用し合って，わが国の少子化は進んできた。このような要因への抜本的な対応策を社会的に準備できていない今日，少子化はさらに進んでいくものと予想される。

2．現代社会における福祉問題

　福祉問題は，個々の人々の生活問題（ミクロ次元）であるだけでなく，人々が地域で生活していく際に生じる問題（メゾ次元），国家政策としての問題（マクロ次元），さらには国際福祉や地球レベルの問題（グローバル次元）など，多様な位相でとらえる必要がある。本節では，これらについてグローバル次元から順に簡単に検討する。なお，ミクロ次元およびメゾ次元の

表２-２　SDGs：17の目標

目標１：貧困をなくそう（７ターゲット）
目標２：飢餓をゼロに（８ターゲット）
目標３：すべての人に健康と福祉を（13ターゲット）
目標４：質の高い教育をみんなに（10ターゲット）
目標５：ジェンダー平等を実現しよう（９ターゲット）
目標６：安全な水とトイレを世界中に（８ターゲット）
目標７：エネルギーをみんなにそしてクリーンに（５ターゲット）
目標８：働きがいも経済成長も（12ターゲット）
目標９：産業と技術革新の基盤をつくろう（８ターゲット）
目標10：人や国の不平等をなくそう（10ターゲット）
目標11：住み続けられるまちづくりを（10ターゲット）
目標12：つくる責任・つかう責任（11ターゲット）
目標13：気候変動に具体的な対策を（５ターゲット）
目標14：海の豊かさを守ろう（10ターゲット）
目標15：陸の豊かさを守ろう（12ターゲット）
目標16：平和と公正をすべての人に（12ターゲット）
目標17：パートナーシップで目標を達成しよう（19ターゲット）

出典：国連広報センター HP（2020）。

問題については，きわめて広範になるため，子ども家庭福祉分野を中心に代表的なものを取り上げる。

（１）SDGsと福祉問題

　SDGs（Sustainable Development Goals：持続可能な開発目標）は，ミレニアム開発目標（Millennium Development Goals: MDGs）の取り組み期間終了を受け，2016年から2030年の15年間の，世界が取り組むべき目標を新たに定めたものである。その目標は，17の目標（ゴール）と169のターゲットからなる（表２-２）。

　SDGs の目指す社会は，「誰一人取り残さない」社会である。子どもについて，このことを考えてみる。

　そもそも，子どもは，自ら主張する力が弱いため，取り残されやすい存在である。保護者としての親が，積極的に代弁者（アドボケーター）の役割を果たさなければ，その声は社会には届かない。LGBTQ*など，性的少数者の声も同様である。このような状況では，子どもの育ちにかかわる大人あるいは社会がそれを聞き出すことが重要である。

　　＊レズビアン（Lesbian），ゲイ（Gay），バイセクシュアル（Bisexual），トランスジェンダー（Transgender），クエスチョニング（Questioning）またはクィア（Queer）の頭文字。

　また，多くの子どもは保護者である親のもとで暮らしているため，親あるいは家庭が社会から取り残されてしまうと，子どもはそれに巻き込まれてしまう。さらに，親が適切な養育をしなければ，子どもだけが取り残されてし

まうことになる。社会的養護のもとで生活している子どもの場合，社会そのものが積極的な関心を示さなければ，取り残されてしまう結果になる。

　障害のある子どもの場合，さらに複雑な構造となる。人生の連続性を重視し，かつ本人の声を尊重すればするほど，障害「者」施策が中心となり，障害「児」については取り残されがちになる。さらに，障害児の場合も，「代弁者」あるいは「保護者」としての親の意向が重視されやすく，障害のない子どもたち同様，あるいはそれ以上に，主体としての子どもという視点は見落とされてしまいがちである。

　SDGsに関連する子どもの状況をみると，2018年に，世界中で亡くなった15歳未満の子どもは約620万人，このうち約半数が生後1か月未満となっている。このうち，約530万人は5歳未満の子どもで，年間出生数の半分近いとされている。これは，子どもの栄養不良や劣悪な保健衛生環境などと関係している。また，初等教育就学率は全体で90％程度，アフリカ諸国や後発開発途上国の平均値では，これが80％台前半の国も少なくない（ユニセフ2018）。これらの指標に限らず，日本ではあまり大きな問題とならない子どもの人権問題が，世界にはまだ多く存在しているということである。

（2）少子高齢社会の問題

　日本の人口動態の特徴は，人口減少，少子化，高齢化という3つの現象が，同時に進行する点にある。このような状況を踏まえ，国では，少子化を意識した計画から，少子高齢社会全体を視野に入れた社会のあり方を模索する社会保障全体の改革への取り組みが始まっている。

　少子高齢社会がもたらす大きな問題は，人口の高齢化による社会保障負担（医療，年金，介護）の増大である。これは，事実上，生産年齢人口の生活を圧迫することになる。また，年少人口の将来の生活に不安を与えることにもなる。このような状況が，若年世代の国民年金などの社会保障制度非加入者の増加，結婚へのちゅうちょ感，あるいは出生数抑制の要因の一つになっていると考えられる。

　一人の老年人口を，何人の生産年齢人口で支えているのかを計算すると，社会の負担感の一面を示すことができる。これによると，今から50年ほど前の1965年の日本社会は，1人の高齢者に対して9人程度の生産年齢人口が存在し，生産年齢人口にかかる負担が少ない社会であった（神輿型社会・胴上げ型社会）。これが，2007年には3人で1人になり（騎馬戦型社会），さらに2050年には1.2人と1人強で支える社会（肩車型社会）がやってくると予想されている（図2-3）（社会保障・人口問題研究所 2020）。

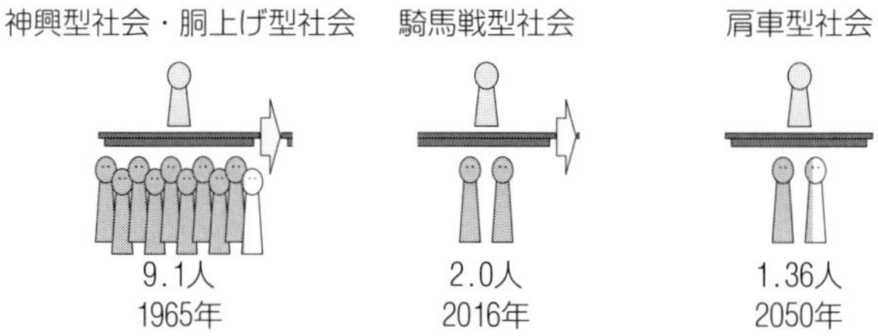

神輿型社会・胴上げ型社会　　騎馬戦型社会　　　　　肩車型社会

9.1人
1965年

2.0人
2016年

1.36人
2050年

図 2 - 3　少子高齢社会の像
出典：社会保障・人口問題研究所「日本の将来推計人口」より。

（3）学校や地域社会における問題

　学校にストレスを感じている子どももいる。高学歴志向社会のなかで，教科学習の問題だけでなく，しつけや生活習慣，家庭内の問題など，学校には多くの問題が持ち込まれる。専門職員が十分配置されていない状況で，学校現場がこれらすべてに対応することは困難であり，かつては校内暴力が，今日ではこれに加えていじめの問題が加わり，学校が一部の子どもにとって，安心して学び，遊べる場ではなくなっている。

　不登校問題も，学校現場に存在する問題のなかでは，関心が高まっているものの一つである。高校は就学が義務化されていないため，問題が解消されなければ中退という形で現れる。中退者は生徒数の減少もあり一時期に比べ減少傾向にあり，2019年で約4.3万人（前年より5.7千人減），中退者約3.5万人，中退率は1.3％となっている（文部科学省，2020：110）。

　学校での問題は，地域社会での生活にも影響を及ぼす。地域社会の福祉問題は，かつてのような，地域社会からの孤立や，地域の福祉力の低下という問題だけでなく，子ども仲間がもたらす問題としても現れている。とりわけ，インターネットをはじめとするSNSの普及は，人間関係を崩れさせる原因の一つとなっており，時には殺人の加害者や被害者となったり，性的な関係の強要，ストーカー事件などにもつながったりしている。

（4）家庭生活における問題

　保護者の生活の不安やストレスが，子育ての不安やストレスにつながっている。とりわけ，母親の生活は，時間的にも精神的にも極めて窮屈なものとなっている。子どもが小さいうちは親子で家庭のなかに閉じこもりがちであり（子育ての密室化），ストレスは一層高まる。地域社会には仲間が少なくなり，LINEやチャットなど，SNSを通じた空間でしか仲間を見いだすことのできないものも少なくない。

　一般に，社会とのつながりの希薄さがストレスを生じさせるといわれる。このようなストレスや自信喪失は，有職主婦よりも専業主婦に多いという結

果が報告されている。ストレスや自信の喪失が高まると，子どもの虐待や養育の放棄につながることもある。

　家庭での親子関係においては，この他にもさまざまな問題が生じている。たとえば，家庭が安らぎの場でなく，苦痛の場となっている子どもの存在，子育て環境としての住宅の問題，母子家庭，父子家庭などのひとり親家庭の増加，親が親として機能していない家庭の増加などである。

　さらに，深刻となっているのが，子どもの貧困問題である。2018年の相対的貧困率は，国民全体で15.4％，子どもで13.5％であり，2015年調査に比べてわずかに下がったとはいうものの，依然として高水準にある。とりわけ，ひとり親家庭では48.1％と高い（厚生労働省，2020b）。

（5）子どもの成長・発達をめぐる問題

　子ども期は，心身の成長発達の著しい時期である。遺伝と環境，成熟と学習のプロセスを経て，子どもは，身体的特性，情緒的特性，社会的特性などを個々に獲得し，それぞれの個性を身につけていく。

　今日では，子どもの身体的発達における問題点は，かつてに比べるとかなり減少しているが，生活習慣病，アトピー，皮膚病，肥満など，環境や食習慣との関連が疑われる病気，近眼など，日常生活のあり方との関係が疑われる病気については増加傾向にある。

　また，情緒面や社会性の発達は，身体的発達以上に今日では大きな問題となっている。人間は，基本的な発達課題を達成しながら成長する存在であるといわれるが，基本的発達課題が十分に達成できないままに，身体あるいは歴年齢のみが成長し，両者の間のバランスが失われているものも少なくない。いわゆる心のケアの必要な子どもである。

　このような結果が，子どもの自殺（自死）などに現れている。2020年の人口動態統計調査の年齢5歳階級区分別死亡原因をみると，「10～39歳」の人たちの死因の第1位は自殺となっている（表2-3）。思春期から青年期の子どもや大人の生きづらさが顕著になっている。このような傾向は男女で大きな差はない。

3．近年の社会福祉の動向

　政策としての社会福祉は，住民が社会生活を行う上で生じる問題に，政策次元，地域次元，家庭・個人次元で対応するものである。したがって，政策の変化は，社会福祉理論の変化によって生じるだけでなく，住民が置かれている社会状況の変化からも生じることになる。

表 2 - 3　年齢階級区分別死亡原因の上位 3 位

	第 1 位	第 2 位	第 3 位
0 歳	先天奇形等	呼吸障害等	乳幼児突然死症候群
1～4 歳	先天奇形等	悪性新生物	不慮の事故
5～9 歳	悪性新生物	不慮の事故	先天奇形等
10～14歳	自殺	悪性新生物	不慮の事故
15～19歳	自殺	不慮の事故	悪性新生物
20～24歳	自殺	不慮の事故	悪性新生物
25～29歳	自殺	悪性新生物	不慮の事故
30～34歳	自殺	悪性新生物	不慮の事故
35～39歳	自殺	悪性新生物	心疾患
40歳以上	悪性新生物	自殺	心疾患

出典：社会保障・人口問題研究所（2021）。

表 2 - 4　社会福祉法の成立と改正

> 第 1 条（2000年成立時）　この法律は，社会福祉を目的とする事業の全分野における共通的基本事項を定め，社会福祉を目的とする他の法律と相まつて，福祉サービスの利用者の利益の保護及び地域における社会福祉（以下「地域福祉」という。）の推進を図るとともに，社会福祉事業の公明かつ適正な実施の確保及び社会福祉を目的とする事業の健全な発達を図り，もつて社会福祉の増進に資することを目的とする。
> 第 4 条第 1 項（2020年改正時に規定）　地域福祉の推進は，地域住民が相互に人格と個性を尊重し合いながら，参加し，共生する地域社会の実現を目指して行われなければならない。

　本節では，現代社会の福祉問題にどのように政策が取り組んでいるのかを，5 つの観点から紹介する。

（1）地域福祉の推進

　地域福祉という考え方は，社会福祉の理論や実践では古くから重視されてきた。社会福祉協議会は，その中心的事業主体として貢献してきた。ところが，入所施設を含め，ほとんどの社会福祉サービスが，地域福祉志向となるにつれ，政策的にも新たな地域福祉観が必要となってきた。

　社会福祉事業を担うものを主として対象とした社会福祉事業法（1951年）が，その理念を大きく変え，社会福祉法となったのは2000年のことである。同法第 1 条には，法律上はじめて「地域福祉」という文言が使用されることになった。さらに，「地域共生社会の実現のための社会福祉法等の一部を改正する法律」として成立した2020年の改正法では，地域住民の主体的参加により地域生活課題の解決に向かい，地域共生社会を実現することが地域福祉のあり方であることが規定された（表 2 - 4 ）（本文では，表に記載できなかっ

た規定を含め解説している)。

これに伴い，ほとんどの福祉分野で，在宅福祉サービスの整備が進められている。また入所施設も地域福祉志向を反映し，障害者福祉施設に端を発した地域移行が積極的に進められている。

子ども家庭福祉分野では，社会的養護関係施設において，里親などの家庭養護への移行や，施設の小規模化，グループホーム化が進められている。さらに，子ども・子育て支援制度における地域子ども・子育て支援事業として，地域子育て支援の拡充も，地域福祉の視点で進められている。

（2）人権・権利擁護制度の充実

人権・権利には2つの側面がある。一つは，人としての存在を守り，保障される人権・権利（受動的側面），もう一つは，自分の意思にしたがって，自分らしく生きる人権・権利（能動的側面）である。

前者に関連する取り組みには，各種社会福祉施設の存在自体，さらに児童福祉法に基づく被措置児童等虐待制度などがある。

後者に関連する取り組みの代表的例は，成年後見制度である。この視点は，アドボカシー，エンパワメント，ストレングス視点など，社会福祉理論や実践においては重視されているが，公的制度として規定されているものは多くない。

なお，例示した制度は，どちらか一方にのみ軸足を置くというものではなく，双方の側面に関係している。初期の社会福祉制度は受動的側面の保障を中心に展開してきたが，今日では能動的側面の保障の重要性が認識され，政策的にも実践的にも推進されている。

（3）利用者本位の制度への移行

社会福祉事業運営の基本構造を示す社会福祉事業法が，事業者を中心とする法律であったこともあり，社会福祉理論はさておき，政策としての社会福祉は供給者主体に展開してきた。典型的なものが，措置制度に代表される選別主義である。

選別主義は，住民からの利用申請に基づき，制度の側が利用サービス（事業者）を決定することを特徴とする。経済成長を背景に福祉予算が拡充していた時代はそれでもある程度対応できていたが，経済成長が鈍化し，ニーズの増大に見合うほどの供給量が確保できない状況になると，供給量がニーズを規定するという逆転現象が一部で生じていた。

一方，社会福祉理論は，すべての住民を視野に入れた福祉サービスの確保の重要性を意識した普遍主義を強調するようになっていた。これが，政策に反映されたのが，利用者本位の制度への転換である。

　これにより，保育所や母子生活支援施設の利用では，措置制度が廃止された。介護保険事業，障害者総合支援事業においても，入所施設の利用は，原則として市町村による利用認定に基づき，利用者と事業者が直接利用契約を結ぶ利用方式となった。

（4）利用者の選択を支える制度

　利用者の選択を旨とする利用者本位の制度とする際に意識しておかなければならないことがいくつかある。ここでは，大きく3点紹介する。
　第1は，選択に足るサービスの整備である。利用者の意思に基づく選択利用制度は，能動的人権・権利を保障するものであるが，選択できるだけのサービス量や質が確保できていなければ満足のいく選択はできない。時には，選択が苦手な人や，時間を費やして慎重に選択するあまりに取り残されてしまう人がいる可能性がある。
　第2は，利用者が安心して，かつ本人の意思にしたがって適切に選択できるようにすること（意思決定の支援）である。サービスの質を示す第三者評価，サービスの内容を示す情報提供・情報開示，利用者の選択を支える介護支援専門員（ケアマネジャー）や利用者支援事業（子ども・子育て支援法に基づく事業）などがこれに該当する。
　第3は，選択の責任を利用者に押しつけないことである。利用に際しての手続きやサービス内容に疑問や不満が生じたときには，適切に問題の解決を図ることである。苦情解決制度（苦情解決担当者，苦情解決責任者，第3者委員），運営適正化委員会，介護保険審査会などはこれにあたる。

（5）計画的推進

　前項で示した選択に足るサービスの整備のためには，さまざまな方法でのニーズ調査に基づく，計画的なサービスづくりが必要である。
　国が策定している社会保障を中心とした全体的計画に，「ニッポン一億総活躍プラン」（2016年：内閣府）と「『我が事・丸ごと』地域共生社会」（2016年：厚生労働省）というものがある。
　ニッポン一億総活躍プランでは，「強い経済」，「夢をつむぐ子育て支援」，「安心につながる社会保障」の「新・三本の矢」の実現を目的とするもので，500兆円程度である名目GDPを，600兆円程度に引き上げ，それを社会保障などに分配するという構造になっている。すなわち，成長戦略と分配方針の双方の循環計画ということができる。この中で，具体的に示されている目標値には，希望合計特殊出生率1.8，介護離職ゼロなどがある。
　法律に基づいて，都道府県や市町村に計画策定を義務づけたり，努力義務

として位置づけたりしているものもある。

　たとえば，高齢者福祉分野には，介護保険法に基づく介護保険事業計画および介護保険事業支援計画，老人福祉法に基づく老人福祉計画などがある。障害者福祉分野には，障害者基本法および障害者総合支援法に基づく障害者基本計画がある。

　子ども家庭福祉分野には，児童福祉法に基づく障害児福祉計画および市町村整備計画（保育計画），子ども・子育て支援法に基づく，子ども・子育て支援事業計画および子ども・子育て支援事業支援計画，子どもの貧困対策の推進に関する法律に基づく子どもの貧困対策計画，子ども・若者育成支援推進法に基づく子ども・若者計画などがある。法的事業ではないが，社会的養育に関しては，社会的養育推進計画もある。

　この他にも，社会福祉法に基づく地域福祉計画および地域福祉支援計画や，ホームレスの自立の支援等に関する特別措置法に基づくホームレス自立支援対策の推進を図るための実施計画（ホームレス自立支援計画）などがある。

演習問題

1．少子化への対応策を3つ挙げ，その意義を考えなさい。
2．能動的人権・権利と受動的人権・権利について，具体的に考えなさい。
3．現在住んでいる市町村の子ども・子育て支援事業計画を調べなさい。

引用・参考文献

厚生労働省（2020a）「令和元年（2019）人口動態統計月報年計（概数）の概況」
　　https://www.mhlw.go.jp/toukei/saikin/hw/jinkou/kakutei19/index.html
　　（2020年11月23日閲覧）

厚生労働省（2020b）「2019年国民生活基礎調査の概況」
　　https://www.mhlw.go.jp/toukei/saikin/hw/k-tyosa/k-tyosa19/index.html
　　（2020年7月31日閲覧）

国連広報センター（2020）「持続可能な開発のための2030アジェンダ」
　　https://www.unic.or.jp/

社会保障・人口問題研究所（2017）『日本の将来推計人口』厚生統計協会。

社会保障・人口問題研究所（2020）「人口統計資料集2020」

社会保障・人口問題研究所（2021）「令和2年（2020）人口動態統計（確定数）の概況」

文部科学省（2020）「令和元年度 児童生徒の問題行動・不登校等生徒指導上の諸問題に関する調査結果について」

UNICEF（2018）UNICEF for every child, https://data.unicef.org/（2020年7月31日閲覧）　　　　　　　　　　　　　　　　　　　　　　（山縣文治）

第3章　社会福祉専門職の倫理

　社会福祉専門職には，専門的な知識や技術とともに，とりわけその独自の「倫理」が必要とされるが，本章では，専門職一般の特性を踏まえた上で，社会福祉専門職の「倫理」について，特に「倫理綱領」や「倫理的ジレンマ」等の問題について取り上げることにする。

1．専門職の特性と社会福祉専門職

（1）専門職の条件

　社会福祉の仕事は，専門的な知識や技術を必要とするとともに，いうまでもなく，公共性の強い社会的責任の重いものであるが，このような職業は，一般に「専門職」（profession）として性格づけられてきた。

　今日，専門職は，社会福祉分野に限らず，広い範囲にわたっており，したがって，専門職とは何かが改めて問題となってこざるをえない。専門職の条件としては，これまでいろいろなものが挙げられてきたが（たとえば，秋山，2007：83-90および佐藤，2015：34-36），そのあたりのところを整理すれば，次のようになるであろう。

表3-1　専門職の条件

① 専門的な知識や技術が要求されること
② 長期間の養成と継続的な現職教育を必要とすること
③ その専門性が資格・免許制度によって担保されていること
④ 独立性や自律性が保障されていること
⑤ 公共的・社会奉仕的な性格をもつこと
⑥ 専門職団体が組織されていること
⑦ 倫理綱領を有していること

　専門職が「専門職」として認められるのは，何よりも「専門的な知識や技術」が存在するからである。こうした専門的な知識や技術は，だれしもが容易に身につけることができるものではなく，したがって，その修得のためには「長期間の養成」を経なければならず，長期間の養成の後には，国家試験等による「免許状や資格」の取得によって，その専門性の修得を証明しなければならない。また，修得したとしても，その更新のために「継続的な現職教育」が課せられることになる。

　他方，専門職の仕事は，みずからの専門性に基づくものであることから，

専門職には，外部や上部に左右されない「独立性や自律性」が保障されていなければならない。とはいっても，専門職は個人的に自由に自分の営利のみを追求すればよいというのではなく，むしろ逆に，「公共的・社会奉仕的な性格」をもつことが強く求められる。専門職は，冒頭で触れたように，「公共性の強い社会的責任の重いもの」である。

　さらに，専門職にある者は，互いに協力し合ってその専門性を維持・向上させるとともに，社会に向かってその存在をアピールするために，職能団体，つまり「専門職団体」を組織する必要がある。そして，この専門職団体は，他の職業以上に独立性や自律性が許されているがゆえに，職業理念や行動基準等を定めた「倫理綱領」をみずから作成し，それを公表する義務がある。

　しかし，専門職と称されているどれもが，現実的に，以上のような条件すべてを完全に充足しているわけではない。条件を完全に満たしているものもあれば，条件の充足が不十分であるとか，場合によれば，ある条件そのものを欠落させているものもある。そうしたことから，条件を十分に満たしているものは「確立専門職」とか，そうでないものは「準専門職」とか呼ばれ，前者の典型としては医師や弁護士が挙げられ，教師やソーシャルワーカーは後者の部類に含められてきた（秋山，2007：90-91およびブトゥリム，1986：158-160）。

（2）専門職の専門性と倫理性

　専門職の諸条件のなかで，どの専門職にも欠くことができないのが，「専門的な知識や技術が要求されること」という条件である。専門的な知識や技術こそは，専門職のまさに「専門性」の基本をなしているものだからである。けれども，この専門的な知識や技術については，その精密度や体系性において，専門職によって程度の差があって，緻密に体系立てられている専門職もあれば，反対に，その内容がかなりあいまいで統一性のない専門職もある。

　近代的な専門職において，こうした専門的な知識や技術を根拠づけてきたのは，今日の専門職論に一石を投じたショーン（Schön, D. A.）によれば，実証主義の遺産である「技術的合理性」にほかならない。専門職にある者は，技術的合理性に裏打ちされた知識や技術を身につけて，実践に臨めばそれでよかった。ただし，ショーンみずからは，現代においてはこうした技術的合理性はその限界が明らかになっているとして，技術的合理性をベースにした「技術的熟達者」に対置させて，「リフレクション」（reflection），つまり「省察」あるいは「反省」をキーワードとした「省察的（反省的）実践家」（reflective practitioner）という新しい専門職像を打ち出していることは，周知のところである（ショーン，2007）。

　専門的な知識や技術の合理性について議論があるにせよ，専門職に専門的な知識や技術が不可欠であることには，変わりはない。専門職が信頼されるのは，何よりも，たとえば問題解決に導くと思われる客観的で確かな知識や技術に具現化されたその専門性によるものである。

　したがって，専門職においては「資格・免許制度」が決定的に重要になってくるのであるが，ここで資格について触れておくと，日本の場合，専門職に関係する資格には，「国家資格」，「任用資格」，「民間資格」がある。国家資格は，国の法律に基づく資格であって，国家試験に合格するとか，養成施設で所定の課程を修めることによって取得できるもので，これには，有資格者以外がその業務に従事することが禁止されている「業務独占資格」，有資格者以外がその名称を用いることが禁止されている「名称独占資格」がある。任用資格は，国が定めた条件を満たした上で，行政機関等において特定の職種に任用されることによって与えられる資格であり，民間資格は，民間団体等が独自の基準に基づいて自由に与えることができる資格である。

　しかしながら，いかに高度の専門的な知識や技術を身につけたとしても，それだけでは優れた専門職であるということにはならない。ウェーバー（Weber, M.）のいう「精神なき専門人」にすぎない。一般にどのような職業も，人間として守るべき倫理，すなわち「職業倫理」を備えていなければならないのであるが，とりわけ専門職の場合には，こうした倫理は決定的に不可欠である。

　ここに，専門性とともに「倫理性」が専門職に強く求められることになる。専門的な知識や技術は，場合によれば，利己的さらには反社会的な目的のために利用される可能性がある。そのようなことにならないように，各専門職団体は「倫理綱領」を定め，たとえば医師の場合であれば，「つねに医学の知識と技術の習得に努め」つつ，「医療を受ける人びとの人格を尊重」すること，「医療の公共性を重んじ，医療を通じて社会の発展に尽くすとともに，法規範の遵守および法秩序の形成に努める」こと，「医業にあたって営利を目的としない」こと等を医師に求めている（日本医師会「医の倫理綱領」）。このように，専門性と倫理性は，専門職を動かしている両輪である。

（3）社会福祉専門職の諸形態

　社会福祉関係の専門職は，それが専門職かどうかといった議論があったり，専門職だとしても準専門職と見られたりしてきたが，今日専門職としての地位を確立していることは認められてよい。こうした社会福祉専門職としては，具体的には，資格という観点からすれば，まず社会福祉士，介護福祉士，精神保健福祉士，保育士が挙げられる。これらは，いずれも国家資格であり，

かつ名称独占資格である。また，任用資格であるが，社会福祉主事，児童福祉司等が，これら以外にも，児童福祉分野では，厚生労働省令による資格である児童指導員，児童自立支援専門員，児童生活支援員等が挙げられる。ここでは，国家資格でもある社会福祉士，介護福祉士，精神保健福祉士，保育士について少し詳しく紹介しておくことにする。

① 社会福祉士

　社会福祉士は，1987（昭和62）年に公布された社会福祉士及び介護福祉士法に基づくものであって，ある意味で日本における最初の社会福祉専門職の国家資格である。

　同法に従えば，社会福祉士とは，「専門的知識及び技術をもつて，身体上若しくは精神上の障害があること又は環境上の理由により日常生活を営むのに支障がある者の福祉に関する相談に応じ，助言，指導，福祉サービスを提供する者又は医師その他の保健医療サービスを提供する者その他の関係者との連絡及び調整その他の援助を行うことを業とする者」である（「社会福祉士及び介護福祉士法」第2条第1項）。

　社会福祉士の活動の場は，社会福祉施設，福祉事務所，医療機関，福祉関係企業等と多岐にわたっている。名称独占資格ではあるが，社会福祉士の資格を必要として配置される場合もある。社会福祉士になるためには，大学等で受験資格を取得した上で，国家試験に合格しなければならない。

② 介護福祉士

　介護福祉士は，社会福祉士と同様に，社会福祉士及び介護福祉士法に基づく国家資格である。

　同じく，同法に従えば，介護福祉士とは，「専門的知識及び技術をもつて，身体上又は精神上の障害があることにより日常生活を営むのに支障がある者につき心身の状況に応じた介護（喀痰吸引その他のその者が日常生活を営むのに必要な行為であつて，医師の指示の下に行われるものを含む）を行い，並びにその者及びその介護者に対して介護に関する指導を行うことを業とする者」である（「社会福祉士及び介護福祉士法」第2条第2項）。

　介護福祉士は，病院，介護保健施設，障害者支援施設，特別養護老人ホーム等において，とりわけ介護職員として職務に従事している。以前は，介護福祉士養成施設を卒業すれば，資格を取得することができたが，法改正により，国家試験の合格が資格取得の条件となっている。

③　精神保健福祉士

　精神保健福祉士は，1997（平成 9）年の精神保健福祉士法に基づく国家資格であって，PSW と略称される。

　同法では，精神保健福祉士について，「精神障害者の保健及び福祉に関する専門的知識及び技術をもつて，精神科病院その他の医療施設において精神障害の医療を受け，又は精神障害者の社会復帰の促進を図ることを目的とする施設を利用している者の地域相談支援の利用に関する相談その他の社会復帰に関する相談に応じ，助言，指導，日常生活への適応のために必要な訓練その他の援助を行うことを業とする者」と規定している（「精神保健福祉士法」第 2 条）。

　精神保健福祉士は，精神科病院やその他の医療機関以外にも，精神保健福祉センターや保健所等にも配置され，また，資格取得のためには，国家試験に合格しなければならない。

④　保　育　士

　保育士は，かつては「保母」と称されていたが，1999（平成11）年に現在の名称に変更され，2003（平成15）年から国家資格となった。

　児童福祉法によれば，保育士とは，「専門的知識及び技術をもつて，児童の保育及び児童の保護者に対する保育に関する指導を行うことを業とする者」である（「児童福祉法」第18条の 4）。

　保育士は，保育所や保育施設のみならず，乳児院，児童養護施設，児童館等でも活動しており，その資格は，指定保育士養成施設を卒業した者か保育士試験に合格した者に与えられる。

2．社会福祉専門職の倫理綱領

（1）専門職団体と倫理綱領

　すでに述べたように，「倫理綱領を有していること」が，専門職の一つの条件となっている。それぞれの専門職団体は，みずからの「倫理綱領」を作成し，それを公表しているのであるが，代表的なものとしては，日本医師会の「医の倫理綱領」，日本看護協会の「看護者の倫理綱領」，日本弁護士連合会の「弁護士職務基本規程」，日本技術士会の「技術士倫理綱領」等が挙げられる。社会福祉関係の専門職団体も例外ではなく，次のようにそれぞれが倫理綱領を掲げている。

表3-2　社会福祉関係の専門職団体の倫理綱領

① 日本社会福祉士会「社会福祉士の倫理綱領」
② 日本介護福祉士会「日本介護福祉士会倫理綱領」
③ 日本精神保健福祉士会「精神保健福祉士の倫理綱領」
④ 全国保育士会「全国保育士会倫理綱領」

　こうした倫理綱領は，一般的には，最初に前文が置かれて，そこでは根本的な人間観や社会観，当該専門職の使命や目的等が表明され，その後，数か条あるいは数項目にわたって，個別的な価値や規範が述べられるという構成になっている。ここでは，日本社会福祉士会の「社会福祉士の倫理綱領」と全国保育士会の「全国保育士会倫理綱領」について少し詳しく取り上げることにする。

（2）社会福祉士の倫理綱領

　日本社会福祉士会は，以前は，日本ソーシャルワーカー協会の「ソーシャルワーカーの倫理綱領」を会の倫理綱領としていたが，2005（平成17）年に，社会福祉専門職団体協議会倫理綱領委員会によって取りまとめられた「ソーシャルワーカーの倫理綱領（最終案）」を「社会福祉士の倫理綱領」として採択した。しかしその後，国際ソーシャルワーカー連盟が「ソーシャルワーク専門職のグローバル定義」を新たに打ち出す等のことがあって，日本ソーシャルワーカー連盟倫理綱領委員会によって新しい「ソーシャルワーカーの倫理綱領」が作成されるに及んで，これを2020（令和2）年6月30日に倫理綱領として採択するにいたった。

　その「社会福祉士の倫理綱領」の内容全体は，次のように構成されている。

表3-3　「社会福祉士の倫理綱領」の全体
構成

前文
原理
Ⅰ（人間の尊厳）
Ⅱ（人権）
Ⅲ（社会正義）
Ⅳ（集団的責任）
Ⅴ（多様性の尊重）
Ⅵ（全人的存在）
倫理基準
Ⅰ．クライエントに対する倫理責任
Ⅱ．組織・職場に対する倫理責任
Ⅲ．社会に対する倫理責任
Ⅳ．専門職としての倫理責任

　以下においては，「前文」を中心に概観することにするが，その「前文」

の前半部分は，次のようになっている。

> 　われわれ社会福祉士は，すべての人が人間としての尊厳を有し，価値ある存在
> であり，平等であることを深く認識する。われわれは平和を擁護し，社会正義，
> 人権，集団的責任，多様性尊重および全人的存在の原理に則り，人々がつながり
> を実感できる社会への変革と社会的包摂の実現をめざす専門職であり，多様な
> 人々や組織と協働することを言明する。
>
> 　われわれは，社会システムおよび自然的・地理的環境と人々の生活が相互に関
> 連していることに着目する。社会変動が環境破壊および人間疎外をもたらしてい
> る状況にあって，この専門職が社会にとって不可欠であることを自覚するととも
> に，社会福祉士の職責についての一般社会及び市民の理解を深め，その啓発に努
> める。

　ここにおいては，前に触れた「根本的な人間観や社会観，当該専門職の使
命や目的等」が格調高く表明されている。とりわけ注目しなければならない
のは，「人間としての尊厳」という根本価値である。「前文」の後に続く「原
理」の「Ⅰ（人間の尊厳）」では，より具体的に，「社会福祉士は，すべての
人々を，出自，人種，民族，国籍，性別，性自認，性的指向，年齢，身体的
精神的状況，宗教的文化的背景，社会的地位，経済状況などの違いにかかわ
らず，かけがえのない存在として尊重する」と述べられている。ブトゥリム
（Butrym, Z. T.）も，ソーシャルワークの価値前提として真っ先に「人間尊
重」を挙げているが（ブトゥリム，1986：59-61），人間の尊厳とか尊重は，あ
らゆる専門職の大前提となる根本価値といえるのである。

　それとともに，「社会正義，人権，集団的責任，多様性尊重」にも注意を
払う必要がある。これは，「前文」でこの後引き合いに出される国際ソーシ
ャルワーカー連盟の「ソーシャルワーク専門職のグローバル定義」（2014年
7月）の「社会正義，人権，集団的責任，および多様性尊重の諸原理は，ソ
ーシャルワークの中核をなす」を意識したものである。これら諸原理は，
「前文」の後の「原理」で改めて取り上げられ，

> ［社会正義］　社会福祉士は，差別，貧困，抑圧，排除，無関心，暴力，環境破壊
> 　　などの無い，自由，平等，共生に基づく社会正義の実現をめざす。
> ［人　権］　社会福祉士は，すべての人々を生まれながらにして侵すことのできな
> 　　い権利を有する存在であることを認識し，いかなる理由によってもその権利
> 　　の抑圧・侵害・略奪を容認しない。
> ［集団的責任］　社会福祉士は，集団の有する力と責任を認識し，人と環境の双方
> 　　に働きかけて，互恵的な社会の実現に貢献する。

［多様性の尊重］　社会福祉士は，個人，家族，集団，地域社会に存在する多様性
　　　　を認識し，それらを尊重する社会の実現をめざす。

と，それぞれ謳われている。

　そして，こうした原理に則って，社会福祉士が，「人々がつながりを実感
できる社会への変革と社会的包摂の実現をめざす専門職」であり，「この専
門職が社会にとって不可欠であることを自覚する」とともに，「社会福祉士
の職責についての一般社会及び市民の理解を深め，その啓発に努める」こと
が言明され，この後，「前文」の後半部分では，例の「ソーシャルワーク専
門職のグローバル定義」が示され，次のように締め括られている。

　　　われわれは，ソーシャルワークの知識，技術の専門性と倫理性の維持，向上が
　　専門職の責務であることを認識し，本綱領を制定してこれを遵守することを誓約
　　する。

　「前文」に続く「原理」では，先に触れた人間の尊厳や人権等に，「社会福
祉士は，すべての人々を生物的，心理的，社会的，文化的，スピリチュアル
な側面からなる全人的な存在として認識する」として「全人的存在」の原理
が加えられている。

　さらに，「倫理基準」においては，「クライエント」，「組織・職場」，「社
会」，「専門職」のそれぞれの柱にかかわる「倫理責任」が取り上げられ，具
体的にその基準が提示されている。たとえば，「クライエントに対する倫理
責任」の「5．（クライエントの自己決定の尊重）」では，「社会福祉士は，
クライエントの自己決定を尊重し，クライエントがその権利を十分に理解し，
活用できるようにする」と，また同じく「8．（プライバシーの尊重と秘密
の保持）」では，「社会福祉士は，クライエントのプライバシーを尊重し秘密
を保持する」と述べられている。

（3）保育士の倫理綱領
　「全国保育士会倫理綱領」は，保育士資格が国家資格になる2003（平成15）
年に，その法定化に先立って，全国保育士会によって制定された。全体は，
表3-4のように前文と8か条から成り立っている。

表3-4　「全国保育士会倫理綱領」
　　　　の全体構成

前文
1. 子どもの最善の利益の尊重
2. 子どもの発達保障
3. 保護者との協力
4. プライバシーの保護
5. チームワークと自己評価
6. 利用者の代弁
7. 地域の子育て支援
8. 専門職としての責務

まず「前文」であるが，短いものであるので，全文を掲げてみる。

　すべての子どもは，豊かな愛情のなかで心身ともに健やかに育てられ，自ら伸びていく無限の可能性を持っています。
　私たちは，子どもが現在（いま）を幸せに生活し，未来（あす）を生きる力を育てる保育の仕事に誇りと責任をもって，自らの人間性と専門性の向上に努め，一人ひとりの子どもを心から尊重し，次のことを行います。
　私たちは，子どもの育ちを支えます。
　私たちは，保護者の子育てを支えます。
　私たちは，子どもと子育てにやさしい社会をつくります。

　冒頭では，児童憲章や子どもの権利条約等を受けて，受動的権利という側面から，「豊かな愛情」の中で健康的に育てられるという，能動的権利という側面から，「自ら伸びていく無限の可能性」をもっているという，根本的な子ども観が表明されている。
　この子ども観に基づいて，保育士専門職の「誇りと責任」，「自らの人間性と専門性の向上」が語られ，3つの使命が掲げられることになる。この内，「子どもの育ちを支えます」と「保護者の子育てを支えます」というのは，「児童の保育及び児童の保護者に対する保育に関する指導を行う」という児童福祉法の保育士規定に対応しているが，これに，「子どもと子育てにやさしい社会をつくります」というより広い使命が加えられているわけである。
　「前文」の後に続く8か条の具体的な行動原理では，最初の「1. 子どもの最善の利益の尊重」において，「私たちは，一人ひとりの子どもの最善の利益を第一に考え，保育を通してその福祉を積極的に増進するよう努めます」といわれている。この「子どもの最善の利益」というのは，1924年の国際連盟「子どもの権利に関するジュネーブ宣言」での「人類は子どもに最善のものを与える義務を負う」に由来し，1959年の国際連合「子どもの権利宣言」に継承され，1989年の国際連合「子どもの権利条約」において決定的と

なった理念である。子どもの権利条約の精神を受けた現行の児童福祉法においても，子どもの「最善の利益が優先して考慮」されることが強く求められている（「児童福祉法」第2条）。

また，「2．子どもの発達保障」では，「私たちは，養護と教育が一体となった保育を通して，一人ひとりの子どもが心身ともに健康，安全で情緒の安定した生活ができる環境を用意し，生きる喜びと力を育むことを基本として，その健やかな育ちを支えます」とされている。「養護と教育が一体となった保育」が，「前文」でいう「豊かな愛情のなかで心身ともに健やかに育てられる」ことに資することが述べられている。

「3．保護者との協力」と「7．地域の子育て支援」は，「保護者の子育てを支えます」および「子どもと子育てにやさしい社会をつくります」という使命にかかわっている。とりわけ「7．地域の子育て支援」では，「私たちは，地域の人々や関係機関とともに子育てを支援し，そのネットワークにより，地域で子どもを育てる環境づくりに努めます」とされて，保育士専門職の活動が，子育てや子育て支援にとどまらずに，広く子どもや子育てを取り巻く「環境づくり」「社会づくり」に及ぶものであることが強調されている。

「4．プライバシーの保護」，「5．チームワークと自己評価」，「6．利用者の代弁」といった行動原理は，他の社会福祉専門職にも共通するものである。そして，最後の「8．専門職としての責務」では，「私たちは，研修や自己研鑽を通して，常に自らの人間性と専門性の向上に努め，専門職としての責務を果たします」とされて，「前文」の「自らの人間性と専門性の向上に努め」が繰り返され，他の倫理綱領と同様に，専門職としての決意が改めて表明されている。

3．倫理的ジレンマと支援体制

（1）倫理的ジレンマ

社会福祉専門職にある者は，倫理綱領に従ってさえいれば，それで事がスムーズに運ぶかといえば，必ずしもそうではない。倫理綱領そのものは，具体的な行動規範を含んでいるとしても，本来は，個々のケースすべてに細部にわたって指示を与える性格のものではない。それに，そこに盛り込まれている原理や価値には，厳格な優先順位や秩序体系があるとは限らず，場合によれば，ある種のものは他のものと対立することもある。そこに生じるのが，「倫理的ジレンマ」と呼ばれるものである。

そもそも「ジレンマ」（dilemma）というのは，論理学で「両刀論法」ともいわれたりするが，一般的にはいわゆる「板挟み」状態を意味している。相

反する２つのことがあって，どちらとも決めかねる状態が「ジレンマ」である。思想的・学問的にも，哲学者ショーペンハウアー（Schopenhauer, A.）の「ヤマアラシのジレンマ」，コールバーグ（Kohlberg, L.）の道徳性発達理論における「ハインツのジレンマ」，ゲーム理論における「囚人のジレンマ」，政治哲学者サンデル（Sandel, M. J.）の「路面電車の運転士のジレンマ」等，いろいろなジレンマが考案されてきた。ここで取り上げるのは，社会福祉専門職にある者が陥る「倫理的ジレンマ」である。

　社会福祉専門職にある者は，時として倫理的判断が難しいと思われる事態に直面するが，そうした事態がすべて「倫理的ジレンマ」なのではない。この点で，「倫理的問題」と「倫理的ジレンマ」の区別がなされる。倫理的問題というのは，「ある状況を難しい道徳的決断を含んでいるとみなす際に生じるが，しかし，正しい行動指針は明確でもある」。これに対して，「倫理的な複数の価値の対立にかかわるかもしれず，また，どちらの選択が正しいのかが不明瞭であるような，２つの等しく歓迎されざる二者択一問題に直面したとみなした際に生じる」のが倫理的ジレンマである。つまり，「難しい選択を行わなければならないが，採るべき正しい対応は明確である」のが倫理的問題であり，「難しい選択を行わなければならず，対応についての正しい方向は明確でない」のが倫理的ジレンマである（バンクス，2016：24）。

　具体的には，倫理的ジレンマは，たとえば「クライエントの自己決定の尊重」や「プライバシーの尊重と秘密の保持」といった倫理基準をめぐってしばしば生じる。クライエントの自己決定は尊重され，秘密は保持されなければならないとはいえ，他方で，そのことが利用者自身に危険を招いたり，他人の権利を侵害したりすることもありうる。そうした場合，「クライエントの自己決定の尊重」や「秘密の保持」といった倫理基準が他の倫理基準と衝突し，そこに倫理的ジレンマが生じるのである。倫理的ジレンマには慎重に対処する必要があるが，かといって，いつまでも板挟み状態を続けるわけにはいかず，意思決定をしなければならない。こうした倫理的意思決定のプロセスについては，リーマー（Reamer, F.）等の考えを参考にすれば，段階的には表３-５のようになるであろう（リーマー，2001：107-108）。

表３-５　倫理的意思決定のプロセス

① 問題の所在を明らかにし，倫理的ジレンマを認識する。
② 意思決定によって影響を受けると思われる個人やグループや組織を特定する。
③ 問題解決のための選択肢について，メリットとデメリットの両面を含めて可能な限り考える。
④ 各選択肢に対する賛成と反対の理由について，いろいろな観点から検討する。
⑤ 同僚や専門家に相談する。
⑥ 意思決定をし，その過程を記録する。
⑦ 意思決定をモニタリングし，評価し，記録する。

ここでは，倫理的ジレンマの具体的なケースとして，バンクス（Banks, S.）が挙げている「児童保護のケース」を紹介しておくことにする（バンクス，2016：39-41）。

> 　　ある幼い赤ちゃんの父親は，過去に何度もパートナー（17歳になる母親）に対して暴力を働いていた。最近，赤ちゃんは三度傷つけられた。母親は，赤ちゃんが二度ベッドから落ちてしまい，ある時は彼女のパートナーが誤って落としてしまったと説明した。ソーシャルワーカーと保健師による協力があったにせよ，両親に赤ちゃんの世話の対応は，どう見積もっても支持できないことを証明した。そのソーシャルワーカーは，1年以上母親とともに働いたが，その間夫婦は何度か別れたりしていた。父親が不在の時，母親は非常に良く対応しているように思われた。ソーシャルワーカーは，赤ちゃんの面倒をみる機会を若い母親に提供したいと熱望したが，父親によってもたらされる赤ちゃんのリスクも心配していた。両親や関係するさまざまな専門家によるケース会議が，赤ちゃんの保護を確実にするために何をすべきかを検討すべく招集された。

　　バンクスによれば，このケースでは，非常に多くの要因が考慮されることになる。一方では，子どもを親から引き離せば，親権の侵害や子どもの不幸等の可能性が考えられ，他方では，子どもが親と留まるならば，父親による虐待や場合によれば死亡等の可能性が考えられることになる。こうしたことがジレンマとなっているのであるが，これを解決するためには，一つの選択肢が他の選択肢より歓迎されないかどうかを認識することが重要である。子どもの不幸よりも，子どもの死亡がより望ましくないと判断することもできるし，父親が子どもに深刻な結果をもたらさないかもしれず，むしろ親としての資質を向上させるために，子どもを親といっしょにした方がよいと判断することもできる。どのような決定を下すにせよ，あらゆる可能性を入念に検討した上でのことでなければならない。

　　こうした倫理的ジレンマについてバンクスは，「歓迎される成果はなく，それよりも幾分ましなものがあるだけである。なぜなら，選択がどちらであれ「災い」であるならば，［二つの災いのうち］よりましなものを選ぶからである」とし，専門職の在り方に言及して，「もし専門職がジレンマのすべての側面を注意深く思考し，最悪の結果を回避しようとするための行動を決定するならば，そのとき彼（女）らは専門的な誠実さを伴って行動していることになる」と述べている。

（2）スーパービジョンとコンサルテーション
　　倫理的ジレンマに象徴されるように，社会福祉専門職にある者は，さまざ

まな困難に直面することになる。そうした困難に対処することは，とりわけ経験の浅い者や実習生にとっては容易ではなく，場合によっては，意欲喪失や精神的不安定，さらにはバーンアウト（燃え尽き症候群）といった結果を招くこともある。そのようなことを防止する意味でも，「スーパービジョン」とか「コンサルテーション」と呼ばれる支援体制が重要となってくる。

　「スーパービジョン」（supervision）というのは，語義的には super（上に，超越した）の vision（見ること，見方）のことであって，一般的には「監督」「監視」「管理」等と訳されるが，今日医療や福祉や心理等の分野でいわれる場合には，職場において後進に対してなされるある種の方法ないしは過程を意味している。カデューシン（Kadushin, A.）等の定義を踏まえていえば，「スーパービジョン」とは，「スーパーバイジーの業務に関する説明責任をもつことから，業務遂行を指示し，調整し，その質を高め，評価する権威を委譲されているスーパーバイザーが，良好な人間関係のコンテキストにおいてスーパーバイジーとかかわり，管理的，教育的，支持的機能を果たすことである」ということになる（カデューシン・ハークネス，2016：19）。

　スーパービジョンにおいて，それを行う者は「スーパーバイザー」と，それを受ける者は「スーパーバイジー」と呼ばれ，前者は，通常は職場の上司や教育担当者が，場合によっては職場外の専門家があたり，後者は，職場の特に経験の浅い専門職や実習生がその対象となる。スーパーバイザーが究極的に目指すのは，「機関の方針と手順に従って，クライエントに対し量および質ともに可能な限り最善のサービスを提供すること」であるが，その場合，スーパーバイザーは，直接サービスを提供しないものの，「そのサービスを提供するスーパーバイジーに影響を与えるので，提供されるサービスレベルに間接的に影響を及ぼす」（カデューシン・ハークネス，2016：19）。

　スーパービジョンには，上述の規定にもあるように，「管理的機能」「教育的機能」「支持的機能」の3つの機能がある。管理的機能とは，組織内部で業務が適切に遂行されるように，人事配置や業務配分をしたり，スタッフの業務遂行を監督・指導・評価したり，他部署との連絡や調整を行ったりすることである。教育的機能は，スタッフが専門職として成長できるように，必要な知識や技術や倫理について習得させる，またはそのための場や機会を設定することである。支持的機能は，ストレスを抱えている（極端な場合にはバーンアウト状態にある），あるいは方向を誤っていると思われるスタッフを支援することである。

　また，スーパービジョンの形態としては，一人のスーパーバイザーと一人のスーパーバイジーの関係で行われる「個人スーパービジョン」，一人のスーパーバイザーと複数のスーパーバイジーの関係で行われる「グループ・ス

ーパービジョン」，仲間や同僚の間で行われる「ピア・スーパービジョン」が挙げられる。これら以外にも，利用者の目の前で行われる「ライブ・スーパービジョン」，複数のスーパーバイザーによって行われる「ユニット・スーパービジョン」，自分が自分自身に対して行う「セルフ・スーパービジョン」等が挙げられたりする。

　スーパービジョンにおけるスーパーバイザーとスーパーバイジーの関係は，スーパーバイジーと利用者の関係とある意味でパラレルであって，スーパーバイザーはスーパーバイジーに対して倫理的な責任や義務を負うことになる。スーパーバイザーは，倫理綱領を遵守しつつ，スーパーバイジーの正当なニーズに応え，スーパーバイジーを客観的かつ公正に評価しなければならず，また，スーパーバイジーに対してパワーを悪用するとか，過剰な業務を割り当ててはならない。スーパーバイザーは，いろいろな倫理的な問題に遭遇するが，とりわけ，スーパーバイジーが倫理的ジレンマに陥って，問題解決の助言を求めた場合，「スーパーバイジーにとってのジレンマはスーパーバイザーのジレンマとなる」こともある。この場合，スーパーバイザーには，まさにスーパーバイザーとしての本領の発揮が求められることになる（カデューシン・ハークネス，2016：582-584）。

　こうしたスーパービジョンに似たものとして「コンサルテーション」（consultation）がある。コンサルテーションも，スーパービジョンと同様に，医療や福祉や心理等の分野で広く見られるもので，ある分野の専門家が他の分野の専門家に助言や指導を受ける過程を意味している。その場合，助言や指導を受ける者は「コンサルティ」，助言や指導を行う者は「コンサルタント」と呼ばれる。社会福祉分野に引き寄せていえば，社会福祉専門職が取り組む問題が複雑化するほど，自身の範囲を超えた幅広い知識や技術が必要となり，問題解決のために，たとえば医師やカウンセラー，場合によれば弁護士等に助言や指導を求めることがあるが，この場合，社会福祉専門職がコンサルティ，医師等がコンサルタントになるわけである。また逆に，社会福祉専門職がコンサルタントとして他の専門家に招かれることもある。要するに，分野が違う専門家の協働がコンサルテーションである。

　スーパービジョンもコンサルテーションの一部と見られることもあるが，やはり両者は区別されなければならない。というのも，コンサルテーションは分野が違う専門家の間で行われるのに対して，スーパービジョンはあくまで同じ分野の専門家の間で行われるからである。それとともに，コンサルテーションでの関係が対等であるのに対して，スーパービジョンでのそれは原則的に上下関係だからでもある。したがって，スーパービジョンでの管理的機能は，コンサルテーションでは該当しない。

> **演習問題**
>
> 1．社会福祉専門職の場合，専門職の条件をどれほど充足しているか，チェックしてみよう。
> 2．「社会福祉士の倫理綱領」「全国保育士会倫理綱領」の全文を読んで，社会福祉専門職にとって何が倫理的に重要なのか，自分なりに考えてみよう。
> 3．例示された「児童保護のケース」の倫理的ジレンマについて，どのような解決方法が考えられるか，話し合ってみよう。

引用・参考文献

秋山智久（2007）『社会福祉専門職の研究』ミネルヴァ書房。

岩間伸之・白澤政和・福山和女編（2010）『ソーシャルワークの理論と方法Ⅱ』ミネルヴァ書房。

柏女霊峰監修，全国保育士会編（2018）『改訂2版　全国保育士会倫理綱領ガイドブック』全国社会福祉協議会。

カデューシン，A.・ハークネス，D.，福山和女監修，萬歳芙美子・荻野ひろみ監訳，田中千枝子編集責任（2016）『スーパービジョン イン ソーシャルワーク　第5版』中央法規出版。

佐藤学（2015）『専門家として教師を育てる――教師教育改革のグランドデザイン』岩波書店。

社団法人日本社会福祉士会編集（2009）『改訂　社会福祉士の倫理　倫理綱領実践ガイドブック』中央法規出版。

ショーン，D. A.，柳沢昌一・三輪健二監訳（2007）『省察的実践とは何か――プロフェッショナルの行為と思考』鳳書房。

日本社会福祉士会「社会福祉士の倫理綱領」
https://www.jacsw.or.jp/01_csw/05_rinrikoryo/files/rinrikoryo.pdf（2020年12月14日閲覧）

バンクス，サラ，石倉康次・児島亜紀子・伊藤文人監訳（2016）『ソーシャルワークの倫理と価値』法律文化社。

ブトゥリム，S. T.，川田誉音訳（1986）『ソーシャルワークとは何か』川島書店。

山縣文治・福田公教・石田慎二監修，ミネルヴァ書房編集部編（2020）『ワイド版 社会福祉小六法2020〔令和2年版〕』ミネルヴァ書房。

リーマー，F. G.，秋山智久監訳（2001）『ソーシャルワークの価値と倫理』中央法規出版。

（宮野安治）

第4章　ソーシャルワークにおける対象理解と
ケースマネジメント

　　ソーシャルワークの対象は，困難発生の予防段階から実際に困難が発生してい
る段階まで，またミクロレベル（個人など）からマクロレベル（地域社会など）
までわたっており，幅が広い。本章では，幅広いソーシャルワークの対象の見方
について，加えて，ケースマネジメントによる援助の実際とソーシャルワークと
の関係について学ぶ。

1．ソーシャルワークの対象とは

（1）ソーシャルワークの対象

　　ソーシャルワークの対象について理解することは，もっとも基本的かつ重
要である。

　　ソーシャルワークの対象と聞いて思い浮かべるのは，貧困，障害，子ども
などいわゆる社会的弱者になりやすい人かもしれない。しかし，図4-1で
示す通り，ソーシャルワークの対象は，① 困難に直面している対象への支
援，② 困難に直面するリスクのある対象の早期発見・早期介入，③ 困難に
直面していない対象への困難発生予防および社会参加・活動支援である。つ

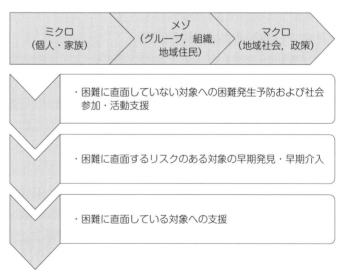

図4-1　ソーシャルワークの対象のイメージ

出典：一般社団法人日本社会福祉士養成校協会演習教育委員会（2015）より
筆者作成。

まり，ソーシャルワークは，すでに困難に直面している対象から，現時点では困難に直面していない対象まで，幅広く支援するのである。また，ソーシャルワークによる援助は，個人だけを対象としているのではない。ミクロ（個人，家族），メゾ（グループ，組織，地域住民），マクロ（地域社会，政策）といったあらゆるレベルが対象となり，人びとが社会の中でより幸せに（ウェルビーイング）暮らすことができるように支援するのが，ソーシャルワークの役割であり，援助の対象なのである。

（2）岡村による社会生活上の基本的要求

ソーシャルワークのミッションは，「人と環境の交渉関連（交互作用）すなわち社会生活に働きかけ，質の高い生活（QOL）を支えることによって，ウェルビーイングを高め，個人の尊厳を保つために援助すること」（芝野，2019）である。日本の代表的なソーシャルワーク理論といえば岡村重夫の「岡村理論」が挙げられるが，その岡村重夫は，私たちが社会の中でその人らしく安心して暮らすためには満たされなければならない7つの「社会生活上の基本的要求」（生活ニーズ）があると述べている。

社会生活上の基本的要求

① 経済的安定

② 職業的安定

③ 家族的安定

④ 保健・医療の保障

⑤ 教育の保障

⑥ 社会参加ないし社会的協同の機会

⑦ 文化・娯楽の機会

（岡村，1983：82）

これらすべてが満たされていることは，幸せな生活に必須ではあるが，しかし，現実の生活はなかなかそうではない。たとえば現在，3組に1組の夫婦が離婚するともいわれており，家族が家族として安定した状態であることも容易なことではない。つまり，社会的弱者となりやすい高齢者，障害者，子どもなどのカテゴリーに属さなくても，誰もが「社会生活上の基本的要求」が満たされない状態になる可能性があるため，これらの問題の解決と問題が起こる前の予防的支援の両方が必要である。

（3）人と環境の接点で起こる問題とは

ソーシャルワークは人と環境の接点で起こる問題を解決するが（IFSW,

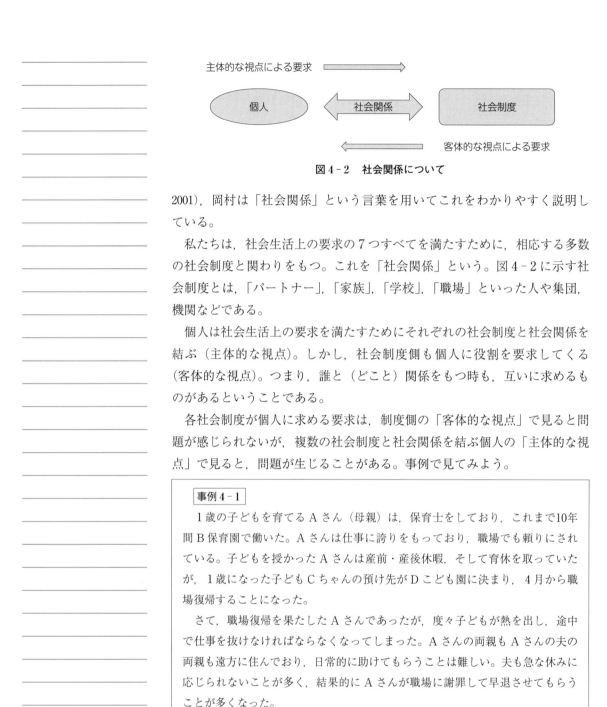

主体的な視点による要求

個人　←　社会関係　→　社会制度

客体的な視点による要求

図4-2　社会関係について

2001)，岡村は「社会関係」という言葉を用いてこれをわかりやすく説明している。

　私たちは，社会生活上の要求の7つすべてを満たすために，相応する多数の社会制度と関わりをもつ。これを「社会関係」という。図4-2に示す社会制度とは，「パートナー」，「家族」，「学校」，「職場」といった人や集団，機関などである。

　個人は社会生活上の要求を満たすためにそれぞれの社会制度と社会関係を結ぶ（主体的な視点）。しかし，社会制度側も個人に役割を要求してくる（客体的な視点）。つまり，誰と（どこと）関係をもつ時も，互いに求めるものがあるということである。

　各社会制度が個人に求める要求は，制度側の「客体的な視点」で見ると問題が感じられないが，複数の社会制度と社会関係を結ぶ個人の「主体的な視点」で見ると，問題が生じることがある。事例で見てみよう。

事例4-1

　1歳の子どもを育てるAさん（母親）は，保育士をしており，これまで10年間B保育園で働いた。Aさんは仕事に誇りをもっており，職場でも頼りにされている。子どもを授かったAさんは産前・産後休暇，そして育休を取っていたが，1歳になった子どもCちゃんの預け先がDこども園に決まり，4月から職場復帰することになった。

　さて，職場復帰を果たしたAさんであったが，度々子どもが熱を出し，途中で仕事を抜けなければならなくなってしまった。Aさんの両親もAさんの夫の両親も遠方に住んでおり，日常的に助けてもらうことは難しい。夫も急な休みに応じられないことが多く，結果的にAさんが職場に謝罪して早退させてもらうことが多くなった。

　こども園に預ける時には子どもに泣かれ，久しぶりの仕事で心身ともに疲れ果てているなか，仕事の後は急いで夕食を作り，ぐずる子どもをなだめてなんとか夕食を食べさせ，お風呂に入れて，寝かせて，その後たまった家事をして…と1日を乗り切ることで精いっぱいの日々が続いていた。夫に助けを求めたが，「妻が働きだしたからと言って残業をしないわけにはいかない。」と言って毎日夜10時過ぎに帰宅するため，子育てや家事を分担することもできない。

　復帰直後は子育てをしながら働くことに理解を得られているように思っていたが，度々急な早退をするAさんに対して職場での風当たりは厳しくなっていった。Dこども園の担任の先生には，「もう少しCちゃんとゆっくり接する時間があるといいですね。」と助言された。職場では「A先生は頼りにならなくなった。」と陰で言われていることを知ってしまった。夫には「毎日イライラしていて家庭で安らげない。俺だって仕事で大変なんだ。」と言われ，相談もできない。何より子どもが不安定になっていることも気になっていて，子どもに対して申し訳ない気持ちでいっぱいであった。

　Aさんはなんとか状況を改善しようと，職場に時短勤務を申し出たが，園長には「人手不足でそれは難しい。育休をとった後に辞められるのも困る。」と言われた。

　Aさんは心身ともに疲れ果てて自分に自信もなくなり，「こんなはずじゃなかった……どうしたらいいの……。」と泣いてうずくまってしまった。

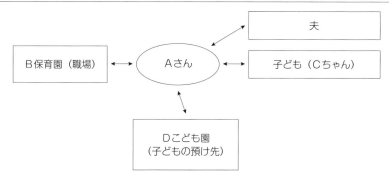

図4-3　事例4-1の社会関係図

　図4-3は，事例4-1のAさんの社会関係について示したものである。Aさんはお金ややりがいを求めて職場と社会関係を結んでいる（主体的な視点）。一方，職場はAさんに対して決められた勤務に穴をあけずに仕事をしてほしいと考えている（客体的な視点）。

　職場がAさんに要求していることはもっともなことであるが，Aさんの立場に立つと問題が生じるのである。Aさんには1歳のCちゃんがおり，仕事をするためにDこども園と社会関係を結んでいる。普段はDこども園を利用することでAさんの生活のバランスは保たれているが，子どもが体調不良になると園で預かってもらえなくなり，生活のバランスが崩れるのである。このように社会制度側で設定されている規定は，当事者の立場に立つと「生きづらさ」や「生活がまわらない」といった事態を起こすことがある。

（4）個人の主体的な視点に立った援助とは
　ソーシャルワーカーは，その役割が利用者の立場に立って援助することで

あるから，Aさんの主体的な視点に一緒に立って，状況を整理し，Aさんを取り巻く社会制度との社会関係がうまくいくように調節する。

　たとえば，Aさんとともに，B保育園にAさんの現在の状況を説明し，このままでは実質的に仕事を続けることは難しく，時短勤務にしてほしいこと，Aさんには法律上そのような選択肢を選ぶ権利があることなどを説明する。夫に対しても，このままではAさんは働き続けることが難しいこと，Aさんが仕事を辞めた場合のメリットやデメリットなどを整理し，お互いに協力しあえる部分がないか等を確認する。

　また，夫の協力が得られない要因の一つとして，夫の勤める会社で小さな子どもを育てながら共働きをするということに対して理解が得られていない可能性がある。日本の社会全体の課題として子育て家庭への理解が乏しいという側面もあるだろう。そのため，単にAさん一家の問題として認識するのではなく，地域や日本社会全体の問題であるという視点をもってメゾ・レベル，マクロ・レベルの支援をしていくことも必要である。

2．ソーシャルワーク対象の発見と援助の開始

（1）課題の発見・特定と援助の開始

　ソーシャルワーク実践のプロセスは，第1段階が「課題発見・特定と援助開始」，第2段階が「情報収集と分析（アセスメント）」，第3段階が「計画作成（プランニング）」，第4段階が「計画実行とモニタリング」，そして第5段階が「終結と結果評価」となっているが，ここでは，対象の理解に焦点を置くことから，第1段階の「課題発見・特定と援助開始」，および第2段階「情報収集と分析（アセスメント）」について取り上げる。

（2）課題発見・特定と援助開始のためのリーチアウトとアウトリーチ

　ソーシャルワークの援助において極めて重要なことは，第1段階として対象を発見することである。生活がうまくまわらずに困っている人が，自らソーシャルワーカーに助けを求めるとは限らない。むしろ，何らかの理由で援助にたどり着けないことのほうが多いだろう。そのため，対象を発見するためのリーチアウト（reaching-out）が非常に重要となる。

　リーチアウトとは，「ニーズをもちつつ自ら相談するという行動を起こせない，あるいは援助を拒否するクライエントに対して，問題解決への動機づけを高め援助関係を樹立するために，援助者がクライエントのもとへ家庭訪問などといったかたちで出向くこと」（秋元ほか，2003）である。

　似た用語としてアウトリーチという用語があり，アウトリーチのほうが頻

表4-1　アウトリーチとリーチアウトの違い

用　語	意　味
アウトリーチ (outrearch)	クライエントの日常生活の場（自宅など）において必要な情報やサービスを提供する活動であり，特に，行政機関や地域福祉関連の機関において求められるソーシャルワーカーの機能である。また，地域のなかで生活困難に直面している人々を見つけだすことも意味し，その場合はケース発見と同義に使われる。いずれも，利用者の来訪をただ待つのではなく，ソーシャルワーカーが積極的に地域に出ていくという側面が強調されている。(松岡克尚)
リーチアウト (reaching-out)	ニーズをもちつつ自ら相談するという行動を起こせない，あるいは援助を拒否するクライエントに対して，問題解決への動機づけを高め援助関係を樹立するために，援助者がクライエントのもとへ家庭訪問などといったかたちで出向くことをいう。援助の開始がクライエントの要求からではない場合もあり，信頼関係を築くことが特に重要である。サービスの利用を容易にするため，申請主義に加えてこうしたアプローチも重要になっている。(大谷京子)

出典：秋元ほか（2003）。

繁に使用されるが，アウトリーチは，「クライエントの日常生活の場（自宅など）において必要な情報やサービスを提供する活動であり，特に，行政機関や地域福祉関連の機関において求められるソーシャルワーカーの機能である。また，地域のなかで生活困難に直面している人々を見つけだすことも意味し，その場合はケース発見と同義に使われる」（秋元ほか，2003）。

　リーチアウトも，アウトリーチも，援助者が積極的に働きかけてクライエントの生活の場に出向くという意味では共通しているものの，リーチアウトのほうが，「相談できないクライエントに対して」という意味合いが強い。ソーシャルワーカーは相談できないクライエントをいかに探し出し，働きかけるかが支援の要といえるので，リーチアウトはより重要である。

（3）情報収集と分析（アセスメント）

　アセスメントでは，個人が一人の生活者として置かれている状況を総合的に把握することが重要になる。そして，個人の理解のためにはアセスメントを簡便に行うためのアセスメントシートが必要である。

　図4-4に利用者支援事業のための利用者状況アセスメントシートを示した。シートには事例4-1を用いて記入している。このシートでは，①利用者の家族関係・その他の人間関係，また，利用者が利用中の生活の状況に関すること，②子どもに関すること，③経済的な課題に関すること，④心と体の課題に関すること，⑤現状を理解するための生活歴，⑥利用者の良いところ，強みと考えられる部分，の6つの枠がある。それぞれの欄に記入をすることで，個人の置かれている状況を包括的に把握できるようにしている。

利用者支援事業	利用者状況アセスメントシート	シート （　1　）枚目

初回利用日 年　　月　　日	記入日 年　　月　　日	作成者

利用者名 　　滋賀　A　　年齢（　　　　）	利用の対象となる子どもの名前 　　Cちゃん　　年齢（　1　）

続き柄　■母　□父　□祖母　□祖父 　　　　□その他（　　　　　　　　　　）	地域

利用者 連絡先	連携 機関

今後の 援助方針	Aさんに負担がかかりすぎている。負担が分散できるような支援先へのつなぎと寄り添い。

①利用者の家族関係・その他の人間関係、 　また、利用者が利用中の福祉サービスなど、生活の状況に関すること 夫、Aさん、Cちゃん（1歳）の3人家族。 夫・・仕事が忙しく、毎日10時すぎに帰ってくる。Aさんが復職し、余裕がなくなっている事に対して向き合えていない。 Aさん・・4月からこれまで約10年働いたB保育園に復帰。子どもの体調不良による早退などで職場の風当たりが厳しくなっている。 Cちゃん・・4月からこども園に行きだしたが体調を崩しがち。	②子どもに関すること 4月からDこども園に通っている。まだこども園に慣れず、朝は泣いている。

③経済的な課題に関すること 夫婦共働き。 4月からB保育園に復帰した。	④心と体の課題に関すること 頼る先がなく、また仕事と育児に追われて疲れている。 また、イライラしてしまう。	⑤現状を理解するための生活歴 約10年間保育士として誇りをもって働いてきた。

⑥利用者の良いところ、強みと考えられる部分 出産前から継続して10年間B保育園で働いているなど、保育士としてのスキルがある。 また、状況を改善しようと自分でも夫や園に働きかけている。

メモ：

© 榎本祐子,知念奈美子　2018.3

図4-4　利用者状況アセスメントシート

©榎本祐子・知念奈美子

特に重要なのは⑥利用者の良いところ，強みと考えられる部分である。

　事例４-１のＡさんは，現在，生活が立ち行かなくなっているが，事例で示されている内容をシートに書き込んでいくと，どこにどんな問題があるのかが浮かび上がってくる。Ａさんは現在仕事と育児に追われて自信も失いつつあるかもしれないが，保育士として10年のキャリアがあり，これまで職場で頼りにされるほどのスキルを持ち合わせている。また，Ａさんは自ら職場や夫に状況を説明し，解決を試みている。このことから，Ａさんは一時的に生活がうまくまわっていないが，少しの支援があれば状況が改善する可能性があるといえるだろう。Ａさんにつなぐ先の支援やサービスとしては，子育て援助活動支援事業（ファミリー・サポート・センター事業），病児保育，家事代行，ベビーシッター，食材宅配サービスなどが考えられる。また，友人や地域住民との関わりを増やすことによってインフォーマルな支援を受けることも可能であろう。

　そして，Ａさんの抱える課題を根本的に解決していくためには，メゾレベル，マクロレベルの支援が必要である。夫の職場にも，Ａさんの職場にも，同じく子育て中の従業員がいると考えられ，彼／彼女らもＡさんと同じような課題に直面し，生活困難を抱えている可能性がある。とくに保育現場では保育士不足が深刻であるが，多様な働き方を認めることで，優秀な人材を確保することが必要である。

　多くの働く母親が仕事と子育ての両立で苦しんでおり，子どもを産み育てやすい社会となっていくためには，仕事と子育てが無理なく両立できるようなシステムに改善しなければならない。令和元年版「少子化社会対策白書」によると，現在働き盛りの30代，40代の男性は他の年代に比べて週60時間以上の残業が多い。また，６歳未満の子どもをもつ男性の家事・育児関連時間は１日あたり１時間23分で，調査対象国の中でもっとも短く，妻はもっとも長い７時間34分であった。女性が働くようになった場合，働く前と同じように家事や育児の負担が求められる社会構造が浮き彫りになっている。

　このように，アセスメントでは，利用者の状況を明らかにしつつ，ミクロの視点だけでなく，メゾやマクロの視点も用いてソーシャルワークによる支援の展開について考えていかなければならない。

３．ケースマネジメント

（１）ケースマネジメントのなりたち

　ケースマネジメントは，1960年代に米国で誕生した対人援助をおこなうための理論的な方法（Intagliata, 1982）であり，現在のソーシャルワークと非常

に役割が似通っている。当時，米国では精神障害者が施設から出て地域で暮らすことが，彼／彼女らのよりよい生活につながると信じられていたが，実際には地域にサービスがあっても，必要なサービスにたどり着けないなどにより，施設にいた時よりも生活の質が下がってしまった（Rubin, 1987）。

　そこで，このような問題を解決するために，1970年代，連邦政府保健教育福祉省（Department of Health Education and Welfare）によって利用者が必要なサービスにたどり着くための施策が検討され，そこで誕生したのがケースマネジメントである。

（2）ケースマネジメントによる援助過程

　ケースマネジメントによる援助過程は，ソーシャルワークの援助過程と似通っている。図4-5に一般的なケースマネジメントの手順を示した。ソーシャルワークの援助過程との大きな違いは，ソーシャルワークの計画実行の部分で「つなぐ（リンキング）」に焦点が当てられている部分である。Rubin が，ケースマネジメントについて，「複雑で重複した問題や障害をもつクライエントが，適時適切な方法で必要とするすべてのサービスを利用できるように保障することを試みるサービス提供の一方法」（Rubin, 1987：17）と述べているように，利用者を確実に必要なサービスに「つなぐ」ことが，ケースマネジメントの要なのである。

図4-5　一般的なケースマネジメントの手順

（3）ケースマネジメントにおける援助の視点

　ケースマネジメントにおいて，必要なサービスに「つなぐ」際に欠かせない視点がある。それは，ケースマネジメントにおいてもソーシャルワーク同様必ず利用者の立場に立つということである。岡村理論でも，個人の主体的な視点にたって援助することの重要性が述べられているが，ケースマネジメントもサービスにつなぐ際にこの部分が極めて重要になる。Rose&Moore（1995）はこのことについて非常にわかりやすく説明している。ローズとモアによると，ケースマネジメントには「利用者中心モデル」と「サービス提供者中心モデル」がある。表4-2に示しているように，利用者を主軸と

表4-2　ケースマネジメントにおける利用者中心モデルとサービス提供者中心モデルの違い

ケースマネジメントの特徴	利用者中心モデル	サービス提供者中心モデル
利用者の基本的な位置づけ	利用者は抱える課題に対して主体者として，考え，動く。	利用者はサービス提供者に働きかけられる客体者である。
ケースマネージャーが利用者を捉える視点	利用者のもっているストレングスを見つけ出し，高める。	利用者の抱える病理（問題）を見つけ出し，管理する。
ケースマネージャーが試みること	積極的な参加，欠点の見方を変える（ポジティブな捉え方ができるようにする），目指すべき方向性を見出す。	（利用者を）従わせる，サービス内容に適応させる。
ケースマネジメントの目標	よい方向性に向かうようにする，計画を実行していく，利用者自身が自信をもてるようにする。	サービスがより多く利用されるようになる。利用者がサービス提供者側から期待される利用者としての役割行動を遂行できるようになる。
ニーズのアセスメント	利用者自身が考えている目指すべき方向性や目標から生成する。	サービス提供者側が定めた用意されているサービスの中から生成する。
リンキング	資源はコミュニティ全体から探してつなぐ。とくにインフォーマルなサービスにつなぐことに力点が置かれる。	既存のサービスの紹介。フォーマルな制度につなぐ。
モニタリング	（利用者とケースマネージャーは）今のサービスがうまく提供されているかいっしょに確認する。	治療（サービス）プランに沿ってサービスを提供しているか確認する。
評価	自律性を高めているか。社会的な問題はないか。利用者の自信を高めているか。インフォーマルなネットワークを活用できているか。	サービスの利用単位は増加しているか。入院日数は減らすことができているか。利用者が利用者としての役割に従っているか。
援助の焦点	援助の目標に到達するためのストレングスと障害を特定する。ソーシャルネットワークを発展させること。利用者に対して臨床的に決めつけるような判断をしたり軽視したりするようなことがないようにする。1つ1つのサービスシステムが真にサービスになっているか，利用者にとって障壁になっていないかアセスメントする。	問題を特定し，サービスにつなぐ。利用者が利用者としての規約を守り，ふるまえるようにすること。利用者の行動や現在の機能の状態，家族との関係性，予約を守っているかに留意する。

出典：Rose. & Moore（1995）を平田・知念が翻訳（平田，2015：44）

してサービスにつなぐのと，各種サービス提供機関によって提供されているサービスのみにつなぐのでは，結果は大きく異なることになる。ニーズが既存の利用者のサービスに必ずしも当てはまるわけではない。必要なサービスがない場合や，サービス提供者側がつくった規定によって，あるサービスが必要であるにもかかわらず利用できないという問題が起こる。ケースマネジメントでは，つなぐ先のサービスがなければ，つくるように社会やサービス提供者に働きかける，あるいは本当に必要な人が既存のサービスを利用できない状況なら，サービス提供者にその状況を訴えるなどして，利用者が確実

に必要な資源につながることができるように働きかける。「サービス提供者中心モデル」はその部分が欠落している。

（４）ケースマネジメントによる援助のイメージ

　先にも述べたように，私たちの生活は刻一刻と状況が変わっていく。そのため，ケースマネジメントは生活上の問題に対してタイミングよく応えていく必要がある。

　ケースマネジメントによる援助は，利用者の立場に立って，その人の置かれている環境に適した必要な資源につなぐことであるが，実は私たちはこのような方法を生活の中で自然に試みている。自分の置かれている状況を総合的，客観的に把握し，今自分に何が必要なのか考え，選択していくことは何も特別なことではない。

　ケースマネジメントによる援助が必要なのは，自分自身ではこのような作業ができない時であり，芝野（2003）は，ケースマネジメントは利用者がその時点で生活において不足している部分を補うものであり，利用者がもっている力を最大限に活用する必要があると述べている。

　また，このような観点から芝野（2003）は，ケースマネジメントにおける援助のイメージを図４-６のように示している。

　この図の１枚のカードはその時その瞬間の個人の状況を表している。私たちのおかれている状況は刻一刻と変わり，それにともなってニーズも変化している。個人はその時々でうまく対応しながら生活しているが，自分自身で解決できない時期がある。その時に援助者が介入する。それ以外の期間はいわば見守っている状況である。困った時だけ援助するのであればコーディネーションであるが，見守りも含めて必要な時に手を差し伸べるのが，ケースマネジメントである。

（５）ソーシャルワークとケースマネジメントの関係

　ソーシャルワークは精神医学に傾倒していた時代があり，ソーシャルワークが利用者の生活ニーズに寄り添い，必要な資源につなぐという役割が果たせてこなかったことが，ケースマネジメントの誕生をもたらしたと考えられる。現在のシステム理論やストレングス視点を取り入れたソーシャルワークアプローチは，ケースマネジメントと似ている部分が多くある。

　また，近年では，ソーシャルワークのグローバル定義（2014）で「ソーシャルワークは，社会変革と社会開発，社会的結束，および人々のエンパワメントと解放を促進する」と述べられているように，ミクロ・レベルやメゾ・レベルへの介入だけでなく，マクロ・レベルの実践をどのように実施してい

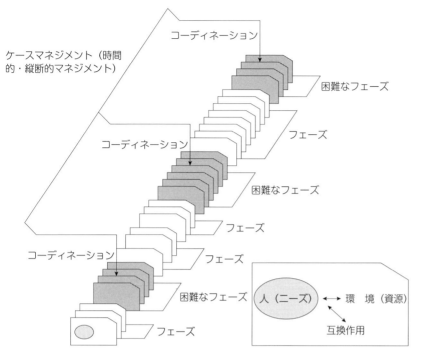

図4-6　ケースマネジメントのモデル

出典：芝野（2002）。

くかが問われている。

　現在，保育所保育士は子どもの保育（ケアワーク）だけでなく，保護者支援も重要な役割とされている。子どもや保護者を支援する際には，ソーシャルワークの対象理解に関する視点を取り入れ，具体的にはケースマネジメントの手法である普段は見守りつつ，必要な時に介入するという方法を取り入れることが望まれる。

演習問題

1．自身が関わっている社会制度について挙げ，それぞれに対して①あなた個人がその社会制度に求めていること（主体的な視点），②それぞれの社会制度があなたに求めていること（客体的な視点）を整理してみよう。

2．あなたが社会制度側の要求に応えられていないことがあれば，なぜ応えられていないと思うか，またその問題に対する解決案を書いてみよう。

3．事例4-1を用いて，利用者の状況をアセスメントシートに記入してみよう。

引用・参考文献

秋元美世・大島巌・芝野松次郎・藤村正之・森本佳樹・山縣文治編（2003）『現代社会福祉用語辞典』有斐閣。

一般社団法人日本社会福祉士養成校協会演習教育委員会（2015）「相談援助演習のための教育ガイドライン」（平成27年3月24日（理事会承認））資料。

榎本祐子・知念奈美子（2019）「利用者状況アセスメントシート」資料。
https://ameblo.jp/emotokaken/

岡村重夫（1974）『地域福祉論』光生館。

岡村重夫（1983）『社会福祉原論』全国社会福祉協議会。

内閣府（2019）『少子化社会対策白書』全国官報販売協働組合。

芝野松次郎（2019）「日本のソーシャルワーク研究の近未来」木村容子・小原眞知子編著『ソーシャルワーク論』ミネルヴァ書房。

芝野松次郎（2002）『社会福祉実践モデル開発の理論と実際——プロセティック・アプローチに基づく実践モデルのデザイン・アンド・ディベロップメント』有斐閣。

平田祐子（2015）『ケースマネジメントによる子育て支援コーディネート——効果的なサービス提供のために』ミネルヴァ書房。

IFSW（2001）国際ソーシャルワーク連盟と国際ソーシャルワーク学校連盟が2000年7月に示したモントリオールにおける総会において採択されたソーシャルワークの定義。

Intagliata, J.（1982）"Improving the Quality of Community Care for the Chronically Mentally Disabled: The Role of Case Management," *Schizophrenia Bulletin*, 8(4): 655-672.

Rose, S. M. & Moore, R. H.（1995）"Case Management," *Encyclopedia of Social Work* (19th Edition), New York: NASW, 335-340.

Rubin, A.（1987）"Case Management," *Social Work*, 28(1): 49-54.

（榎本祐子）

第5章　ソーシャルワークの展開過程と評価

　ソーシャルワークは，「課題発見・特定と援助の開始」，「情報収集と分析（アセスメント）」，「計画作成（プランニング）」，「計画実行とモニタリング」，「終結と結果評価」から構成される展開過程を経るのであるが，本章においては，そうした展開過程を押さえたうえで，子ども家庭福祉におけるソーシャルワークの評価について，さらには，子ども家庭福祉サービス利用の効果測定について取り上げることにする。

1．ソーシャルワークの展開過程

　ソーシャルワークの展開過程を考えていく場合に，日本社会福祉士養成校協会が2013（平成25）年5月にとりまとめた「教育ガイドライン案」で示されている「ソーシャルワーク実践のプロセス」に注目したい。ちなみに，現在の日本ソーシャルワーク教育学校連盟は，この日本社会福祉士養成校協会などを2017（平成29）年4月1日に組織化したものである。

　「教育ガイドライン案」に示された「ソーシャルワーク実践のプロセス」は，「① 課題発見・特定と援助の開始」から始まり，「② 情報収集と分析（アセスメント）」，「③ 計画作成（プランニング）」，「④ 計画実行とモニタリング」，「⑤ 終結と結果評価」へと順に進んでいく（図5-1）。

　なお，ソーシャルワーク実践のプロセスは，①から⑤の段階を滞りなく，順調に展開することもあるが，行きつ戻りつを繰り返しながら，らせん状（スパイラル）に，前の段階に戻ったり，2つ前の段階に戻ったりしながら，展開することもある。

（1）「課題発見・特定と援助の開始」
　ソーシャルワーク実践プロセスの第1段階（ソーシャルワーク開始）は，「課題発見・特定と援助の開始」であり，「ケースの発見」と「エンゲージメント（インテーク）」などとも呼ばれる。この段階では，援助を必要とする人の課題を発見し，ニーズを把握して，課題を特定することで，援助を開始する。

　白澤（2010）によれば，ソーシャルワークにおけるクライエントの抱えるニーズは，Ⓐ「社会生活ニーズ（human needs）」とⒷ「サービス・ニーズ

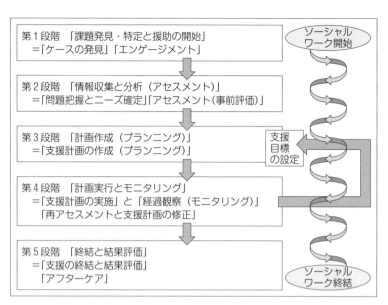

図5-1　ソーシャルワーク実践のプロセス
出典：石川（2015），芝野（2010）を参照し作成。

（needs of services）」の二重構造になっており，これらのニーズは連続して，両者のニーズが満たされて初めて，人々の社会生活が可能になる。

　このうちのⒶ「社会生活ニーズ」を捉えるためには，①「クライエントの身体的・精神心理的状況」と②「社会環境的状況」を理解した上で，③「社会生活遂行上での困っている状態」と④「その状態を解決するべき目標・結果」を導き出していくことになる。

　Ⓑ「サービス・ニーズ」とは，クライエント一人ひとりが社会生活を送る上で，具体的なサービスやサポートの利用や開発・修正に対する要求であり，具体的な社会資源を利用する際に要求するものである。

　人が社会生活を送る上で必要となる社会資源に関する基本的な7つの要求に関して，岡村（1983）は，①「経済的安定」，②「職業的安定」，③「家族的安定」，④「保健・医療の保障」，⑤「教育の保障」，⑥「社会参加ないし社会的協同の機会」，⑦「文化・娯楽の機会」があるとしている。

　さらに，「課題発見・特定と援助の開始」の段階で，ニーズを発見することが困難なケースへのアプローチについて触れておく。

　たとえば，子育て家庭が，子育て支援サービスを利用したくても利用方法がわからなかったり，利用を我慢していたりする場合など，「課題発見・特定と援助の開始」の段階にたどり着けないことがある。さらに，子育てに体罰は不可欠と考えてしつけをしているような子育て家庭もある。そうした場合，子育て家庭が保健センター，家庭児童相談室，地域子育て支援拠点を訪

問するのを待っていては支援することができない。

　こうした状況においては，援助者は子育て家庭との間に援助関係を形成し，子育て家庭が問題を解決することへの動機づけを高めるように家庭を訪問して支援するリーチアウト（reaching-out）が必要となる。その場合，子育てに関する問題を抱えていても自ら支援を求めることができない子育て家庭の発見（ケース発見）とともに，必要としている子育て情報や子育て支援サービスを提供するソーシャルワークの機能であるアウトリーチ（outreach）が求められる。このアウトリーチに関しては，すでに乳児家庭全戸訪問事業（こんにちは赤ちゃん事業）や養育支援訪問事業として制度化されている。

　まず，こんにちは赤ちゃん事業では，保健師，助産師，看護師，児童委員，子育て経験者等が，生後4か月までの乳児のいるすべての家庭を訪問し，さまざまな不安や悩みを聞き，子育て支援に関する情報提供等を行うとともに，親と子の心身の状況や養育環境等の把握や助言を行い，支援が必要な子育て家庭に対しては適切なサービスへとつなげている。

　次に，養育支援訪問事業では，育児ストレス，産後うつ，マタニティブルー（ズ）などの問題によって，子育てに対して不安や孤立感等を抱える家庭や，さまざまな原因で子育て支援が必要となっている家庭に対して，子育て経験者等による育児・家事の援助や，保健師，助産師，看護師，保育士等による具体的な子育てに関する指導助言等を家庭訪問により実施し，個々の子育て家庭の抱える子育てに関する諸問題の解決を図っている。

（2）「情報収集と分析（アセスメント）」

　第2段階は，「情報収集と分析（アセスメント）」であり，「問題把握とニーズ確定」「アセスメント（事前評価）」などとも呼ばれる。この段階では，援助を必要とする人が抱えている課題や求めるサービスやニーズに関して，心理・身体・社会的側面と，ミクロ（個人・家族）・メゾ（グループ・組織・地域住民）・マクロ（地域社会・政策）のレベルからさまざまな情報を収集する。

　ソーシャルワークの展開におけるアセスメントの段階では，問題解決の前段階で行う「社会生活ニーズ」と「サービス・ニーズ」を把握することになる。

　ソーシャルワークにおいては，ホリス（Hollis, F., 1972）が，「環境の中の人」や「全体連関的な状況のなかにある人」をソーシャルワークの視点として挙げたことが知られている。このソーシャルワークの視点は，心理的・身体的・社会的な状況の各側面をバラバラに捉えるのではなく，さまざまな側面が複雑に関わっている全体を捉えるとともに，人と環境の両面を理解する

ものである。

　それゆえに，ソーシャルワークの展開においては，クライエントのミクロ・メゾ・マクロの各レベルにおける「社会生活ニーズ」に対する「心理的・身体的・社会的な状況」と「サービス・ニーズ」の把握，すなわち人と環境の理解を深めることが「情報収集と分析（アセスメント）」の要になるのである。

（3）「計画作成（プランニング）」
　第3段階は，「支援計画の作成（プランニング）」である。この段階では，支援の目標に向けて，誰が，いつ，どこで，いかなる支援を展開していくか，具体的な計画を作成する。
　プランニングとは，クライエントの抱えるニーズ（課題）の「情報収集と分析（アセスメント）」が終了して，クライエントとの間で支援契約が結ばれた後に，どのように問題解決を行っていくか具体的な援助計画を作成することである。その際，支援計画に「長期目標」とそれを達成するために積み上げていく「短期目標」が明確に設定されていることが極めて重要になる。ソーシャルワークの展開過程の最終段階で「長期目標」が達成されたかどうかを明らかにする「結果評価」が問題になってくるが，そのために，ソーシャルワーク実践のプロセスにかかわる関係者間において，「長期目標」と「短期目標」を具体的かつ明確に設定しておく必要があるからである。

（4）「計画実行とモニタリング」
　第4段階は，「支援計画の実施」と「経過観察（モニタリング）」，「再アセスメントと支援経過の修正」がなされる。
　モニタリングとは，支援計画に設定された「長期目標」と「短期目標」の達成のための計画が実行されているか否かについて，定期的，継続的に点検することである。その際，短期目標の達成状況と，支援計画にない新たなニーズ（課題）が発生していないかという確認もなされることになる。
　この段階では，支援を実行するとともに，支援が適切で，効果的であったかという実施状況を点検する。その際，支援が適切で効果的であれば第5段階の「終結と結果評価」へと進む。
　しかし，支援計画を実行したものの，モニタリング（経過観察）の結果，課題が未達成であったり，新たな問題が発生したりした場合は，再アセスメントが必要ということになる。「再アセスメント」を行うことになると，第2段階の「情報収集と分析（アセスメント）」に戻り，「再アセスメント」を行い，それに基づいた支援目標と支援計画の修正，あるいは，新たな支援目

標と支援プランの作成を行うこととなる。そして，第2段階と第3段階から
再展開していく。

（5）「終結と結果評価」
　第5段階の「終結と結果評価」（ソーシャルワーク終結）は，「終結と評価
結果」，「アフターケア」が行われる。
　評価（evaluation）とは，ソーシャルワークの展開過程が全体としてうまく
いったかどうかの判断のことをいい，その評価には，①「過程評価（process
evaluation）」と②「結果評価（outcome evaluation）」がある。まず，①「過程
評価」とは，ソーシャルワークの展開プロセスを評価することであり，支援
計画を実行している際にモニタリングを通して得られる情報を整理，分析し，
支援計画の継続や変更を判断したり，新たなニーズや課題への対応を検討し
たりすることである。次に，②「結果評価」とは，「情報収集と分析（アセ
スメント）」の結果に基づいて設定した「支援計画」に示された「長期目標」
が達成されたかどうかを判断することである。
　その際，留意すべき点として，そもそも「長期目標」を達成するには，長
い時間を要するため，まず課題解決するために設定した段階的かつ具体的な
「短期目標」の評価を行うことになる。次に，「短期目標」を経てたどり着く
「長期目標」がどの程度達成できているかという点について評価することで，
総合的かつ包括的な評価を行うことができる。
　「効果測定」は，ソーシャルワーク展開過程の全体を通して行われる。「効
果測定」とは，支援計画に示された「長期目標」を達成する際に行われる支
援計画の実行が有効であるかを検証することである。
　ここで取り上げた「評価」や「効果測定」は，クライエントや社会に向か
って示すソーシャルワーク専門職の「アカウンタビリティ（説明責任）」と
考えることもできるため，極めて重要であるといえる。
　最後に，「評価」や「効果測定」を経てソーシャルワークは終結となるが，
終結後に行われる「アフターケア」やフォローアップもソーシャルワークの
展開過程においてきわめて重要である。

2．子ども家庭福祉におけるソーシャルワークの評価

　子ども家庭福祉におけるソーシャルワークの評価に入る前に，これまで
「ソーシャルワーク」の全体について説明してきた。以下，改めて「ソーシ
ャルワーク」および「子ども家庭福祉におけるソーシャルワーク」について，
その代表的な理論に立ち入って述べておきたい。

ソーシャルワークについては，まず，岡村による岡村理論，芝野による Person Environment Interface Management（PEIM；ピーム），次に，国際ソーシャルワーカー連盟と国際ソーシャルワーク学校連盟によって示されたソーシャルワークの定義（2000）とソーシャルワーク専門職のグローバル定義（2014）が重要である。また，子ども家庭福祉におけるソーシャルワークについては，山縣による子どもと家族を巡る社会関係の二重構造理論や芝野による子ども家庭福祉におけるソーシャルワークの定義が挙げられる。なお，これらにおける「ソーシャルワーク」が，いずれも，「人」と「環境」との「交互作用（transaction）」に焦点を当てていることは，あらかじめ指摘しておかなければならない。

（1）岡村理論

　岡村理論とは，岡村重夫によって構築された日本固有のソーシャルワーク実践理論である（岡村，1983）。

　岡村理論によれば，ソーシャルワークの対象は，サービスを受ける個人や集団でも，個人や集団を取り巻く環境でもなく，個人と環境との接点にある「社会関係」である。

　そして，その「社会関係」は，把握することができる「客体的，制度的側面」と，捉えられない「主体的，個人的側面」の二重構造がある。この「社会関係」の二重構造のため，社会福祉サービスをいかに生活者へ提供するかという「客体的，制度的側面」だけではなく，生活者が生活上の問題を解決するために環境へ主体的に働きかける「主体的，個人的側面」にも着目しなければならない（図5-2）。

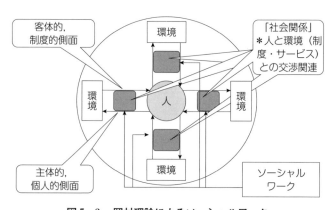

図5-2　岡村理論によるソーシャルワーク

出典：岡村（1983）芝野（2015）を参照し作成。

（2）PEIM（ピーム）

　PEIM とは，芝野松次郎によって示されたソーシャルワークの本質を捉えた考え方である（芝野，2015）。PEIM とは，Person Environment Interface Management の頭文字をとったものであり，人と環境との接点に介入するマネジメントこそが，ソーシャルワークの本質であるとする考え方である。芝野は，岡村によって理論化された「社会関係」に着目し，人の営みである社会生活は，社会制度との交渉関連（交互作用；transaction）のことであり，そして，社会生活におけるさまざまな基本的要求を抱えた「人」と社会制度・サービスといった「環境」との交渉関連（交互作用；transaction）において生じる問題を解決する働きを「ケースマネジメント」としている。

　さらに，芝野は，岡村が注目した社会福祉固有の3つの問題（① 社会関係の不調和，② 社会関係の欠損，③ 社会関係の欠陥）と，社会福祉固有の5つの機能（① 評価的機能，② 調整的機能，③ 送致的機能，④ 開発的機能，⑤ 保護的機能）は，ソーシャルワークの本質であるとともに，「ケースマネジメント」そのものであると説いているのである。

（3）ソーシャルワークの定義（2000）

　2000年7月27日に IFSW（国際ソーシャルワーカー連盟：International Federation of Social Workers）がモントリオールの総会で採択したソーシャルワークの定義には，「ソーシャルワークは，人間の行動と社会システムに関する理論を利用して，人びとがその環境と相互に影響し合う接点に介入する」とある。

　これにより，「人」と「環境」が相互に影響し合う「接点」に働きかけることを「ソーシャルワーク」と呼ぶことが，国際的な共通の認識となった。

（4）ソーシャルワーク専門職の定義（2014）

　2014年に IFSW および IASSW（国際ソーシャルワーク学校連盟：International Association of Schools of Social Work）のメルボルン総会において採択された「ソーシャルワーク専門職のグローバル定義」の中に，「ソーシャルワークは，生活課題に取り組みウェルビーイングを高めるよう，人々やさまざまな構造に働きかける」とある。これについては，定義注釈の「実践」の箇所において，「ソーシャルワークの正統性と任務は，人々がその環境と相互作用する接点への介入にある」とされている。

（5）子どもと家族を巡る社会関係の二重構造理論

　子どもと家族を巡る「社会関係」の二重構造理論とは，山縣文治によって

示された理論である（山縣，2011）。山縣の理論では，子どもと家族（保護者）が，主体と客体の関係で捉えられるとともに，両者が一体として主体となり，主体化した子育て家庭と社会制度との間の「社会関係」が調整されるとしている。子どもの最善の利益を考慮した実践をするために，子どもの主体的な側面から家族と社会制度との間の社会関係を評価し，調整していくことを求めている（図5-3）。

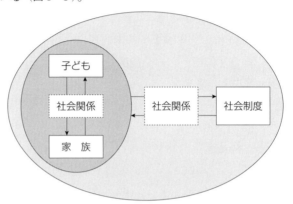

図5-3　子どもと家族をめぐる「社会関係」の二重構造
出典：山縣（2011）。

（6）子ども家庭福祉におけるソーシャルワークの評価

　子ども家庭福祉におけるソーシャルワークについては，さまざまな議論があるものの，岡村理論に基づいて，芝野（2019）は，子ども家庭福祉におけるソーシャルワークを次のように定義している。

> 　子どもや親（保護者）の自己実現が大事であるという専門的価値意識を堅持し，彼らに寄り添いながら，自己実現のためのニーズと，ニーズを充たす制度やサービス資源としての環境との間（インターフェース）に介在し，両者を計画的に結びつけるよう援助し，さらに制度やサービス資源が自己実現に役立ったかどうかを評価し確かめる専門的活動である。

　子ども家庭福祉おけるソーシャルワークを行う際は，子どもの最善の利益を考慮し，エコロジカルに捉えた家庭的環境の中で，問題解決能力を高め，成長する子どもと家庭を計画的に援助する視点を重んじなければならない。あわせて，人間の尊厳と社会正義を重視し，すべての人のウェルビーイング（well-being）を実現するために実践するという，ソーシャルワーク専門職の価値観を堅持しなければならない。

　その上で，子ども・子育て支援に関するさまざまな制度・サービスを利用している人の側に立って，寄り添いながら，専門的援助を行うことになる。

そして，この専門的援助には，子ども家庭福祉におけるソーシャルワークに関するさまざまな理論，法・制度，原理・原則，方法と，それを実践する専門的技術（スキル・技能）が必要になる。

　子どもの最善の利益と子どもと子育て家庭の自己実現を達成するため，専門家の判断と社会通念上許容される限度を超えているかどうかという社会的判断に基づいて，適切な助言を行いながら，相談援助を進めていくことになる。

　その際，ソーシャルワークの本質である，子どもと子育て家庭のニーズを満たすために社会福祉制度・サービスの情報を提供し，ニーズとサービスをつないでいく。

　このように，子ども家庭福祉におけるソーシャルワークにおいては，専門的価値観に基づいた寄り添い支援である相談援助，情報提供，ニーズとサービスをつなぐ支援が行われる。しかし，これだけでは子どもと子育て家庭のウェルビーイングを促進できたとは言い切れない。なぜならば，子どもと子育て家庭のニーズを正確に理解できていたのかという点と，そのニーズを満たすサービスへと確実につなぐことができていたのかという点を明らかにできていないからである。

　そこで，まず，ニーズ把握とニーズを満たすサービスへとつなぐ援助が行われていたことを明確にする評価の必要性が浮かび上がってくる。そして，その評価を通して，専門援助が子どもと子育て家庭の自己実現に役立ったかどうかを評価し確かめることが可能になるのである。

　子どもと子育て家庭を支援する専門職によるソーシャルワークの展開過程においては，専門援助が計画的，効果的に行われているか，吟味，検討し，評価することが含まれる。

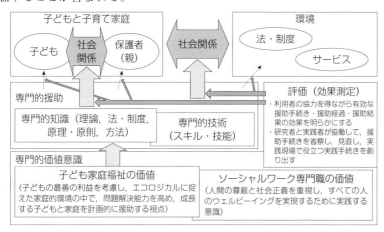

図 5-4　子ども家庭福祉におけるソーシャルワークの評価

出典：芝野（2020）山縣（2011）木村（2019）を参照し作成。

3．子ども家庭福祉サービス利用の効果測定

（1）子育て支援サービス利用者を対象にした利用効果の測定

　子育て支援サービス利用の効果測定に関する具体的事例として，ここでは，地域子育て支援拠点利用前・後で，利用者の子育て環境がどのように変化したかを把握した効果測定の一事例を取り上げる。

　ここで取り上げる子育て支援サービス利用による効果測定の結果では，子育て支援サービス利用が短期間の利用者よりも長期間の利用者の方が，子育て仲間作りと子どもへの関わり方において，より大きな効果が得られることが示されている。

　図5-5の子育て支援サービス利用前後の子育て仲間作り得点の変化から，短期利用群よりも長期利用群の得点が，利用後により高い得点に変化していることがわかる。これは，利用期間の短い利用者よりも長い利用者の方が，子育て支援サービス利用によって，子育ての仲間がより多くできたと利用者自身が考えるようになったことを示唆している。

　また，図5-6の利用前後の子どもへの関わり方得点の変化から，利用開始前における子どもへの関わり方得点は，長期利用群と短期利用群で利用前の得点差が大きいことがわかる。この結果は，利用開始前の段階では，長期利用群の方が，「子どもへの関わり方」ができていないと考えていたことを示している。そして，この結果は，「子どもへの関わり方」に不安を抱えている子育て家庭層の方が，子育て支援サービスの長期利用によって，「子どもへの関わり方」得点を上昇しやすいということを示唆している。

　利用効果の測定結果として，地域子育て支援拠点の利用によって，「子育て仲間作り」における長期利用群の得点が，短期利用群の得点よりもさらに上昇し，「子どもへの関わり方」における長期利用群と短期利用群の得点差が縮小していることが指摘できる。このことから，地域子育て支援拠点を長期間利用することが，「子育て仲間作り」と「子どもへの関わり方」においてより効果的であることが考えられる。

（2）ニーズ調査と評価に基づく「親と子のふれあい講座」

　子どもにとって保護者（親）が育む環境となり，また，子どもと保護者（親）にとって地域社会が育む環境となるように，親と子の育ちを支援していく実践がなされなければならないのであるが，その場合，その実践に効果があるかどうかを測定し，明らかにする必要がある。

　そこで，さまざまなニーズ調査と，実践を評価することにより研究開発さ

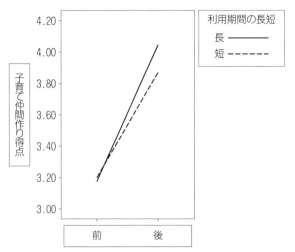

図5-5　子育て支援サービス利用前後の子育て仲間作り得点の変化

出典：新川（2016）。

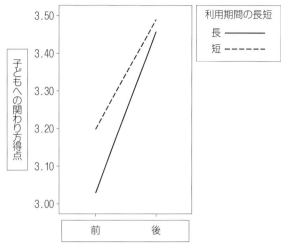

図5-6　子育て支援サービス利用前後の子どもへの関わり方得点の変化

出典：新川（2016）。

れたのが芝野による「親と子のふれあい講座」である。この講座は，神戸市で1987年から開催され，その内容は広く地域の児童館へ発信されている。また，講座実施後は実践者の評価をまとめることによって講座を分析し，今後の課題を明確化することで，講座の改善点を探っている。

　なお，「親と子のふれあい講座」では，「子育てニーズ」に基づいて，「① 自分のこどもについての個別的な育児知識をもつこと」，「② 自分のこどもについての個別的な育児技術をもつこと」，「③ 子育てをもっと楽しもうという気持ちをもつこと：動機づけ」，「④ 孤立を避け，横のつながりをもつこと」，「⑤ 息抜きをする機会をもつこと」の5つの目標を掲げている。

　このうちの①～③は，子ども・子育て家庭に直接関わっている目標であるのに対して，④と⑤は，子ども・子育て家庭を取り巻く環境に関わっている目標といえる。

　これらの5つの目標に対して，「ダイダクティック・モード（教示的に話を通して講義形式で行う伝達方法）」，「コーチング・モード（場面を設定して親と子の役割を演じながら指導するロールプレイ法）」「キューレータ・モード（動機づけ，横のつながり，息抜きの促進）」といった3つの実施モードが設定されている。

　そして，① 自分のこどもについての個別的な育児知識をもつことと② 自分のこどもについての個別的な育児技術をもつことに対しては，ダイダクティック・モードとコーチング・モードの実施モードに基づいた実践がなされている。また，③ 子育てをもっと楽しもうという気持ちをもつこと：動機

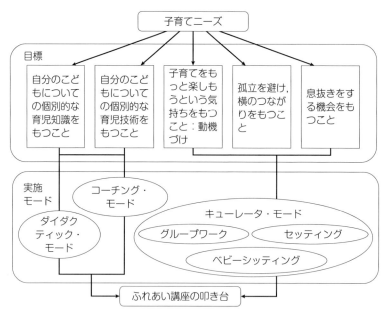

図5-7　親と子のふれあい講座

出典：芝野（2002）。

づけ，④孤立を避け，横のつながりをもつこと，⑤息抜きをする機会をもつことに対しては，グループワーク，セッティング，ベビーシッティングから構成されるキューレータ・モードに基づいて実践されている（図5-7）。

　最後に，ソーシャルワークの視点と「親と子のふれあい講座」との関連性について触れておく。

　子ども・子育て家庭を支援する上で，子ども・子育て家庭を理解しただけでは十分でないことがある。なぜならば，子ども・子育て家庭の抱える生活上の問題は，子ども・子育て家庭に原因があるだけでなく，子ども・子育て家庭を取り巻く環境に起因することがあるからである。そのため，子ども・子育て家庭を「環境の中の子ども・子育て家庭」として捉える視点が必要となり，子ども・子育て家庭とそれを取り巻く環境の両面を理解することが重要である。また，子ども・子育て家庭の抱える生活上の問題が「心理・身体的問題」の場合もあれば，「社会的な問題」の場合もあり，さらに「心理・身体・社会的問題」が複雑に関わっている場合もある。そのため，子ども・子育て家庭を「全体連関的な状況のなかにある子ども・子育て家庭」と考えることも必要になる。

　親と子のふれあい講座においては，先に触れたように，①知識，②技術，③動機づけ，④つながり，⑤息抜きを目標に設定しているのであるが，こうした目標は，子ども・子育て家庭の心理・身体的な側面と子ども・子育て

家庭を取り巻く環境の側面の両面にかかわっているのであって，そこにこの講座の注目に値する点があるといえる。

　親と子のふれあい講座は，子ども・子育て家庭を取り巻くミクロ（個人・家族）環境だけでなく，メゾ（グループ・組織・地域住民）環境やマクロ（地域社会・政策）環境への働きかけも行っているのである。

演習問題

1．「課題発見・特定と援助の開始」「情報収集と分析（アセスメント）」「計画作成（プランニング）」「計画実行とモニタリング」「終結と結果評価」から構成されるソーシャルワーク展開過程についてまとめてみよう。
2．子ども家庭福祉における専門的な働きかけとして，ソーシャルワークの評価を行うことがなぜ必要なのかを整理してみよう。
3．子ども家庭福祉サービス利用の効果測定をすることがどうして重要なのかを考えてみよう。

引用・参考文献

石川久展（2015）「ソーシャルワークの展開過程」長谷川匡俊・上野谷加代子・白澤政和・中谷陽明編『社会福祉士　相談援助演習　第2版』中央法規。

木村容子（2019）「ソーシャルワークの機能と役割」木村容子・小原眞知子編『ソーシャルワーク論』ミネルヴァ書房。

新川泰弘（2016）『地域子育て支援拠点におけるファミリーソーシャルワークの学びと省察』相川書房。

岡村重夫（1983）『社会福祉原論』全国社会福祉協議会。

芝野松次郎（2010）「相談援助のための経過観察，再アセスメント，効果測定，評価の技術」『相談援助の理論と方法Ⅰ　第2版』中央法規。

芝野松次郎（2020）「超少子高齢社会における子ども家庭福祉」芝野松次郎・新川泰弘・宮野安治・山川宏和編『子ども家庭福祉入門』ミネルヴァ書房。

芝野松次郎（2019）「日本のソーシャルワーク研究の近未来」木村容子・小原眞知子編『ソーシャルワーク論』ミネルヴァ書房。

芝野松次郎（2015）『ソーシャルワーク実践モデルのD&D―プラグマティックEBPのためのM―D&D』，有斐閣。

芝野松次郎（2002）『社会福祉実践モデル開発の理論と実際―プロセティック・アプローチに基づく実践モデルのデザイン・アンド・ディベロプメント』有斐閣。

白澤政和（2010）「相談援助の構造と機能」『相談援助の理論と方法Ⅰ　第2版』中

央法規。

山縣文治（2011）「子ども家庭福祉とソーシャルワーク」『ソーシャルワーク学会誌』21.

Hollis, F. （1972） *Casework : A Psychosocial Therapy* （2nd Edition）, Random House.

（新川泰弘）

第6章 ソーシャルワークの方法

　ソーシャルワークは,「ミクロ・メゾ・マクロ」といった3つの実践の対象レベルがあり, その方法も多様である。そこで, 本章では, ソーシャルワークの対象レベル, 代表的なソーシャルワーク実践モデルやアプローチ, 間接援助実践であるコーディネーションやネットワーキング, 社会資源の活用・調整・開発について学ぶこととする。

1. ソーシャルワークの対象レベル

　ソーシャルワークは,「ミクロ・レベル」,「メゾ・レベル」,「マクロ・レベル」に分類され, それぞれの実践対象を重層的に捉える必要がある。図6-1は, 子ども家庭福祉におけるソーシャルワークの3つの対象レベルを整理したものである。

　「ミクロ・レベル」は, 個人・家族やグループを対象とする援助であり,「直接実践」や「臨床ソーシャルワーク」と呼ばれている。主に面接などの方法を通して, クライエントと直接対面して行われる相談援助である。

　「メゾ・レベル」では, ソーシャルワーク実践をより効果的に提供するために行われる経営管理の役割を意味しており, クライエントとの関係においては間接的に関わることになる。実践現場で必要な援助プログラムがない場合, 予算の確保や資源配分などを含めて新たなプログラムを計画し, 応用していくことが求められる。また, 政策形成への影響力を高めるための実態調

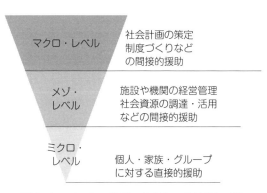

図6-1　ソーシャルワークの3つの対象レベル
出典：高橋・山縣・才村（2009：125）の内容をもとに筆者作成.

査を行ったり，現場の問題を明らかにしたりする活動も含まれる。

「マクロ・レベル」では，社会計画や地域の組織化に含まれるプロセスを実践することが求められており，メゾ・レベルと同様，間接的なソーシャルワークとして位置づけられている。クライエントの課題を広範に捉えて援助活動や制度づくりといった「変化を作り出すエージェント」の役割がある。

2．実践モデルとアプローチ

図6-2は，ソーシャルワークのアプローチの登場と発展の経過を示しており，さまざまな実践モデルとアプローチが開発されてきたことがわかる。

（1）心理社会的アプローチ

心理社会的アプローチは，フローレンス・ホリスによって提唱されたソーシャルワークのアプローチの一つである。「状況の中の人間」という視点から，クライエントとワーカーとの関係におけるコミュニケーションを通じたパーソナリティの変容を実現させるとともに，環境側の機能を高めることによって，人と環境相互の機能不全を改善することに特徴がある。初期の面接段階からクライエントとの関係性を重視し，① いかに，なぜ問題は存在しているのか，② 人と環境の全体性の中で，誰が，何が，変化しやすいのかということを批判的に吟味する。

具体的な援助の技法には，① 持続的支持（ワーカーによる傾聴，受容，

登場・発展の年代		1940年代	60年代	70年代	80年代	90年代
タイプ		モダンアプローチ			ポストモダンのアプローチ	
指向		「成長・変化」指向		「維持・改善」指向	「解放・変革」指向	
問題の所在	個人の内面家族関係	診断派アプローチ → 機能派アプローチ →	心理社会的アプローチ ————→ 行動変容アプローチ ————→ 家族療法アプローチ ————→ 課題中心アプローチ ————→	物語アプローチ ————→ 解決指向アプローチ（問題解決アプローチ）————→ エコロジカルアプローチ ————→ ジェネラリストアプローチ ————→ 仲介モデルのケアマネジメント ————→		
	個人と環境の接点			ストレングスモデルのケアマネジメント ————→ エンパワメントアプローチ ————→ フェミニストアプローチ ————→ 反抑圧実践 ————→		
	社会，文化					

図6-2　ソーシャルワークのアプローチ

出典：副田（2005：62），一部加筆．

再保証など），② 直接的支持（ワーカーによる賛意，強調，示唆など），③ 浄化法（クライエントの感情の解放や事実を引き出すこと），④ 人と環境の全体的反省（相互作用の性質の反省的話し合い），⑤ パターン力動的反省（クライエントの応答の仕方や傾向についての反省的話し合い），⑥ 発達的な反省（発生的・発達的要因の反省的話し合い）がある。

（2）機能的アプローチ

　機能的アプローチは，1930年代，アメリカのペンシルベニア大学ソーシャルワーク学部において，タフトとロビンソンによって確立された考え方が起源となっている。心理面を重視した診断主義アプローチ（心理社会的アプローチ）に対する批判として誕生した経緯があり，「成長の心理学」を基盤においたサービスプログラムの運営方法に着目した点が特徴的である。

　クライエントを潜在的可能性をもつものと捉え，クライエント自らの意思で解決の方向性を決定し，そのニーズに合った機関の機能を「具体化」「個別化」していくことがソーシャルワーカーの役割であるとする。スモーリーは，開始期・中間期・終結期といった援助過程の原則について，① 効果的な診断の活用，② 時間の段階の意図的活用，③ 機関の機能と専門職の役割機能の活用，④ 構造の意識的活用，⑤ 関係を用いることの重要性，を整理し，明確化している。

（3）問題解決アプローチ

　前述した心理社会的アプローチと機能的アプローチを折衷的に取り入れ，自我心理学におけるコンピテンスの考え，デューイの合理的問題解決論，役割概念などを導入してパールマンが提唱，発展させた実践モデルであり，ソーシャルワーク理論の発展に多大な影響を与えた。実践するための6つの構成要素（6つのP）として，援助を求めてくる人（person），発生している問題（problem），具体的援助が展開される場所（place），援助過程（process），専門家（professional），制度・政策や供給される資源（provisions）を挙げている。また，中心要素として，MCO モデル（motivation：動機付け，capacity：能力，opportunity：機会）を役割遂行上の重要要素として捉えている。

　具体的には，「潜在的問題解決者」としての人間観を前提に，接触段階，契約段階，活動段階といった支援展開の中で，① 取り組む問題の明確化，② 困難への対処に伴うクライエントの動機付けや能力の評価と，それらの能力の発揮を妨げる要因や力への言及，③ クライエントが活用できる資源や機会の有無，④ ワーカーが準備し得るサービスやその手段・様式，⑤ 周りの環境要因における何らかの欠如，クライエントの役割遂行上見られる不

都合等，を総合的に捉えていくとしている。

（4）家族療法アプローチ

　システム理論に基づく家族療法は，家族を一つのシステムとして捉え，家族を治療・援助の対象とする。家族の機能不全が家族構成員の問題行動や症状に関係すると捉えるため，家族内の力関係や相互作用のパターンに介入して問題の解決を図る方法である。家族の援助技法については，「家族を治療する」から「家族とともに考える」という考え方の転換のもと，① 家族の動機づけ，② 家族に「参加する」援助，③ 仮説設定，④ コミュニケーション・パターンに注目すること，⑤ 家族構造を変化させること，⑥ 逆説的指示，⑦ 終結，を用いて家族が自律的に問題を解決できるよう支援する。

　川村は，家族療法の特徴について，「問題を単純な因果関係（原因⇒結果）ではなく，円環的に考える」，「一人の変化が家族全体の変化を起こし，家族全体の変化が一人の変化をもたらすと考える」，「原因探し（悪者探し）をしない」，「個人の人格を変えることに深くかかわらない」，「システムの変容の結果，問題の解決を目指す」，「現在，そして今後のことに目を向ける」，「家族の問題解決能力を引き出す」と述べている（川村，2013：170）。

（5）課題中心アプローチ

　心理社会的アプローチ，問題解決アプローチ，行動変容アプローチなどの知識と実践の成果から影響を受け，1970年代はじめにリードらが構築したソーシャルワーク実践モデルの一つである。短期間で効果のある支援が求められる中，クライエントと契約を交わし，共通理解の中で課題の設定と計画の実行を行う「計画的短期性」が特徴的である。問題を解決していく過程においては，クライエント自身が具体的に解決できる課題設定を行い，その行動による結果の有用性を重視するプラグマティズム（実用主義）の立場をとっている。

　問題の分類については，① 対人関係における葛藤，② 社会関係上の不満，③ フォーマルな組織との問題，④ 役割遂行に伴う困難，⑤ 社会的な過渡期の問題，⑥ 反応性の情緒的苦悩，⑦ 資源の不足を示しており，「クライエントが認める問題であること」，「クライエントが自らの努力で解決できる可能性のある問題であること」，「具体的な問題であること」を原則として問題の選択を行うことを求めている（久保・副田，2005：100）。

（6）生態学的アプローチ（エコロジカル・アプローチ）

　生態学的アプローチ（エコロジカル・アプローチ）は，生活モデルを用い

治療モデル	生活モデル	ストレングスモデル
対象としてのクライエント 直接的因果関係 問題の分析 エビデンス重視 客観性 科学性 実証主義	人と環境の交互作用 関係性 生活ストレスと対処 適応 コンピテンス 包括・統合的視野	主体としてのクライエント 意味の付与 ナラティブ重視 主観性 実存性 ポストモダニズム

図 6 - 3　三つの実践モデルの特徴

出典：社会福祉士養成講座編集委員会（2016：137-142）.

たソーシャルワークの代表的なモデルである。1980年にジャーメインらによって体系化され，伝統的な「医学モデル」に代わって登場してきた。「人間と環境の交互作用に焦点化して問題を理解すること」，「人間の適応能力を高めると同時に環境の応答性を増大させること」に特徴がある。

　生態学的アプローチ（エコロジカル・アプローチ）は，クライエントの問題を理解する概念として，① 人間と環境の交互作用，② ストレスとストレッサー（生活問題の発生概念），③ ライフ・コースと時間を挙げている。また，人間の特性についての概念は，関係性，力量，自発性，自己評価，に着目し，環境の特性についての概念は，物理的環境，社会的環境，生息環境，生態的地位，に整理し，「人間は栄養的環境という環境の刺激や条件によって成長・発達する」（久保・副田，2005：128）と理解している。

　図 6 - 3 は，治療モデル，生活モデル，ストレングスモデルの３つの実践モデルの特徴を示したものである。これら３つのモデルは，ある時期に一度に登場したものではなく，過去のモデルを批判して発展してきた経緯があり，現在ではそれぞれの強みと限界をもちつつ共存している。

（7）ジェネラリスト・アプローチ

　ジェネラリスト・アプローチは，クライエントの抱える問題を全体的，包括的に捉える視点をもち，柔軟性や想像力をもったジェネラリスト・ソーシャルワーカーを養成するための枠組みとしてアメリカで発展してきた。そのため，ジェネラリスト・アプローチとして独自の援助技法があるわけではなく，他のアプローチを包含したメタ・アプローチとして位置づけられている。包括的な視点をもったアセスメントによって，多様な介入方法や技法を積極的に活用していく姿勢をとっている。

　特徴としては，① 問題理解の視点：エコロジカル・システマティックな視点，② 援助過程：問題解決過程，③ 援助過程の原則：クライエントとのパートナーシップ，④ 援助の原則・種類：必要に応じた幅広い複合的な介

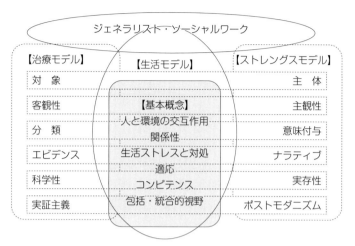

図6−4　実践モデル相互の関係

出典：社会福祉士養成講座編集委員会（2016：143）.

入援助，⑤援助の目的：クライエントの問題解決，クライエントの社会的機能の回復・促進・強化，環境システムの変革が挙げられる。

　図6−4は，ジェネラリスト・アプローチが進展したジェネラリスト・ソーシャルワークと，治療モデル，生活モデル，ストレングスモデルとの関係性を表したものである。生活モデルを基本に，治療モデル，ストレングスモデルの強みを取り込んだ幅のある実践モデルとなっている。

（8）エンパワメント・アプローチ

　エンパワメント・アプローチは，論理性，実証性，合理性を中心に据えるモダニズム（近代主義）の考え方を否定するポストモダニズム（脱近代主義）の潮流のなか，抑圧されてきた黒人や障害者の権利運動やセルフヘルプ運動など「当事者の主体性の回復」を掲げた社会運動の精神が基盤となっている。クライエント自らが否定的な抑圧状況を認識し，解決能力を高めること，また抑圧状況を作り出している構造要因を変革することに支援の焦点がおかれている。ソーシャルワーカーは，クライエントが自己決定できるように支援し，それを可能にする公正な社会の実現を目指すことが求められている。ソーシャルワークのグローバル定義では，「人々のエンパワメントと解放を促進する」ことが明示されている。

　エンパワメント・アプローチは，問題（ニーズ）の理解の視点として，はじめに「すべての人間が，困難な状況においても潜在的な能力と可能性を持っていること」，「すべての人間が，パワーレスネス（無力化）の状況に陥る危険性を持っていること」を前提としている。その上で，歴史的視点，生態学的視点，階層的視点，ジェンダーの視点，多文化的視点などの複眼的視点

をもって体系的に理解することを求めている。

　クライエントの潜在的な能力や可能性など，「人々の強さ」に着目して援助していく考え方は，「ストレングスモデル」も同じであり，エンパワメント・アプローチと同様の視点をもっている。

3．社会資源を活用したソーシャルワークの方法

（1）ネットワーキング

　ソーシャルワーク実践において，ソーシャルサポートネットワークは重要な意味をもつ。ソーシャルサポートネットワークとは，「個人をとりまく家族，友人，近隣，ボランティアなどによる援助（インフォーマル・サポート）と公的機関や様々な専門職による援助（フォーマル・サポート）に基づく援助関係」（日本地域福祉学会，2006：422-434）を指しており，このネットワークによって，個人の多様なニーズには多様な社会資源で対応することが可能となる。まさに，「網の目」のように張り巡らされたさまざまなネットワークによって，地域の潜在化されたニーズを発見するとともに，相互の信頼関係に基づいた見守り・助け合いが可能となる。ネットワークの構成者で分ければ，①専門職で構成されたネットワーク，②地域住民やボランティアで構成されたネットワーク，③専門職と地域住民やボランティアで構成されたネットワークに整理できる。また，図6-5のとおり，ネットワークの対象範囲で分ければ，ミクロネットワーク，メゾネットワーク，マクロネットワークに整理され，実践現場における接点（場）と流れがわかる。

　ただし，ネットワークの可能性とともに限界についてもおさえておく必要がある。岩間は，ネットワークの活用の難しさについて，「実態およびその力動が目に見えないこと」，「恒常的に変化すること」，「状態でもあり機能でもあるということ」を挙げている（岩間・原田，2012：79）。「ネットワークで

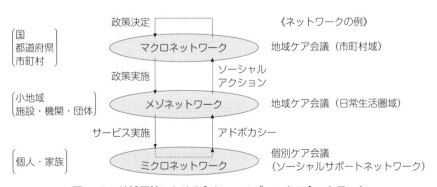

図6-5　地域福祉におけるミクロ・メゾ・マクロネットワーク

出典：川島・永田ほか（2017：107）.

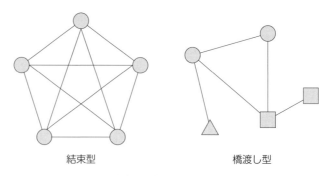

結束型　　　　　　　　橋渡し型

図6-6　結束型と橋渡し型のネットワーク
出典：川島ほか（2017：71・72）.

取り組む」ことは大切であるが，責任の所在があいまいになったり，ソーシャルワーク実践として何もしない状態であれば全く機能しなかったりするおそれがある。そのためソーシャルワーク実践においては，ネットワークの長所と短所を理解し，意図的に関わることが求められる。ネットワークという構造に，信頼や規範（ルール）が蓄積されることになれば，地域社会の資本（ソーシャルキャピタル）となり得るのである。

　図6-6の通り，ネットワークの種類には，結束型と橋渡し型の2種類がある。結束型のネットワークは，結束力が高く，情緒的なサポート力に優れているが，もっている情報が同質化しやすく，外部への広がりが得にくい点がある。一方，橋渡し型のネットワークは，手段的サポート力（課題解決力・資源開発力）が優れているが，互いの思いや目的がずれることがあり，ネットワークの維持にコストがかかるとされている。このようなネットワークの要となる情報共有，専門性のズレの修正，支援のはざまの問題を発見することがコーディネーションには求められる。

（2）コーディネーション

　ソーシャルワークにおけるコーディネーションとは，実践現場では「協働」「連携」「連絡調整」といった言葉が用いられており，クライエントのニーズに応えるために「周りの環境を整えていくこと」である。その人（ニーズ）に合った服装（環境）をコーディネートするというとイメージしやすいだろう。

　藤井によれば，対人援助におけるコーディネーションは，「クライエントの最善の支援に向けた各機関・団体の合意に基づく連携」，「一機関・団体では実現できない援助の質を他機関・団体の連携で実現出来る行為」であって，「クライエントの利益に必要な支援を開発，創造すること」も含むものである（社会福祉士養成講座編集委員会，2016：83）。クライエントにとってみれば，

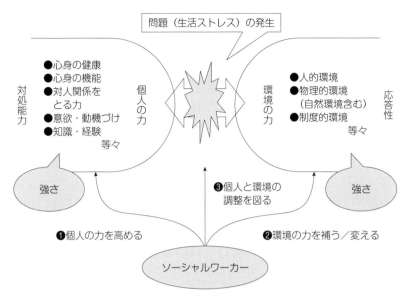

図6-7　ソーシャルワークの援助
出典：社会福祉士養成講座編集委員会（2016：111）.

多様なニーズに応じてもらえ，サービス利用のアクセシビリティ（接近性）を高めることが可能になり，援助者からみれば，専門職の役割が明確になるとともに，新しい役割の発見，相互援助の獲得ができることになる。

　日常的な連携の手段には，「連絡，送致，交渉・獲得，同行訪問，意見交換・事例検討会（ケースカンファレンス）」が挙げられるが，多職種に対する理解度や研修の機会，書式の統一，情報管理・共有システムの整備なども連携の構成要素として挙げられている。コーディネーションの留意点については，「相互に向上する関係の維持に留意する」，「連携する社会資源を広くとらえる」，「協働の相手としての住民，市民との連携」，「クライエント側に立った連携を堅持する」，「共同事業化，開発への道筋の保障（出口をみせる）」を挙げている。専門職と住民との連携においては，「住民の自発性だけでは不安定なこと」，「住民活動やボランティア活動を専門サービス資源の代替と考えないこと」，「専門職業的な使命感を押し付けないこと」などが挙げられている。

（3）社会資源の活用・調整・開発

　ソーシャルワーク実践では，「生活上の困りごと」は，個人と環境の交互作用によって生み出されるという捉え方をする。そのため，図6-7のとおり，①クライエントの力を高める，②クライエントを取り巻く環境に働きかける，③個人と環境の調整を図る，といったアプローチをとる。その過

程の中で，さまざまな社会資源やクライエントがもっている内的資源を活用しながら問題解決を図っていくことが支援の中心となる。

　しかしながら，地域によっては，クライエントのニーズに合った資源がない場合もある。その場合は，既存の資源の再資源化を図ることや，新規資源の立ち上げも大切な視点である。人の生活を支えるためには，福祉の視点だけではなく，クライエントのニーズから出発した幅広い考えをもつことが大切である。

演習問題

1．保育・幼児教育施設で相談援助活動をする際，「ミクロ・レベル」，「メゾ・レベル」，「マクロ・レベル」の具体的な対象者と課題について整理してみよう。
2．ソーシャルワークの実践モデルとアプローチについて，それぞれの特徴をまとめてみよう。
3．なぜ，社会資源を活用したソーシャルワークが大切なのか考えてみよう。

引用・参考文献

岩間伸之・原田正樹（2012）『地域福祉援助をつかむ』有斐閣.

川島ゆり子・永田祐・榊原美樹・川本健太郎（2017）『地域福祉論』ミネルヴァ書房.

川村隆彦（2013）『ソーシャルワーカーの力量を高める理論・アプローチ』中央法規出版.

久保紘章・副田あけみ編（2005）『ソーシャルワークの実践モデル——心理社会的アプローチからナラティブまで』川島書店.

社会福祉士養成講座編集委員会編（2016）『相談援助の理論と方法Ⅱ　第3版』中央法規出版.

副田あけみ（2005）『社会福祉援助技術論——ジェネラリスト・アプローチの視点から』誠信書房.

高橋重宏・山縣文治・才村純編（2009）『子ども家庭福祉とソーシャルワーク』有斐閣.

日本地域福祉学会編（2006）『新版 地域福祉辞典』中央法規出版.

山手茂（2007）「福祉社会開発の3レベル」『福祉社会学研究』第4号.

（本田和隆）

第7章 援助関係とコミュニケーション技術

　対人援助の専門職は，クライエントと援助関係を構築した上で，コミュニケーションおよび記録の技術を用いて援助を展開している。そこで，本章では，援助関係を形成するためのバイステックの7原則，コミュニケーション技術，ジェノグラムとエコマップの記号や書き方など記録の技術について学ぶことにする。

1. 対人援助の専門職による援助関係の形成

　保育士は，専門性を生かして保育活動を行っているが，対人援助の専門職として，ソーシャルワークの知識や技術を一部援用しながら子どもの保護者を支援している。そのため，ソーシャルワークの原理，知識，技術等への理解を深めたうえで，援助を行うことが必要になる。

(1) 援助関係
　バイステック（Felix Paul Biestek）は，1957年に『ケースワークの原則（*The Casework Relationship*）』を著し，その中で「援助関係とは，ケースワーカーとクライエントとのあいだで生まれる態度と情緒による力動的な相互作用である。そして，この援助関係は，クライエントが彼と環境とのあいだにより良い適応を実現してゆく過程を援助する目的をもっている」と述べている。

(2) バイステックの7原則
　「バイステックの7原則」というのは，相談援助を行う場合の基本的な原則のことであって，バイステックによれば，「依頼者と支援者間とのラポール（信頼関係）を築くための行動の原則」である。信頼関係は，私的な関係ではなく，専門的な援助関係である。バイステックは7原則として，①個別化，②意図的な感情の表出，③統制された情緒的関与，④受容，⑤非審判的な態度，⑥クライエントの自己決定，⑦秘密保持を挙げている。
　表7-1に示す第1の方向は，クライエントからケースワーカーに向けて，第2の方向は，ケースワーカーからクライエントに向かうもの，第3の方向は，ふたたびクライエントからケースワーカーへ向かうもの，である。

表7-1 援助関係における相互作用

第1の方向：クライエントのニーズ	第2の方向：ケースワーカーの反応	第3の方向：クライエントの気づき	各原則の名称	
一人の個人として迎えられたい			1 クライエントを個人として捉える	個別化
感情を表現し解放したい			2 クライエントの感情表現を大切にする	意図的な感情の表出
共感的な反応を得たい	ケースワーカーはクライエントのニーズを感知し，理解してそれらに適切に反応する	クライエントはケースワーカーの感受性を理解し，ワーカーの反応に少しずつ気づきはじめる	3 援助者は自分の感情を自覚して吟味する	統制された情緒的関与
価値ある人間として受け止められたい			4 受けとめる	受 容
一方的に非難されたくない			5 クライエントを一方的に非難しない	非審判的態度
問題解決を自分で選択し，決定したい			6 クライエントの自己決定を促して尊重する	クライエントの自己決定
自分の秘密をきちんと守りたい			7 秘密を保持して信頼感を醸成する	秘密保持

出典：バイステック（2008：27）を一部修正.

（3）各原則について

　バイステック（2008）による「バイステックの7原則」をすべて取り上げて説明するとともに，それを保護者との関係に適用し，解説していくこととする。次に，保育士による子育て支援における，保育士と保護者との関係に適用し考えてみる。

① クライエントを個人として捉える（個別化）

> 　クライエントを個人として捉えることは，一人ひとりのクライエントがそれぞれに異なる固有な性質をもっていると認め，それを理解することである。また，クライエント一人ひとりがより良く適応できるよう援助する際には，それぞれのクライエントに合った援助の原則と方法を適切に使い分けることである。これは，人は一人の個人として認められるべきであり，単に「一人の人間」としてだけでなく，独自性をもつ「特定の一人の人間」としても対応されるべきであるという人間の権利にもとづいた援助原則である。

　保護者一人ひとりの置かれている環境や特性，状況が違うように，就労形態，経済状況，保護者の育った環境，子どもへの関わり方や子どもとの関係など子育ての状況は，似かよってみえるが同一ではない。また，保護者の価値観も千差万別でもある。

　以上のことを踏まえて，保護者への支援を行うべきことは重要である。なぜなら，保護者が苦しんでいることや悩んでいることは，似ているような内

容であっても，同じ問題はひとつもない。それゆえに，一人ひとりの保護者
の思いに寄り添い，人としての尊厳を重視して，個別に支援することが大切
なのである。

② クライエントの感情表出を大切にする（意図的な感情の表出）

> クライエントの感情表出を大切にするとは，クライエントが彼の感情を，とり
> わけ否定的感情を自由に表現したいというニードをもっていると，きちんと認識
> することである。ケースワーカーは，彼らの感情表現を妨げたり，非難するので
> はなく，彼らの感情表現に援助という目的をもって耳を傾ける必要がある。そし
> て，援助を進める上で有効であると判断するときには，彼らの感情表出を積極的
> に刺激したり，表現を励ますことが必要である。

保護者に対して，威圧的な対応や態度，感情表出のできないような態度を
保育士がするということはあってはならない。保護者の感情も一人ひとり違
うため，その保護者の感情表現を引き出す必要がある。保護者が感情を表出
できる環境を作っていくことは，たいへん重要であり，保育士も自身がそう
した感情表現できる環境を作っていくように工夫していくことは大切である。
保護者が言葉を発し出したときは，うなずいたり，あいづちを打ったりし
ながら話を聞き，保護者が思い切って話し始めたときにこそ，寄り添う姿勢
が必要である。また，前述したように，保護者が自由に感情を出せるような
雰囲気をつくる工夫が何よりも重要である。

③ 援助者は自分の感情を自覚して吟味する（統制された情緒的関与）

> ケースワーカーが自分の感情を自覚して吟味するとは，まずはクライエントの
> 感情に対する感受性をもち，クライエントの感情を理解することである。そして，
> ケースワーカーが援助という目的を意識しながら，クライエントの感情に，適切
> なかたちで反応することである。

保育士は，保護者の心情を十分理解し，保育士自身の感情を統制して接し
ていくことが必要である。つまり，冷静に保護者と向き合うことが大事であ
る。その上で，保護者の抱える問題を客観的に把握し，対処するように心が
けなければならない。
保護者は，言語的なメッセージだけでなく，泣き悲しんだり，怒ったり，
興奮したり，喜怒哀楽の感情を表出する。そのため，保育士が保護者にどの
ような非言語的メッセージを出して関わるのかといった点がポイントになる。
保育士は，そうした場面において，安定した感情を保ちつつ，自分の気持ち

を吟味し，保護者に対して関わっていくことが大事である。

④ 受けとめる（受容）

> 援助における一つの原則である，クライエントを受けとめるという態度ないし行動は，ケースワーカーが，クライエントの人間としての尊厳と価値を尊重しながら，彼の健康さと弱さ，また好感をもてる態度ともてない態度，肯定的感情と否定的感情，あるいは建設的な態度および行動と破壊的な態度および行動などを含め，クライエントを現在のありのままの姿で感知し，クライエントの全体に係わることである。

保護者を価値ある人間として受け止めることであり，保護者のありのままの自分を受け入れてほしいという思いである。保護者の考え方を否定せずに，なぜそのような考えになるのか原因を探る必要がある。

つまり，保護者が辛く，泣いて，悲しんでいる時に，そうした悲しい保護者の思いをあるがままに受け止めていくことが大事である。たとえ保護者が混乱していても，保護者を否定したり，認めないという態度をしたりすることなく，今のままの状態や状況を受け止めていくことが大切である。

⑤ クライエントを一方的に非難しない（非審判的態度）

> クライエントを一方的に非難しない態度は，ケースワークにおける援助関係を形成する上で必要な一つの態度である。この態度は，以下のいくつかの確信に基づいている。すなわちケースワークは，クライエントに罪があるのかないのか，あるいはクライエントがもっている問題やニーズに対してクライエントの態度や行動を，あるいは彼がもっている判断基準を，多面的に評価する必要がある。また，クライエントを一方的に非難しない態度には，ワーカーが内面で考えたり感じたりしていることが反映され，それらはクライエントに自然に伝わるものである。

保護者は，自分の行動に対し説教されたり責められたり，裁かれたくないという思いがあることから，一方的に保護者の行動に対し説教したり，責めたり善し悪しの判断をしないことが大切である。

しかし，無自覚的，無意識的に物事の善悪を考え，ついつい他者を評価していることがある。そのため，保育士は常に自分の心を見つめなおす必要があり，自分の気持ちと向き合って，他者を批判したり，心の中で審判していないか，省みたりする必要がある。

⑥ クライエントの自己決定を促して尊重する（クライエントの自己決定）

　クライエントの自己決定を促して尊重するという原則は，ケースワーカーが，クライエントの自ら選択し決定する自由と権利そしてニードを，具体的に認識することである。また，ケースワーカーはこの権利を尊重し，そのニーズを認めるために，クライエントが利用することのできる適切な資源を地域社会や彼自身のなかに発見して活用するよう援助する責務をもっている。さらにケースワーカーは，クライエントが彼自身の潜在的な自己決定能力を自ら活性化するように刺激し，援助する責務をもっている。しかし，自己決定というクライエントの権利は，クライエントの積極的かつ建設的決定を行う能力の程度によって，また市民法・道徳法によって，さらに社会福祉機関の機能によって，制限を加えられることがある。

　保護者が問題を解決する際，どのようにしたいかという欲求や希望を明確にし，見通しをもつことができるように援助する必要がある。また，保護者が悩んでいる時に，ニーズを自分で決定し，自分で選択できる力をもてるように保護者を尊重した支援をしていく。

　しかし，自己決定できる人もいれば，自己決定できない人もいる。また，決めたくても決め方がわからない人もいる。任せた方が良いと思う人もいる。こうしたさまざまな保護者に対して，保育士は，自分で決定していく力や自立の力を育てていくことで，最終的には自分で決められるように支援し，意識を高めていく必要がある。

⑦ 秘密を保持して信頼感を醸成する（秘密保持）

　秘密を保持して信頼感を醸成するとは，クライエントが専門的援助関係のなかで打ち明ける秘密の情報を，ケースワークがきちんと保全することである。そのような秘密保持は，クライエントの基本的権利に基づくものである。つまり，それはケースワークの倫理的な義務でもあり，ケースワーク・サービスの効果を高める上で不可欠な要素でもある。しかし，クライエントのもつこの権利は必ずしも絶対的なものではない。なお，クライエントの秘密は同じ社会福祉機関や他機関の専門家にもしばしば共有されることがある。しかし，この場合でも，秘密を保持する義務はこれらすべての専門家を拘束するものである。

　保護者は，相談した内容は他人には知られたくないという思いがある。守秘義務はソーシャルワークの基本であり，情報が漏れると信頼関係を損なうことになる。保護者の個人情報は決して漏らしてはいけないということである。

たとえば，公共交通機関や飲食店のような公共空間で，保護者の個人情報に関わる会話をしてはならない。Facebook，ツイッター，インスタグラムなどの SNS においても，保護者の個人情報などを掲載するようなことはあってはならない。また，個人情報が入った USB などを紛失することも大きな問題となるので，持ち歩かないように，日ごろから慎重に行動する必要がある。

２．コミュニケーション技術

　コミュニケーションをするうえで，受容や共感的なメッセージを伝えることは，信頼関係を築くうえで欠かせないものである。しかし，どれだけ共感しているつもりでも，どれだけ受容しているつもりでも，それが相手に伝わらなければ意味がない。受容や共感が相手に伝わってこそはじめて，その効果が生まれるといえる。それには，受容や共感をしていることを上手く相手に伝える技術が必要となってくる。

（1）信頼関係（ラポール）

　ラポール（rapport）は，「意思の疎通性」を意味し，援助者と利用者の間につくりあげられる絶対的な信頼関係を指す。

　ラポールとは，秋元ほか編（2005）『現代社会福祉辞典』によれば，「援助者と利用者の間につくりあげられる相互信頼，相互理解に基づく心が通じ合った調和の取れた関係」であって，「援助関係の基本」となるものである。

（2）面接に用いる技術

　相談援助の面接においては，面接の効果をもたらすために，いくつかの応答の技術が用いられており，そうした技術として，援助者による助言や提案のほかに，「傾聴」，「受容」，「うなずき・あいづち」，「繰り返し」，「言い換え」，「要約」，「オープンクエスチョンとクローズドクエスチョン」などが挙げられる。

① 傾　聴

　コミュニケーションは当事者のニーズを傾聴することから始まる。クライエントの語ることを「聴く」ことは，ケースワーカーの最も基本的で最も重要な姿勢であり，傾聴は援助における信頼関係の基盤ともなる。「自分の話をじっくり聴いてくれる」，「自分を受け止めてくれている」といった信頼感につながっていく。じっくり相手の言葉に耳を傾け，相手の心の声を一生懸命聴くことである。

② 受　容

　受容とは，バイステックの7原則の1つにも挙げられているが，相手をあるがままに受け入れることである。決して援助者の価値判断で否定したり，評価したりせず，ありのままを受け入れることである。

③ うなずき・あいづち

　うなずき・あいづちは，人が使う一番短い言葉だといわれている。相手の言葉に対して，しっかりうなずき，絶妙のタイミングであいづちが打たれることは，クライエントにとっては聴いてもらえていると感じ，安心感を得ることができる。うなずき・あいづちが上手くできると，この後の繰り返し，言い換え，要約につながっていくことができる。

④ 繰り返し（リピート）

　繰り返しは，相手の話の中の一部の言葉や重要と思われる言葉を，相手の言った言葉通りに，そのまま相手に返すことである。

⑤ 言い換え

　言い換えは，言い換えることによって，クライエントは，自分の話をしっかり聴き理解してくれていると感じることができる。

⑥ 要　約

　要約は，援助者が相手の話の要点を押さえながら聴き，クライエントの話を簡潔にまとめて相手に返すことである。

　話の内容を要約することで，クライエント自身も整理ができ，自分の言いたいことが明確になる。

　うなずき，あいづちを打ち，繰り返したりしながら，相手の話を一通り聴き，最後に，相手の話を要約して返すと，確実にメッセージを共有できるといえる。

⑦ オープンクエスチョンとクローズドクエスチョン

　本人が自由に答えられる質問を「オープンクエスチョン」といい，「はい」「いいえ」などと，答えが決まっている質問を「クローズドクエスチョン」という。

　母　親：今日は，保育所で何して遊んだの？（オープンクエスチョン）

　子ども：手遊びしたよ。

　母　親：今日は，楽しかった？（クローズドクエスチョン）

　子ども：うん！　楽しかった。

3．記録の技術

　子どもと家庭を支援する専門職が，子どもや保護者と深く関わる際，保護者から，さまざまな相談を受けることや解決が必要な問題に触れることがある。そうした問題を解決するためには，まず対象者がおかれている複雑な環境の理解が必要となる。

　そこで，子どもや保護者を取り巻く環境の把握をするために，「ジェノグラム」や「エコマップ」の作成が必要となってくる。家庭環境や周囲との関わりやつながりを視覚的に知ることで，人間関係もわかりやすくなり，問題の解決の糸口が見つかる場合もある。たとえば，虐待の疑いがある場合や家庭環境に問題がある場合など，他機関との連携により子育て支援を行う際にも使用される。

　ジェノグラムやエコマップを活用することで，子どもを取り巻く環境を理解したうえで，今この問題がなぜ起こっているのか，今後，誰に対してどのような働きかけが必要か見えてくるため，より適切な支援へとつながっていく可能性が高くなる。

（1）ジェノグラム（genogram）

　ジェノグラムは，家系図とも訳され，利用者を中心とした家族関係を援助者が理解するために作成される家族関係図のことである（図7-1）。

　表7-2に示したように，基本表記として性別に関して，男性は四角，女性は丸，性別不明は三角で表記する。

　年齢は図形の中に書き入れる場合や，図形の下に書き入れる方法もある。対象となる子どもを本児と呼び，二重線で表記する。死亡の場合は，図形を黒く塗りつぶすかバツ印を書き入れて表す。また，女性で妊娠している場合には，丸の中に三角を書き入れて表記する。婚姻関係は図形同士を実線で結んで表記し，子どもがいる場合は，結婚を表す線の下にぶら下げて書いて表す。離婚は結婚線を斜めの二重線で区切るが，一重線を別居，二重線を離婚と使い分けることもある。同棲・内縁関係の場合は，波線で図形同士を結ぶとされている。離婚した後に再婚をした場合には，対象となる人の図形から複数の線を引いて表記するが，複数回離婚を繰り返している場合は，横につなげて表記していくといった約束事がある。

（2）エコマップ（eco-map）

　エコマップは，生態地図とも呼ばれている。エコマップは，1975年にハー

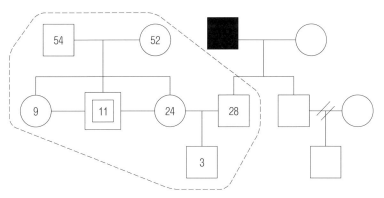

図 7 - 1　ジェノグラムの例

表 7 - 2　ジェノグラムの表記法

□	男性は四角
○	女性は丸
△	不明
40 (40)	年齢の記載は，図形の中もしくは下に記入する
■ ⊠ ● ⊗	亡くなっている場合は黒塗りにするか，×印を書く
△	妊娠中
◎　□	対象者は二重のマークで記入する
□－○	結婚している
□／○	別居している
□＝○	離婚している
□－○ ○	子どもがいる場合は，婚姻の線の中央から下に実線でぶらさげる
□〜○	同棲・内縁
□－○＝□ □	再婚を表し，対象となる人から横につなげていく
◯	家族（同居境界）は実線または破線で囲む

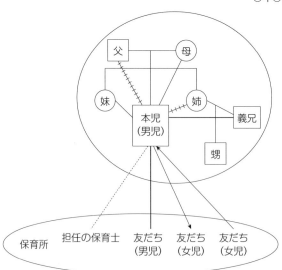

本児は，三人きょうだいの長男で歳の離れた姉と妹がいる。姉はすでに結婚しており，3歳の息子がいる。本児にとっては甥にあたる。両親は健在で，姉夫婦とは同居している。父は子どもたちに威厳を示そうとするところがあり，頑固な性格である。長男である本児には厳しく接し，叱ることが多い。そのため，本児は父親を避けようとしている。本児は，父親が叱ると母親と義兄が本児をかばうが，姉は弟に対しては厳しく接するところがある。そのため，本児は父や姉には心を開こうとしない。本児は，保育園では友だちに恵まれているが，いたずら好きで真面目に物事に取り組まないため担任の保育士からもよく叱られる。本児は，担任と良好な関係であるとはいえない。

図7-2　エコマップの例

トマン（Hartman, A.）が対象者やその家族が現在どのような状況に置かれているのかを図式化して表わす方法として用いたものである。また，エコマップ（図7-2）は，支援対象者について，保育現場だけでなく，各関係施設や関係者と話し合う際や引き継ぎの際にも，支援者についての現状を共通認識するために活用することができる。図式化することにより，全体の関係性を簡潔に把握することができる。

　中心に円を描き，円でくくられた人を一家族として，中心におく。その周りに，家族に影響を与えている人，機関などを位置づけ把握していく。

　表7-3に示したように，良好な関係，普通の関係，希薄な関係，ストレスや葛藤がある関係などに分け，線の太さを変えたり，働きかけの方向は矢印で示して，具体的に書いていくことになる。

表7-3　エコマップの記号

——————————	良好な関係
————————	普通の関係
··················	希薄で弱い関係
++++++++++++++++++	ストレスのある，または葛藤のある関係
——————————→	働きかけの方向

演習問題

1．話し手と聴き手に分かれ，「最近気になっていること」について話し手が話し，聴き手がそれを聴くという場面を設定して，傾聴の練習をしてみよう。
2．オープンクエスチョンとクローズドクエスチョンをそれぞれ作ってみよう。
3．自分自身のエコマップを描いてみよう。

引用・参考文献

秋元美世・大島巌・芝野松次郎・藤村正之・森本佳樹・山縣文治編（2005）『現代社会福祉辞典』有斐閣.

芝野松次郎（2015）『ソーシャルワーク実践モデルの D&D ——プラグマティック EBP のための M-D&D』有斐閣.

社会福祉士養成講座編集委員会編（2018）『相談援助の理論と方法Ⅰ　第3版』中央法規出版.

中嶌洋・園川緑編（2015）『保育・社会福祉学生のための相談援助演習入門』萌文書林.

F・P・バイステック著，尾崎新・福田俊子・原田和幸訳（2008）『ケースワークの原則　援助関係を形成する技法　新訳改訂版』誠信書房.

長谷川匡俊・上野谷加代子・白澤政和・中谷陽明編（2019）『社会福祉士相談援助演習　第2版』中央法規出版.

（室谷雅美）

第8章　社会福祉六法と社会福祉制度

　　日本における社会福祉の法体系は，社会福祉の基本理念や実施体系を定める「社会福祉法」をはじめとして，対象者別に定められる「社会福祉六法」を基本として整備されている。本章では，社会福祉を根幹から支える法制度について基礎的理解を図る。

1．社会福祉法と生活保護法

（1）社会福祉事業法から社会福祉法へ

　　第2次世界大戦後の混乱期に，国民の生活水準が著しく低下したなかで，1947（昭和22）年に「児童福祉法」が，1949（昭和24）年に「身体障害者福祉法」が，1950（昭和25）年に「生活保護法」が，それぞれ成立した。これら戦後を背景として成立した法律を福祉三法と呼ぶ。生活保護法については，戦後間もない1946（昭和21）年に旧法が成立しているが，日本国憲法制定後にその理念に基づく現行法の新法が成立し，旧法は廃止された。

　　これら福祉三法は対象者別の法律であり，すべての社会福祉事業に共通する事項を規定する法律の制定が求められた。そこで，1951（昭和26）年に成立したのが「社会福祉事業法」であった。

　　その後，1960（昭和35）年に精神薄弱者福祉法（現，知的障害者福祉法）が，1963（昭和38）年に老人福祉法が，1964（昭和39）年に母子福祉法（現，母子及び父子並びに寡婦福祉法）が相次いで成立し，社会福祉六法体制が確立したのである。

　　そして，社会変動とともに福祉制度の枠組みの転換が求められるようになり，社会福祉基礎構造改革によって，2000（平成12）年5月に「社会福祉の増進のための社会福祉事業法等の一部を改正する等の法律」（平成12年法律第111号）が成立し，「社会福祉事業法」から「社会福祉法」にその名称が改題された。これにより，戦後長らく措置制度（行政による処分）により遂行されてきた社会福祉行政のしくみが大きく変わり，福祉サービス利用者とサービス提供者の間に結ばれる契約関係を中心とした利用制度が導入されることとなったのである。

　　社会福祉法では，社会福祉を目的とする事業の全分野における共通的基本事項が定められている。図8-1は，社会福祉法と社会福祉六法を中心とし

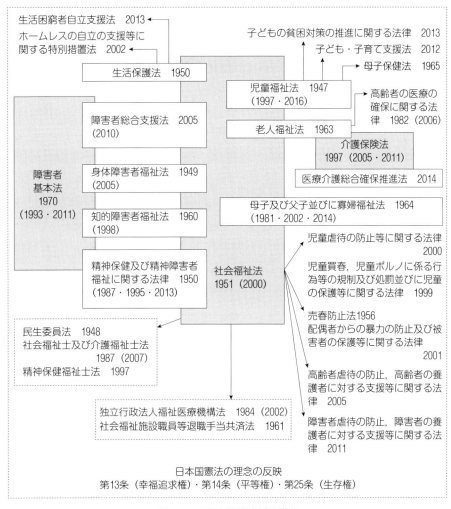

図 8 - 1　社会福祉法制の構造

注：（　）内の西暦年は，大きな改正が行われたことを意味する。
出典：平野方紹（2014）「社会福祉制度の構造」社会福祉士養成講座編集委員会編『新・社会福祉士養成講
　　　座4　現代社会と福祉　第4版』中央法規出版，を一部加筆・修正.

た社会福祉法制の構造を表している。

（2）第1種社会福祉事業と第2種社会福祉事業

　社会福祉事業は，社会福祉法第2条において，行政（国や地方自治体）の
強い監督や指導が必要であり，原則として国，地方自治体，社会福祉法人が
経営主体となる「第1種社会福祉事業」と，第1種社会福祉事業に比べて規
制が緩やかな「第2種社会福祉事業」に区分されている（表8-1）。

表8-1　社会福祉事業の区分

第1種社会福祉事業
・生活保護法に規定する救護施設，更生施設
・生計困難者を無料または低額な料金で入所させて生活の扶助を行う施設
・生計困難者に対して助葬を行う事業
・児童福祉法に規定する乳児院，母子生活支援施設，児童養護施設，障害児入所施設，児童心理治療施設，児童自立支援施設
・老人福祉法に規定する養護老人ホーム，特別養護老人ホーム，軽費老人ホーム
・障害者総合支援法に規定する障害者支援施設
・売春防止法に規定する婦人保護施設
・授産施設
・生計困難者に無利子または低利で資金を融通する事業

第2種社会福祉事業
・生計困難者に対し日常生活必需品・金銭を与える事業または生計困難者生活相談事業
・生活困窮者自立支援法に規定する認定生活困窮者就労訓練事業
・児童福祉法に規定する障害児通所支援事業，障害児相談支援事業，児童自立生活援助事業，放課後児童健全育成事業，子育て短期支援事業，乳児家庭全戸訪問事業，養育支援訪問事業，地域子育て支援拠点事業，一時預かり事業，小規模住居型児童養育事業，小規模保育事業，病児保育事業，子育て援助活動支援事業
・児童福祉法に規定する助産施設，保育所，児童厚生施設，児童家庭支援センター
・児童福祉増進相談事業
・就学前の子どもに関する教育，保育等の総合的な提供の推進に関する法律に規定する幼保連携型認定こども園
・民間あっせん機関による養子縁組のあっせんに係る児童の保護等に関する法律に規定する養子縁組あっせん事業
・母子及び父子並びに寡婦福祉法に規定する母子家庭日常生活支援事業，父子家庭日常生活支援事業，寡婦日常生活支援事業
・母子及び父子並びに寡婦福祉法に規定する母子・父子福祉施設
・老人福祉法に規定する老人居宅介護等事業，老人デイサービス事業，老人短期入所事業，小規模多機能型居宅介護事業，認知症対応型老人共同生活援助事業，複合型サービス福祉事業
・老人福祉法に規定する老人デイサービスセンター，老人短期入所施設，老人福祉センター，老人介護支援センター
・障害者総合支援法に規定する障害福祉サービス事業，一般相談支援事業，特定相談支援事業，移動支援事業
・障害者総合支援法に規定する地域活動支援センター，福祉ホーム
・身体障害者福祉法に規定する身体障害者生活訓練等事業，手話通訳事業，介助犬訓練事業，聴導犬訓練事業
・身体障害者福祉法に規定する身体障害者福祉センター，補装具製作施設，盲導犬訓練施設，視聴覚障害者情報提供施設
・身体障害者福祉法に規定する身体障害者更生相談事業
・知的障害者福祉法に規定する知的障害者更生相談事業
・生計困難者に無料または低額な料金で簡易住宅を貸し付け，または宿泊所，その他の施設を利用させる事業
・生計困難者に無料または低額な料金で診療を行う事業
・生計困難者に無料または低額な費用で介護保険法に規定する介護老人保健施設または介護医療院を利用させる事業
・隣保事業
・福祉サービス利用援助事業
・社会福祉事業に関する連絡または助成を行う事業

出典：社会福祉法に基づき筆者作成.

（3）社会福祉法の理念と論点

① 福祉サービスの質の向上と利用者の保護

　社会福祉法では，福祉サービス利用者の利益の保護及び地域福祉の推進を図るとともに，社会福祉事業の公明かつ適正な実施の確保及び社会福祉を目的とする事業の健全な発達を図り，社会福祉の増進に資することを目的としている（第1条）。

　また，第3条では，「福祉サービスは，個人の尊厳の保持を旨とし，その内容は，福祉サービスの利用者が心身ともに健やかに育成され，又はその有する能力に応じ自立した日常生活を営むことができるように支援するものとして，良質かつ適切なものでなければならない」とし，福祉サービスの基本的理念を示している。第8章（第75～第88条）では，適切な情報提供や説明責任，提供する福祉サービスの質の評価，苦情の解決，都道府県社会福祉協議会に設置する運営適正化委員会等について規定している。

② 地域福祉の推進

　第4条では，地域住民等は「相互に協力し，福祉サービスを必要とする地域住民が地域社会を構成する一員として日常生活を営み，社会，経済，文化その他あらゆる分野の活動に参加する機会が確保されるように，地域福祉の推進に努めなければならない」とし，計画的な社会福祉の推進のため，市町村には地域福祉計画，都道府県には地域福祉支援計画の策定を，それぞれ努力義務としている。

③ 社会福祉事業の充実

　第5条では，社会福祉事業者は「利用者の意向を十分に尊重し，地域福祉の推進に係る取組を行う他の地域住民等との連携を図り，かつ，保健医療サービスその他の関連するサービスとの有機的な連携を図るよう創意工夫を行い」ながら，多様な福祉サービスを提供するよう努めなければならないとしている。

（4）生活保護法の目的

　生活保護法は，日本国憲法第25条に規定される生存権の理念に基づき，国家責任として，生活に困窮するすべての国民に対して，困窮の程度に応じて，必要な保護を行うことにより，その最低限度の生活を保障するとともに，自立を助長することを目的とした法律である（第1条）。

　生存権を保障することは，生命を維持することだけを指すのではなく，「健康で文化的な最低限度の生活を営む権利」（日本国憲法第25条）を保障する

ことを表している。

（5）生活保護の原理・原則
① 国家責任の原理（第1条）
　国がその責任において直接保護を行い，国民の最低生活を保障（ナショナル・ミニマム）し，その人の自立助長を図ることについて規定している。
② 無差別平等の原理（第2条）
　性別や社会的身分等にかかわらず，生活困窮に陥った原因も問わずに，現在の経済状態だけに着目して保護を行うことを示している。この規定は，権利としての保護を定めており，国民は誰しもが本法の要件を満たす限りにおいて保護を請求する権利を持っていることを意味する。
③ 最低生活保障の原理（第3条）
　最低限度の生活の保障といっても，「健康で文化的な生活水準」を維持できるものでなければならないことを示している。
④ 保護の補足性の原理（第4条）
　保護は，困窮者がその利用できる資産，物的・人的な手段や能力をすべて活用してもなお，不足する場合に初めて行われることを表している。
⑤ 申請保護の原則（第7条）
　保護は，要保護者，その扶養義務者，同居の親族による申請により行われる。ただし，急迫した状況では，申請がなくても保護を行うことができる。
⑥ 基準及び程度の原則（第8条）
　国が保護の基準として最低生活費のモデルを設定し，困窮者の収入額と最低生活費を比較して，その不足した差額分のみを保護する。
⑦ 必要即応の原則（第9条）
　保護は，要保護者の年齢別，性別，健康状態等，個人または世帯の実際のニーズの相違を考慮して，有効かつ適切に行われる。
⑧ 世帯単位の原則（第10条）
　保護は，同一住居および同一生計の世帯を単位として行われる。ただし，これによりがたいときは，個人を単位として定めることができるとされる。

（6）生活保護の種類と生活保護法に基づく保護施設
　第11条では，保護の種類について，生活扶助，教育扶助，住宅扶助，医療扶助，介護扶助，出産扶助，生業扶助，葬祭扶助の8つを規定しており，第12条から第18条において各扶助の範囲を定めている。居住地域や年齢，世帯構成等により基準額が設定されており，要保護の実情に応じて支給額が算定され，支給されることになっている。

支給されるに当たっては，単一の扶助が給付される「単給」と，複数の扶助を組み合わせて給付する「併給」とがある。給付は，金銭が給付される「金銭給付」（現金給付）を原則とするが，医療扶助や介護扶助のように医療機関や介護施設等に委託して給付されるサービスや物品といった「現物給付」もある。

また，第38条では，保護施設を定めている。保護施設には，救護施設，更生施設，医療保護施設，授産施設，宿所提供施設の５種類がある。なかでも，救護施設にはさまざまな障害を併せ持った者や，アルコール依存症や薬物依存症等による精神疾患の既往歴がある者も数多く利用しており，障害種別の枠にとらわれない相談援助事業が展開されていることも特徴といえよう。

2．児童福祉法と母子及び父子並びに寡婦福祉法

（1）児童福祉法の理念

児童福祉法は，1947（昭和22）年に制定された，日本の子ども家庭福祉を支える基本的かつ総合的な法律である。第１条では，「全て児童は，児童の権利に関する条約の精神にのつとり，適切に養育されること，その生活を保障されること，愛され，保護されること，その心身の健やかな成長及び発達並びにその自立が図られることその他の福祉を等しく保障される権利を有する」とし，本法がすべての児童を対象とした法律であることを明確にするとともに，児童の権利に関する条約（子どもの権利条約）の精神を反映した基本理念を規定している。

また，第２条においても，子どもの権利条約における意見表明権や子どもの最善の利益を考慮することが国民の責務であるとされる。そして，子どもを育成する責任は第一義的に保護者にあること，国や地方公共団体も保護者とともに責任を担うことが示されている。

> 第２条　全て国民は，児童が良好な環境において生まれ，かつ，社会のあらゆる分野において，児童の年齢及び発達の程度に応じて，その意見が尊重され，その最善の利益が優先して考慮され，心身ともに健やかに育成されるよう努めなければならない。
> 　2　児童の保護者は，児童を心身ともに健やかに育成することについて第一義的責任を負う。
> 　3　国及び地方公共団体は，児童の保護者とともに，児童を心身ともに健やかに育成する責任を負う。

第３条では，第１条及び第２条が「児童の福祉を保障するための原理であ

り，この原理は，すべて児童に関する法令の施行にあたつて，常に尊重され
なければならない」ものであるとし，日本における子ども家庭福祉の制度や
施策において，児童福祉法の理念が常に尊重されるべきものであることを規
定している。

（2）児童福祉法における定義
　児童福祉法は第4条で，「児童」を「満18歳に満たない者」と定めており，
次のように区分している。

　　乳児：満1歳に満たない者
　　幼児：満1歳から，小学校就学の始期に達するまでの者
　　少年：小学校就学の始期から，満18歳に達するまでの者

　また，第5条では，「妊産婦」を「妊娠中又は出産後1年以内の女子」と
規定している。子どもの「心身の健やかな成長及び発達並びにその自立が図
られること」を定めた児童福祉法が妊産婦を規定する意味は，この法律が胎
児をも育成支援の対象としていることを示している。

（3）児童福祉法に規定される事業・施設等
　第6条の2では，小児慢性特定疾病および小児慢性特定疾病医療支援を規
定している。また，第6条の2の2では，障害児通所支援として，児童発達
支援，医療型児童発達支援，放課後等デイサービス，居宅訪問型児童発達支
援，保育所等訪問支援を規定するとともに，障害児相談支援として，障害児
支援利用援助，継続障害児支援利用援助を規定している。
　第6条の3では，児童自立生活援助事業，放課後児童健全育成事業，子育
て短期支援事業，乳児家庭全戸訪問事業，養育支援訪問事業，地域子育て支
援拠点事業，一時預かり事業，小規模住居型児童養育事業，家庭的保育事業，
小規模保育事業，居宅訪問型保育事業，事業所内保育事業，病児保育事業，
子育て援助活動支援事業を，それぞれ規定している。
　第6条の4では，里親として養育里親と養子縁組里親を，第7条では，児
童福祉施設として助産施設，乳児院，母子生活支援施設，保育所，幼保連携
型認定こども園，児童厚生施設，児童養護施設，障害児入所施設，児童発達
支援センター，児童心理治療施設，児童自立支援施設，児童家庭支援センタ
ーを，それぞれ規定している。

（4）児童福祉法の改正と子どもの権利条約の精神の反映

　児童福祉法は，これまでたびたび改正されてきたが，制定から70年を迎えようとする2016（平成28）年にはじめてその理念規定が改正された。児童福祉法が，子どもの権利条約の精神に基づくものであることが明確に示されたのである。これにより，子どもが権利の主体であること，子どもの最善の利益が優先されること，年齢相応の意見が尊重されることが児童福祉法上，明らかにされた。

　子どもの権利条約が，1989（平成元）年に開催された第44回国連総会で採択され，日本は，1994（平成6）年に条約を承認（批准）している。つまり，2019（令和元）年は子どもの権利条約が国連で採択されて30年，日本で批准されて25年という節目であった。これに伴い，国内でもさまざまな動きが見られた。たとえば，児童虐待の防止等に関する法律では，親権を行う者による体罰禁止が盛り込まれ，体罰に関する規定が強化されている。

（5）母子及び父子並びに寡婦福祉法の目的

　当初，1964（昭和39）年に制定された「母子福祉法」が，1981（昭和56）年に「母子及び寡婦福祉法」に改正された。この改正により，「寡婦」をも対象とするようになったが，「寡婦」とは，「配偶者のない女子であつて，かつて配偶者のない女子として民法第877条の規定（扶養義務者を規定する）により児童を扶養していたことのあるもの」（第6条）を示している。2002（平成14）年には大幅に改正され，父子家庭もこの法律の対象となった。そして，2014（平成26）年には，「母子及び父子並びに寡婦福祉法」へとその名称も改められた。

　母子及び父子並びに寡婦福祉法は，母子家庭等および寡婦に対して，生活上の安定と向上のために必要な措置を講ずることにより，その福祉を図ることを目的としている（第1条）。

　その基本理念は，母子家庭等において，「児童が，その置かれている環境にかかわらず，心身ともに健やかに育成されるために必要な諸条件」が保障され，母子家庭の母および父子家庭の父，または寡婦が，「健康で文化的な生活」が保障されることにある（第2条）。なお，この法律における児童とは，20歳に満たない者のことをいう（第6条第3項）。

（6）母子及び父子並びに寡婦福祉法に規定される事業等

　DV（ドメスティック・バイオレンス）被害や離婚の増加など，ひとり親家庭を取り巻く家庭状況の変化をふまえ，ひとり親家庭の児童の親は扶養義務を履行するように努めなければならないことを規定している（第5条）。

また，この法律では，母子・父子自立支援員の委嘱，都道府県等による母子家庭等及び寡婦自立促進計画の策定，母子（父子，寡婦）福祉資金の貸し付け，母子家庭（父子家庭，寡婦）日常生活支援事業，母子家庭（父子家庭，寡婦）生活向上事業，その他，就業支援に関する事項を盛り込むなど，自立支援を目的としてさまざまな施策を規定している。

3. 身体障害者福祉法・知的障害者福祉法・老人福祉法

（1）身体障害者福祉法の目的と理念

身体障害者福祉法は，1949（昭和24）年に傷痍軍人（戦争によって大きな負傷を負った軍人）をはじめとして，戦争や災害，事故等の傷痍者への職業補導を目的として制定された。その後たびたび改正されたが，障害者自立支援法（現，障害者総合支援法）の施行により，2005（平成17）年に大幅に改正されている。

そして現在，「障害者の日常生活及び社会生活を総合的に支援するための法律」（以下，障害者総合支援法）と相まって，身体障害者の自立と社会経済活動への参加を促進するため，身体障害者を援助し，必要に応じて保護を行い，身体障害者の福祉の増進を図ることを目的とした法律とされる（第1条）。

また，第2条では，身体障害者の自立への努力とあらゆる分野の活動への参加の機会が確保されるという理念を表明している。

> 第2条　すべて身体障害者は，自ら進んでその障害を克服し，その有する能力を活用することにより，社会経済活動に参加することができるように努めなければならない。
> 　2　すべて身体障害者は，社会を構成する一員として社会，経済，文化その他あらゆる分野の活動に参加する機会を与えられるものとする。

さらに，第3条では，国及び地方公共団体は第2条の理念が実現されるよう配慮し，身体障害者の自立と社会経済活動への参加を促進するための援助と必要な保護を行うよう努めること，国民は身体障害者の社会経済活動への参加の努力に対し協力するよう努めることを定めている。

（2）身体障害者の定義と身体障害者手帳

身体障害者については，身体障害者障害程度等級表に掲げる身体上の障害がある18歳以上の者であって，都道府県知事から身体障害者手帳の交付を受けたものと定義している（第4条）。

身体障害者障害程度等級表では，「視覚障害」，「聴覚障害」，「平衡機能障害」，「音声機能，言語機能又はそしゃく機能の障害」，「肢体不自由（上肢，下肢，体幹，乳幼児期以前の非進行性の脳病変による運動機能障害）」，「心臓機能障害」，「じん臓機能障害」，「呼吸器機能障害」，「ぼうこう又は直腸の機能障害」，「小腸機能障害」，「ヒト免疫不全ウイルスによる免疫機能障害」，「肝臓機能障害」について，その認定基準を示している。

それぞれもっとも重症度の高い1級から6級までに区分されているが，肢体不自由のみ7級が設けられている。ただし，身体障害者手帳に7級の区分はなく，7級に該当する障害が重複する場合に6級と認定される。

（3）身体障害者福祉法に規定される事業・施設等

第4条の2では，身体障害者生活訓練等事業，手話通訳事業，介助犬訓練事業，聴導犬訓練事業，第5条で，身体障害者社会参加支援施設（身体障害者福祉センター，補装具製作施設，盲導犬訓練施設，視聴覚障害者情報提供施設），医療保健施設，についてそれぞれ定義している。

その他，援護の実施機関，障害福祉サービスや障害者支援施設等への入所等の措置，社会参加の促進などについて規定している。

（4）知的障害者福祉法の目的と理念

知的障害者福祉法は，1960（昭和35）年に精神薄弱者福祉法として制定された法律であり，1998（平成10）年に現行名称に改正されている。その目的は，障害者総合支援法と相まって，知的障害者の自立と社会経済活動への参加を促進するため，知的障害者を援助するとともに必要な保護を行い，知的障害者の福祉を図ることとしている（第1条）。

また，第1条の2では，身体障害者福祉法と同様の趣旨で，知的障害者の自立への努力とあらゆる分野の活動への参加の機会が確保されるという理念を表明している。

第2条においては，国及び地方公共団体は第1条及び第1条の2の理念が実現されるよう配慮し，知的障害者の社会経済活動への参加を促進するための援助と必要な保護を行うよう努めること，国民は知的障害者の社会経済活動への参加の努力に対し協力するよう努めることが定められている。

（5）知的障害者と療育手帳制度

知的障害者の定義については触れられてはいないが，第12条で都道府県（政令指定都市を含む）に知的障害者更生相談所の設置を義務づけ，これにより，18歳以上の知的障害者の医学的，心理学的及び職能的判定が行われて

いる。

　なお，療育手帳は1973（昭和48）年に制度化されたものであり，知的障害児・者（満18歳に満たない者を知的障害児，満18歳以上の者を知的障害者という）に一貫した指導や相談を行うとともに，各種の援助措置を受けやすくし，福祉の増進に資することを目的としている（昭和48年厚生省発児第156号）。手帳の交付にあたっては，知的障害児は児童相談所で，知的障害者は知的障害者更生相談所で，それぞれ知的障害と判定された者が対象となっている。交付申請の窓口は，知的障害者の居住地を管轄する福祉事務所であり，障害の程度が重度であるものが「A」，その他が「B」に区分されている。

　その他，知的障害者福祉法では，援護の実施機関，障害福祉サービスや障害者支援施設等への入所等の措置などについて規定している。

（6）老人福祉法の目的と理念

　老人福祉法は，1963（昭和38）年に制定された高齢者の福祉の増進を目的とした法律である。高齢者の福祉に関する理念，原理を明らかにするとともに，高齢者に対し，その心身の健康の保持及び生活の安定のために必要な措置を講じ，高齢者の福祉を図ることを目的としている（第1条）。

　その基本理念は，第2条及び第3条に規定されている。第2条では，高齢者は，「多年にわたり社会の進展に寄与してきた者として，かつ，豊富な知識と経験を有する者として敬愛されるとともに，生きがいを持てる健全で安らかな生活を保障されるものとする」（第2条）としている。

　また，第3条第1項で，高齢者は，「老齢に伴つて生ずる心身の変化を自覚して，常に心身の健康を保持し，又は，その知識と経験を活用して，社会的活動に参加するように努めるものとする」とし，第2項で，「その希望と能力とに応じ，適当な仕事に従事する機会その他社会的活動に参加する機会を与えられるものとする」としている。

（7）老人福祉法に規定される居宅（在宅）サービスと施設

　第5条の2では，「老人居宅生活支援事業」（老人居宅介護等事業，老人デイサービス事業，老人短期入所事業，小規模多機能型居宅介護事業，認知症対応型老人共同生活援助事業，複合型サービス福祉事業）が，第5条の3及び第20条の2の2から第20条の7の2では，「老人福祉施設」（老人デイサービスセンター，老人短期入所施設，養護老人ホーム，特別養護老人ホーム，軽費老人ホーム，老人福祉センター，老人介護支援センター）について，それぞれ規定している。また，老人福祉施設の位置づけではないが，第4章の2（第29条〜第31条）において，「有料老人ホーム」について規定している。

　なお，本法第10条では，「身体上又は精神上の障害があるために日常生活を営むのに支障がある老人の介護等に関する措置については，この法律に定めるもののほか，介護保険法の定めるところによる」とし，介護保険法との関連において高齢者福祉サービスが供給されるとしている。

（8）老人福祉法等の一部を改正する法律

　高齢社会の到来に備えて1989（平成元）年に策定された高齢者保健福祉推進10カ年戦略（通称，ゴールドプラン）の実施に向けて成立したのが，老人福祉法等の一部を改正する法律である。通称，「福祉関係八法改正」と呼ばれており，在宅福祉サービスの推進や福祉サービスの権限を市町村へ一元化，老人保健福祉計画（市町村及び都道府県）の策定等が盛り込まれ，それに伴い，関連する八法（社会福祉事業法，児童福祉法，身体障害者福祉法，精神薄弱者福祉法，老人福祉法，母子及び寡婦福祉法，老人保健法，社会福祉・医療事業団法。すべて当時の名称）が改正された。

演習問題

1．社会福祉事業法が社会福祉法に改正された際の要点についてまとめてみよう。
2．社会福祉六法の詳細を調べてみよう。
3．最新の法改正等，近年の社会福祉制度の動向について調べてみよう。

引用・参考文献

芝野松次郎・新川泰弘・宮野安治・山川宏和編著（2020）『子ども家庭福祉入門』ミネルヴァ書房.

社会福祉士養成講座編集委員会編（2014）『新・社会福祉士養成講座4　現代社会と福祉　第4版』中央法規出版.

保育福祉小六法編集委員会編（2020）『保育福祉小六法　2020年版』みらい.

山縣文治・岡田忠克編著（2016）『やわらかアカデミズム・〈わかる〉シリーズ　よくわかる社会福祉　第11版』ミネルヴァ書房.

（渡邊慶一）

第9章　社会福祉の実施機関と福祉施設

　社会福祉の分野においては，たとえば，子どもや保護者からの相談に応じるためには，行政機関をはじめとするさまざまな社会資源を適切に活用することが求められる。本章では，行政機関や児童福祉施設等の社会資源について概説する。

1．社会福祉の行政機関

（1）国・地方公共団体

　社会福祉に関する国の管轄は厚生労働省になる。社会・援護局，老健局，子ども家庭局に分かれ，その任を担当している。

　都道府県においては，健康福祉部，社会福祉部等の組織名称のもと，社会福祉課，高齢者福祉課，障害者福祉課等の名称で下部組織が置かれている。市町村についても同様の組織編成や名称を用いている。

（2）福祉事務所

　社会福祉法第14条第1項では，「都道府県及び市（特別区を含む。以下同じ。）は，条例で，福祉に関する事務所を設置しなければならない」と定められている。この「福祉に関する事務所」のことを福祉事務所という。

　福祉事務所は，上記の通り，都道府県と市，特別区に設置義務がある。町村には，「条例で，その区域を所管区域とする福祉に関する事務所を設置することができる」とされ，また，「必要がある場合には，地方自治法の規定により一部事務組合又は広域連合を設けて，前項の事務所を設置することができる」（社会福祉法第14条第3項及び第4項）とされている。つまり，必要があれば複数の自治体で共同の福祉事務所を設置することも認められている。

　2018（平成30）年4月1日現在で，全国に，1,248か所（都道府県207か所，市（特別区）998か所，町村43か所）の福祉事務所がある（厚生労働統計協会，2019）。

　福祉事務所の業務は，都道府県設置の福祉事務所と市町村（特別区含む）設置の福祉事務所とで異なる。都道府県福祉事務所の業務は，「生活保護法，児童福祉法及び母子及び父子並びに寡婦福祉法に定める援護又は育成の措置に関する事務のうち都道府県が処理することとされているもの」（社会福祉法第14条第5項）である。市町村（特別区含む）福祉事務所の業務は，「生活保

護法，児童福祉法，母子及び父子並びに寡婦福祉法，老人福祉法，身体障害者福祉法及び知的障害者福祉法に定める援護，育成又は更生の措置に関する事務のうち市町村が処理することとされているもの（政令で定めるものを除く。）」（社会福祉法第14条第6項）である。

　福祉事務所には，所長のほか，指導監督を行う所員，現業を行う所員，事務を行う所員を置かなくてはならず，このうち指導監督を行う所員及び現業を行う所員は，社会福祉主事でなければならないとされている（社会福祉法第15条）。

（3）身体障害者更生相談所

　身体障害者更生相談所は，身体障害者福祉法第11条に設置根拠をもつ機関で，都道府県に設置義務がある。身体障害者更生相談所は，身体障害者福祉司を配置して，市町村からの身体障害者に関する専門的な相談などに応じている。

（4）知的障害者更生相談所

　知的障害者更生相談所は，知的障害者福祉法第12条に設置根拠をもつ機関で，都道府県に設置義務がある。知的障害者更生相談所は，知的障害者福祉司を配置して，市町村からの知的障害者に関する専門的な相談などに応じている。

（5）発達障害者支援センター

　発達障害者支援センターは，発達障害者支援法第14条に基づき，都道府県や政令指定都市，または，都道府県知事等が指定した社会福祉法人，特定非営利活動法人等が設置している機関である。その主な業務は下記のとおりである。

　　① 発達障害の早期発見
　　② 発達障害者及びその家族に対する相談や情報提供，助言
　　③ 発達障害者に対する専門的な発達支援及び就労支援
　　④ 医療，保健，福祉，教育，労働等に関する機関や団体に対して，発達障害についての情報提供や研修の実施

（6）児童家庭支援センター

　児童家庭支援センターは，児童福祉法第44条の2に基づき設置される。「地域の児童の福祉に関する各般の問題につき，児童に関する家庭その他からの相談のうち，専門的な知識及び技術を必要とするものに応じ，必要な助

言を行うとともに，市町村の求めに応じ，技術的助言その他必要な援助を行うほか，（中略）児童相談所，児童福祉施設等との連絡調整その他厚生労働省令の定める援助を総合的に行うことを目的とする施設」である。

（7）婦人相談所
　婦人相談所は，売春防止法第34条に設置根拠をもち，都道府県は設置義務がある。また，地方自治法に定める政令指定都市も，婦人相談所を設置することができる。婦人相談所は，性行又は環境に照らして売春を行うおそれのある女子の保護更生に関して，次のような業務を行う。
　　　① 要保護女子の各般の問題についての相談
　　　② 要保護女子やその家庭の関する，必要な調査，医学的・心理学的・職能的判定及びそれらに付随する指導
　　　③ 要保護女子の一時保護
　平成30年版厚生労働白書には，「2016（平成28）年度の全国の婦人相談所及び婦人相談員の受け付けた来所による女性相談者の実人員を見ても，79,423人（2015（平成27）年度83,718人）のうち，『夫等の暴力』を主訴とする者が32,403人（2015年度33,901人）であり，相談理由の40.8％（2015年度40.5％）を占めるなど，配偶者からの暴力被害者の割合が増加」していると記されている。

（8）配偶者暴力相談支援センター
　配偶者暴力相談支援センターは，配偶者からの暴力の防止及び被害者の保護等に関する法律第3条に設置根拠をもつ。都道府県が設置する婦人相談所等や市町村が設置する適切な施設において，配偶者からの暴力の防止及び被害者の保護のため，次のような業務を行う。
　　　① 被害者に関する各般の問題について，相談に応じたり，婦人相談員若しくは相談を行う機関を紹介すること
　　　② 被害者の心身の健康を回復させるために，医学的，心理学的，その他の必要な指導を行うこと
　　　③ 被害者やその同伴家族の緊急時における安全の確保や一時保護
　　　④ 被害者が自立して生活することを促進するための，就業促進，住宅確保，援護等に関する制度の利用等についての情報提供・助言・指導，関係機関との連絡調整
　　　⑤ 配偶者からの暴力の防止，被害者の保護を行っている民間団体との連携

（9）社会福祉協議会

　行政機関ではないが，社会福祉協議会という民間組織もある。社会福祉協議会は，行政機関や地域住民と協働しながら，最前線で地域福祉を創造していく役割を担っている。社会福祉協議会は，全国，都道府県，政令指定都市，市区町村単位で設置された階層性をもった組織である。設置数は，2018（平成30）年4月1日現在で1,914であり，その内訳は市区町村1,846，都道府県47，政令指定都市20，全国1となっている（厚生労働統計協会，2019）。各々の社会福祉協議会では，地域住民とともに，地域性を活かした特色のある地域福祉活動が実践されている。また，児童，高齢者，障害者分野の社会福祉施設を運営している社会福祉協議会も多くある。

（10）保健所

　地域保健法第5条第1項に設置根拠をもち，都道府県，政令指定都市，中核市，その他政令で定める市または特別区に設置されている。

　社会福祉の行政機関ではないが，保健所の設置に際しては「保健医療に係る施策と社会福祉に係る施策との有機的な連携を図る」と同法第5条第2項に謳われており，社会福祉との連携を想定し設置されている。

　また同法第6条には，保健所の事業が規定されている。このなかで社会福祉と関連する事業は下記のとおりである。

　　① 地域保健に関する思想の普及及び向上に関する事項
　　② 母性及び乳幼児並びに老人の保健に関する事項
　　③ 精神保健に関する事項
　　④ その他地域住民の健康の保持及び増進に関する事項

2．子ども家庭福祉の行政と施設

（1）子ども家庭福祉行政の仕組み

　児童福祉法第2条第1項では，「全て国民は，児童が良好な環境において生まれ，かつ，社会のあらゆる分野において，児童の年齢及び発達の程度に応じて，その意見が尊重され，その最善の利益が優先して考慮され，心身ともに健やかに育成されるよう努めなければならない」とされている。第2項では「児童の保護者は，児童を心身ともに健やかに育成することについて第一義的責任を負う」，第3項では「国及び地方公共団体は，児童の保護者とともに，児童を心身ともに健やかに育成する責任を負う」とされている。

　ここで第3項の規定について触れておくと，そもそもこの規定は，児童の健全育成の責任が，「児童の保護者」のみならず，「国及び地方公共団体」に

115

もあることを意味している。そして，この規定を根拠に国や地方公共団体によって，子ども家庭福祉のための種々の施策が推進されている。

とはいっても，「国及び地方公共団体」にはそれぞれの役割分担があり，このうち「国」は，子ども家庭福祉行政全般についての企画立案や調整，指導，助言，事業に要する費用の予算措置など，中枢的な機能を担っており，これに対して，市町村を包括する広域の地方公共団体である「都道府県」は，広域にわたる事務，市町村間の連絡調整などの事務を行っているが，子ども家庭福祉の領域では，児童福祉施設の認可及び指導監督，児童相談所や保健所の設置・運営のほか，市町村による相談援助活動等の業務に関する市町村間の連絡調整，市町村に対する技術的支援などを行っている。なお，「政令指定都市」は，都道府県とほぼ同様の権限をもって子ども家庭福祉に関する事務を処理している。また，中核市は，児童福祉施設の設置認可など，一部の子ども家庭福祉行政について都道府県と同様の事務を行っており，さらに，「市町村」は，基礎的な自治体として，地域住民に密着した行政事務を行っている（才村，2019：30-31）。

（2）児童相談所

児童相談所は，児童福祉法第12条や第59条の4に設置根拠をもち，都道府県及び政令指定都市では設置義務，特別区及び中核市では任意設置となっている。2018（平成30）年4月1日現在で，全国に210か所（支所を含まず）設置されている（厚生労働統計協会，2019）。児童相談所は，「児童の福祉に関する各般の問題について市町村からの送致や家庭その他からの相談に応じ，調査，診断，判定の上，その児童・家庭にとって最も効果的な援助を行うことを業務とする行政機関」であり，「必要に応じ，児童の一時保護，児童福祉施設入所・里親等委託等の措置を実施するほか，親権者の親権の一時停止，親権喪失宣告の請求，児童の後見人の選任等の民法上の業務も行っている」。

児童相談所が受け付ける相談は多岐にわたるが，大別すると表9-1のとおり，養護相談，保健相談，障害相談，非行相談，育成相談，その他の相談に分類される。虐待に関する相談は養護相談，性格行動・しつけ・適性・不登校等に関するものは育成相談，里親希望に関する相談や夫婦関係等についての相談等は，その他の相談になる。児童相談所が受け付けた相談は，①相談の受理，②調査・診断・判定，③援助，の経路を経る。事例によっては，児童の一時保護も行う。児童相談所の相談援助の体制は図9-1のとおり，市町村と児童相談所との連携体制については図9-2のとおりである。

表9-1　受け付ける相談の種類及び主な内容

養護相談	1．児童虐待相談	児童虐待の防止等に関する法律の第2条に規定する次の行為に関する相談 (1)身体的虐待：生命・健康に危険のある身体的な暴行 (2)性的虐待：性交，性的暴行，性的行為の強要 (3)心理的虐待：暴言や差別など心理的外傷を与える行為，児童が同居する家庭における配偶者，家族に対する暴力 (4)保護の怠慢，拒否（ネグレクト）：保護の怠慢や拒否により健康状態や安全を損なう行為及び棄児
	2．その他の相談	父又は母等保護者の家出，失踪，死亡，離婚，入院，稼働及び服役等による養育困難児，迷子，親権を喪失・停止した親の子，後見人を持たぬ児童等環境的問題を有する子ども，養子縁組に関する相談。
保健相談	3．保健相談	未熟児，虚弱児，ツベルクリン反応陽転児，内部機能障害，小児喘息，その他の疾患（精神疾患を含む）等を有する子どもに関する相談
障害相談	4．肢体不自由相談	肢体不自由児，運動発達の遅れに関する相談。
	5．視聴覚障害相談	盲（弱視を含む），ろう（難聴を含む）等視聴覚障害児に関する相談。
	6．言語発達障害等相談	構音障害，吃音，失語等音声や言語の機能障害をもつ子ども，言語発達遅滞を有する子ども等に関する相談。ことばの遅れの原因が知的障害，自閉症，しつけ上の問題等他の相談種別に分類される場合は該当の種別として取り扱う。
	7．重症心身障害相談	重症心身障害児（者）に関する相談。
	8．知的障害相談	知的障害児に関する相談。
	9．発達障害相談	自閉症，アスペルガー症候群，その他広汎性発達障害，学習障害，注意欠陥多動性障害等の子どもに関する相談。
非行相談	10．ぐ犯等相談	虚言癖，浪費癖，家出，浮浪，乱暴，性的逸脱等のぐ犯行為若しくは飲酒，喫煙等の問題行動のある子ども，警察署からぐ犯少年として通告のあった子ども，又は触法行為があったと思料されても警察署から法第25条による通告のない子どもに関する相談。
	11．触法行為等相談	触法行為があったとして警察署から法第25条による通告のあった子ども，犯罪少年に関して家庭裁判所から送致のあった子どもに関する相談。受け付けた時には通告がなくとも調査の結果，通告が予定されている子どもに関する相談についてもこれに該当する。
育成相談	12．性格行動相談	子どもの人格の発達上問題となる反抗，友達と遊べない，落ち着きがない，内気，緘黙，不活発，家庭内暴力，生活習慣の著しい逸脱等性格もしくは行動上の問題を有する子どもに関する相談。
	13．不登校相談	学校及び幼稚園並びに保育所に在籍中で，登校（園）していない状態にある子どもに関する相談。非行や精神疾患，養護問題が主である場合等には該当の種別として取り扱う。
	14．適性相談	進学適性，職業適性，学業不振等に関する相談。
	15．育児・しつけ相談	家庭内における幼児の育児・しつけ，子どもの性教育，遊び等に関する相談。
	16．その他の相談	1～15のいずれにも該当しない相談。

出典：厚生労働省『児童相談所運営指針』.

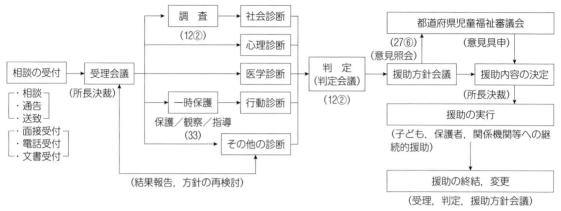

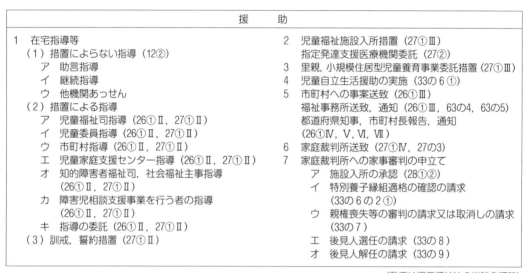

（数字は児童福祉法の当該条項等）

図9-1　児童相談所における相談援助活動の体系・展開

出典：厚生労働省『児童相談所運営指針』.

（3）児童福祉施設

　児童福祉法第7条では，「児童福祉施設」は，「助産施設，乳児院，母子生活支援施設，保育所，幼保連携型認定こども園，児童厚生施設，児童養護施設，障害児入所施設，児童発達支援センター，児童心理治療施設，児童自立支援施設及び児童家庭支援センターとする。」とされている。社会福祉施設等調査によると，2019（令和元）年10月1日現在で，全国に児童福祉施設等は4万4,616か所ある。種別ごとの施設数は表9-2のとおりである。

① 助産施設

　助産施設は，児童福祉法第36条に設置根拠をもつ施設であり，「保健上必要があるにもかかわらず，経済的理由により，入院助産を受けることができない妊産婦を入所させて，助産を受けさせることを目的とする施設」である。

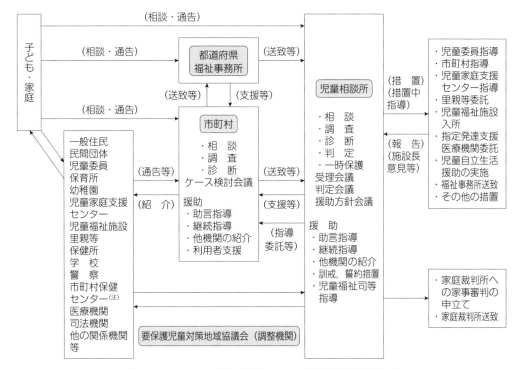

図9-2　市町村・児童相談所における相談援助活動系統図

注：市町村保健センターについては，市町村の児童家庭相談の窓口として，一般住民等からの通告等を受け，相談得助
　　業務を実施する場合も想定される．
出典：厚生労働省『児童相談所運営指針』．

② 乳 児 院

　乳児院は，児童福祉法第37条に設置根拠をもつ施設であり，「乳児（保健
上，安定した生活環境の確保その他の理由により特に必要のある場合には，
幼児を含む．）を入院させて，これを養育し，あわせて退院した者について
相談その他の援助を行うことを目的とする施設」である．

③ 母子生活支援施設

　母子生活支援施設は，児童福祉法第38条に設置根拠をもつ施設であり，
「配偶者のない女子またはこれに準ずる事情にある女子及びその者の監護す
べき児童を入所させて，これらのものを保護するとともに，これらの者の自
立の促進のためにその生活を支援し，あわせて退所した者について相談その
他の援助を行うことを目的とする施設」である．

④ 保 育 所

　保育所は，児童福祉法第39条に設置根拠をもつ施設であり，「保育を必要
とする乳児・幼児を日々保護者の下から通わせて保育を行うことを目的とす
る施設」である．

⑤ 幼保連携型認定こども園

表 9-2　児童福祉施設等の施設数等

令和元年10月1日現在

	施設数	定員（人）	在所者数(人)	従事者数(人)
児童福祉施設等	44,616	2,980,969	2,765,348	806,893
助産施設　＊	385	…	…	…
乳児院	142	3,870	2,931	5,226
母子生活支援施設	219	4,513	8,059	2,075
保育所等	28,737	2,787,946	2,586,393	665,726
幼保連携型認定こども園	5,144	517,784	511,590	141,465
保育所型認定こども園	882	98,165	80,067	20,555
保育所	22,711	2,171,997	1,994,735	503,705
地域型保育事業所	6,441	99,802	94,417	52,797
小規模保育事業所A型	4,033	68,871	66,252	36,500
小規模保育事業所B型	805	12,901	12,123	7,181
小規模保育事業所C型	99	939	852	689
家庭的保育事業所	899	3,819	3,561	2,608
居宅訪問型保育事業所	10	16	51	69
事業所内保育事業所	595	13,257	11,579	5,751
児童養護施設	609	31,365	25,534	19,239
障害児入所施設（福祉型）	255	9,280	6,925	5,840
障害児入所施設（医療型）	218	21,069	9,378	22,125
児童発達支援センター（福祉型）	601	18,818	35,052	9,953
児童発達支援センター（医療型）	98	3,199	2,061	1,696
児童心理治療施設	49	2,059	1,422	1,456
児童自立支援施設	58	3,561	1,236	1,799
児童家庭支援センター　＊	130	・	・	…
児童館	4,453	・	・	18,963
小型児童館	2,593	・	・	9,776
児童センター	1,726	・	・	8,472
大型児童館A型	15	・	・	295
大型児童館B型	4	・	・	60
大型児童館C型	-	・	・	-
その他の児童館	115	・	・	360
児童遊園　＊	2,221	・	・	…
母子・父子福祉施設	60	…	…	236
母子・父子福祉センター	58	・	・	234
母子・父子休養ホーム	2	…	…	2

注：1）　活動中の施設について集計している．
　　2）　定員及び在所者数は，それぞれ定員又は在所者数について，調査を実施した施設について集計している．
　　3）　従事者数は常勤換算従事者数であり，小数点以下第1位を四捨五入している．
　　4）　＊印のついた施設は，詳細票調査を実施していない．
　　5）　母子生活支援施設の定員は世帯数，在所者は世帯人員であり，総数，児童福祉施設等の定員及び在所者数には含まない．
出典：「令和2年社会福祉施設等調査の概要」をもとに筆者が必要箇所を編集．

　幼保連携型認定こども園は，児童福祉法第39条の2に設置根拠をもつ施設であり，「義務教育及びその後の教育の基礎を培うものとしての満三歳以上の幼児に対する教育（教育基本法第6条第1項に規定する法律に定める学校において行われる教育をいう。）及び保育を必要とする乳児・幼児に対する保育を一体的に行い，これらの乳児又は幼児の健やかな成長が図られるよう適当な環境を与えて，その心身の発達を助長することを目的とする施設」である。

⑥　児童厚生施設

　児童厚生施設は，児童福祉法第40条に設置根拠をもつ施設であり，「児童遊園，児童館等児童に健全な遊びを与えて，その健康を増進し，又は情操をゆたかにすることを目的とする施設」である。

⑦　児童養護施設

　児童養護施設は，児童福祉法第41条に設置根拠をもつ施設であり，「保護者のない児童（乳児を除く。ただし，安定した生活環境の確保その他の理由により特に必要のある場合には，乳児を含む。），虐待されている児童その他環境上養護を要する児童を入所させて，これを養護し，あわせて退所した者に対する相談その他の自立のための援助を行うことを目的とする施設」である。

⑧　障害児入所施設

　障害児入所施設は，児童福祉法第42条に設置根拠をもつ施設であり，入所児童は施設で生活しながらさまざまなサービスを受ける。福祉型と医療型がある。福祉型障害児入所施設では，「保護，日常生活の指導及び独立自活に必要な知識技能の付与」が提供される。医療型障害児入所施設では，「保護，日常生活の指導，独立自活に必要な知識技能の付与及び治療」が提供される。

⑨　児童発達支援センター

　児童発達支援センターは，児童福祉法第43条に設置根拠をもつ施設であり，「障害児を日々保護者の下から通わせて」サービスを受ける施設である。福祉型と医療型がある。福祉型児童発達センターでは「日常生活における基本的動作の指導，独立自活に必要な知識技能の付与又は集団生活への適応のための訓練」が提供され，医療型児童発達支援センターでは「日常生活における基本的動作の指導，独立自活に必要な知識技能の付与又は集団生活への適応のための訓練及び治療」が提供される。

⑩　児童心理治療施設

　児童心理治療施設は，児童福祉法第43条の2に設置根拠をもつ施設で，「家庭環境，学校における交友関係その他の環境上の理由により社会生活への適応が困難となつた児童を，短期間，入所させ，又は保護者の下から通わ

せて，社会生活に適応するために必要な心理に関する治療及び生活指導を主として行い，あわせて退所した者について相談その他の援助を行うことを目的とする施設」である。

⑪ 児童自立支援施設

児童自立支援施設は，児童福祉法第44条に設置根拠をもつ施設であり，「不良行為をなし，又はなすおそれのある児童及び家庭環境その他の環境上の理由により生活指導等を要する児童を入所させ，又は保護者の下から通わせて，個々の児童の状況に応じて必要な指導を行い，その自立を支援し，あわせて退所した者について相談その他の援助を行うことを目的とする施設」である。

⑫ 児童家庭支援センター

児童家庭支援センターは，児童福祉法第44条の２に設置根拠をもつ施設であり，「地域の児童の福祉に関する各般の問題につき，児童に関する家庭その他からの相談のうち，専門的な知識及び技術を必要とするものに応じ，必要な助言を行うとともに，市町村の求めに応じ，技術的助言その他必要な援助を行うほか，第26条第１項第２号及び第27条第１項第２号の規定による指導を行い，あわせて児童相談所，児童福祉施設等との連絡調整その他厚生労働省令の定める援助を総合的に行うことを目的とする施設」である。

（4）質の確保

児童福祉施設は質の高い支援を実施するために，施設ごとに運営指針を定め，施設長や職員の研修，外部からの第三者評価を実施している。また，職員確保のために，職員の待遇改善も行われつつある。

3．社会福祉を支える民間人材

専門性をもつ機関や施設以外にも，地域で一住民として生活をしながら，社会福祉を支える人材がいる。

（1）民生委員・児童委員

民生委員は，民生委員法に規定のある，無償のボランティアである。都道府県知事の推薦により，厚生労働大臣が委嘱を行い，任期は３年である。任務は，民生委員法第１条に「社会奉仕の精神をもつて，常に住民の立場に立つて相談に応じ，及び必要な援助を行い，もつて社会福祉の増進に努めるものとする」と定められている。

民生委員は各々担当区域をもつており，①住民の生活ニーズの把握，②

表9-3 里親数と児童数の推移

	昭和30年	40年	50年	60年	平成25年	26年	27年	28年	29年	30年
登録里親数 （世帯）	16,200	18,230	10,230	8,659	9,441	9,949	10,679	11,405	11,730	12,315
委託里親数 （世帯）	8,283	6,090	3,225	2,627	3,560	3,644	3,817	4,038	4,245	4,379
委託児童数 （人）	9,111	6,909	3,851	3,322	4,636 (5,629)	4,731 (5,903)	4,973 (6,234)	5,190 (6,546)	5,424 (6,858)	5,556 (7,104)

注：平成25年度以降委託児童数の（ ）はファミリーホームを含む.
出典：厚生労働省「福祉行政報告例」（各年度末現在）.

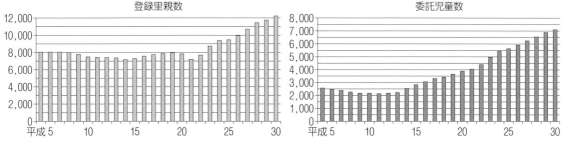

図9-3 登録里親数と委託里親数の推移

出典：厚生労働省「福祉行政報告例」（各年度末現在）.

表9-4 年齢別委託児童数

0歳	1～6歳	7～12歳	13～15歳	16歳以上	計
228人 (235人)	1,590人 (1,870人)	1,590人 (2,110人)	992人 (1,349人)	1,156人 (1,540人)	5,556人 (7,104人)

注：（ ）はファミリーホームを含む.
出典：厚生労働省「福祉行政報告例」（平成30年度末現在）.

支援を求める住民への相談・助言，③社会福祉サービス等の資源の情報提供，④社会福祉機関や専門職との連携や協力を行っている。住民にとり，身近な相談相手となっている。

また，児童福祉法第16条には「民生委員法による民生委員は，児童委員に充てられたものとする」となっており，民生委員は児童委員も兼務する。児童委員としての職務は児童福祉法第17条に定められており，①児童と妊産婦の生活や環境の把握，②児童と妊産婦の保護や，保健や福祉に関する情報提供・援助・指導を行うこと，③児童や妊産婦の社会福祉を目的とする組織や専門職との連携・協力・支援をすること，④児童福祉司や社会福祉主事の業務への協力，⑤児童の健全育成に関する気運の醸成などがある。

さらに，児童の福祉に関する機関と児童委員との連絡調整や，児童委員の活動に対し援助及び協力を行う役割として主任児童委員がいる。

（2）里　親

　里親は，児童福祉法第6条の4に定められている。里親が行う養育は，「里親が行う養育に関する最低基準」により最低限の質を定めている。

　里親は，①要保護児童を養育する養育里親，②被虐待児，非行傾向，障害を抱える等，要保護児童のうち，養育に関して特に支援が必要な児童を専門的に養育する専門里親，③養子縁組を前提として養育を行う養子縁組里親，④親族が里親になる親族里親に分かれる。

　社会的養護の枠組みでは，里親は，家庭養護の1類型として位置づけられる。2017（平成29）年に示された「新しい社会的養育ビジョン」では，里親への委託を推進する方向性が示されている。また，毎年10月を「里親月間」と位置づけ，集中的な広報啓発活動を行っている。

演習問題

1．この章で取り上げた，社会福祉の実施機関と福祉施設の課題は何か調べてみよう。
2．自分の住んでいる地域に，どのような社会福祉の実施機関と福祉施設があるか確認してみよう
3．保育者が社会福祉の実施機関と福祉施設を知っておかなくてはならない必要性を説明してみよう。

引用・参考文献

ミネルヴァ書房編集部（2020）『社会福祉小六法2020　令和2年版』ミネルヴァ書房.

山縣文治・柏女霊峰編集委員代表（2013）『社会福祉用語辞典　第9版』ミネルヴァ書房.

才村純・芝野松次郎・新川泰弘・宮野安治編著（2019）『子ども家庭福祉専門職のための子育て支援入門』ミネルヴァ書房.

厚生労働省（2019）『平成30年版　厚生労働白書』

厚生労働統計協会（2019）『国民の福祉と介護の動向2019／2020』厚生労働統計協会.

（橋本好広）

124

第10章　利用者保護に関わる社会福祉制度

　福祉サービスは，それを利用しようとする者や実際に利用している者が，自ら
サービスを選択し，主体的に自分らしく生きていくためのものであるが，本章で
は，そうした福祉サービスの情報提供，自己評価・第三者評価，利用者の権利擁
護，後見制度，利用者からの苦情解決の制度等について学ぶ。

1．福祉サービスの情報提供

（1）福祉サービスの情報提供の目的

　2000（平成12）年に「社会福祉法」が施行され，福祉サービスの利用制度
が，行政の権限によって施設への入所やサービスの内容等を決定する「措置
制度」から，利用者の立場に立った「契約制度」へと移行した。その目的は，
福祉サービスを利用しようとする者に対し，福祉サービスの情報が適切に提
供され，利用できるようにすることにある。ただし，乳児院，児童養護施設，
児童心理治療施設，児童自立支援施設等においては，親がいない，親が虐待
を行っているなどの理由により，親による利用契約ができないまたは不適当
な場合等もあり，現在も行政による措置の方式がとられている。

　また，「社会福祉法」第75条第1項において，「社会福祉事業の経営者」
（以降，「サービス提供者」）は，福祉サービスを利用しようとする者が適切
かつ円滑にこれを利用することができるように，その経営する社会福祉事業
に関し情報の提供を行うよう努めなければならないと規定されている。

（2）福祉サービスの情報提供の規定

　「社会福祉法」では，第75条第1項などで，サービス提供者に対し以下の
ような規定をしている。

　　1）利用申込み時の契約内容・履行に関する事項の説明（第76条）…努
　　　力義務

　　2）利用契約の成立時の書面交付（第77条）…義務

　　3）誇大広告の禁止（第79条）…義務

　国及び地方公共団体に対しては，以下のように規定している。

　　1）サービス提供体制の確保・利用推進などの施策の措置を講じること
　　　（第6条）…義務

2）必要な情報の容易な取得の措置を講じること（第75条第2項）…努
　　　力義務

（3）WAM NET（ワムネット）

　WAM NET（ワムネット）とは，「独立行政法人福祉医療機構」が運営する福祉・保健・医療に関する制度・施策，およびその取り組み状況などについて，わかりやすく発信することで福祉と医療を支援するインターネット総合情報発信サイトである。

　独立行政法人福祉医療機構は，福祉の増進と医療の普及および向上を目的として2003年10月に設立された独立行政法人である。

　経営理念として「民間活動応援宣言」を掲げ，「お客さまサービス向上のため，お客さま目線と健全性を確保しつつ，国の政策と密接な連携のもと，その政策目的を早期に実現すべく，地域の福祉と医療の基盤づくりを支援」している機構である（独立行政法人福祉医療機構，2020：2）。

図10-1　ワムネットの制度解説コーナー
出典：独立行政法人福祉医療機構 WAM NET ホームページ（2020年8月20日閲覧）。

（4）福祉サービスの情報提供の課題

　「社会福祉法」その他の法令等には，これまで述べてきたように，情報を提供すべきであることは記されているが，その情報提供の手段や具体的な方法については触れられていない。それゆえ，統一された様式がなく，利用者

が「知りたい情報」と行政・サービス提供者が「知らせたい情報」は必ずしも一致しているとはいえないのが実情である。

　たとえば，保護者が保育所を選ぶ際，それぞれの保育所で過去にどのような事故が起きたのか，その事故にどのように対応したのかなどのマイナス情報も知りたいと考えるのではないだろうか。行政・サービス提供者が利用者のニーズをくみとり，そのようなマイナス情報も提供するならば，項目をきちんと決め，さまざまな課題を整理することが必要であろう。

　また，行政によりそのホームページで提供している情報の量や内容に差があることも課題である。サービス提供者の名称や所在地など，基本的な情報のみで施設ごとの特徴がつかみにくい行政がある一方で，施設の名前をクリックするとその施設のホームページにつながるという工夫をしている行政もある。保育所の情報を例にとるならば，保育所自体が作成した充実した内容のホームページにワンクリックでつながるというものである。これらの工夫が多くの行政のホームページで行うことが望まれる。

　さらに，保育所に欠員があった時，すぐに入所申込み手続きができるような双方向のシステムが充実すれば，利用者と行政・サービス提供者が互いに活用できる情報となり，利用者の「知りたい情報」と行政・サービス提供者が「知らせたい情報」の一致をみることができるであろう（横浜市健康福祉局地域福祉健康部福祉保健課，2019）。

　ここでは保育所を例として挙げたが，高齢者関連施設，障害者関連施設でも同様である。

２．福祉サービスの自己評価と第三者評価

（1）自己評価の目的

　「社会福祉法」は，自己評価について，サービス提供者に対し，「自らその提供する福祉サービスの質の評価を行うことその他の措置を講ずることにより，常に福祉サービスを受ける者の立場に立って良質かつ適切な福祉サービスを提供するよう努めなければならない」として，努力義務を規定している（第78条第1項）。すなわち，サービス提供者は，福祉サービスを受ける（または受けようとする）者の立場に立って，良質で適切な福祉サービスを提供することを目的に，自身の自己評価に努める必要があるということである。

　国に対しては，サービス提供者が行う福祉サービスについて，「福祉サービスの質の向上のための措置を援助するために，福祉サービスの質の公正かつ適切な評価の実施に資するための措置を講ずる」ことを努力義務と規定している（第78条第2項）。

また，厚生労働省通知「「福祉サービス第三者評価事業に関する指針について」の全部改正について」の一部改正について（2018（平成30）年３月）における「福祉サービス第三者評価事業に関する指針」の改正により，第三者評価の方法は事業所の自己評価結果等を活用した書面調査及び訪問調査によって行うものとすると明示された。

（2）第三者評価の定義と目的
　第三者評価とは，社会福祉法人等の提供するサービスの質を，サービス提供者及び利用者以外の公正・中立な第三者評価機関が，サービス提供者に対して専門的かつ客観的な立場から行う評価をいう。
　その実施の目的は，前述の自己評価に加え，良質かつ適切な福祉サービスを提供するために，サービス提供者と利用者以外の第三者機関が専門的かつ客観的な立場から，
　　　1）個々のサービス提供者がその事業運営における問題点を把握し，サービスの質の向上に結びつけること
　　　2）第三者評価を受けた結果が公表されることにより，結果として利用者の適切なサービス選択に資する情報となること
とされている。
　また，厚生労働省通知「「福祉サービス第三者評価事業に関する指針について」の全部改正について」の一部改正について（2018（平成30）年３月）において，福祉施設・事業所が主体的にかつ継続的に質の向上に取り組めるように「共通評価基準ガイドライン」，および同ガイドラインの趣旨・目的及び評価内容の理解が促進されるように「判断基準ガイドライン」が見直された。同時に，利用者への適切な情報提供および施設・事業所が質の向上・改善に取り組めるように，「評価結果の報告・公表様式」の見直しも行われた。
　評価の判断基準は「a・b・c」で示される（図10 - 2参照）。
　この評価結果は，福祉施設・事業所の格付けや順位付けを行うものではなく，福祉施設・事業所の理念や基本方針を具体化し，よりよい福祉サービスの実現に向けた「達成度」を示すものである。
　なお，行政による監査（「行政監査」）との違いとして，
　　　・「行政監査」は，法令が求める最低基準を満たしているか否かについて定期的に所轄の行政庁が確認するもの
に対し，
　　　・第三者評価は，最低基準以上に福祉サービスの質の向上を目的に行われるもの
であり，その性格は根本的に異なる。

■評価結果は，よりよい福祉サービスに向けた「到達度」です。

『福祉サービス第三者評価基準に関する指針』では，a・b・c評価の判断基準を次のように示しています。

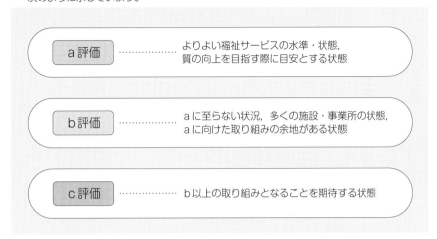

図10 - 2　福祉サービス第三者評価基準のa・b・c評価の判断基準

出典：全国社会福祉協議会（2017：5）.

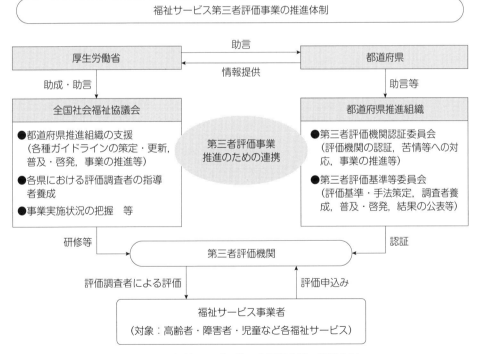

図10 - 3　福祉サービス第三者評価事業の推進体制

出典：全国社会福祉協議会（2017：8）.

（3）保育所，幼保連携型認可こども園の評価

　厚生労働省通知「「福祉サービス第三者評価事業に関する指針について」の全部改正について」の一部改正について（2018（平成30）年3月）において，第三者評価基準のもととなる全ての福祉サービスに共通する評価基準が改定され，同年に改定「保育所保育指針」が適用となっている。

　これらの改定を踏まえ，これまで以上に保育サービスの質の向上を図るとともに，安心して子どもを預けることができる環境を整備するため，保育所における第三者評価の改定が行われた。

　なお，地域型保育事業を行う事業所に係る第三者評価については，保育所における第三者評価に準じて行われる。

　また，幼保連携型認可こども園については，自己評価は義務，第三者評価は努力義務である。

（4）社会的養護関係施設の評価

　社会的養護関係施設（「児童養護施設」，「乳児院」，「児童心理治療施設」，「児童自立支援施設」，「母子生活支援施設」）については，その入所理由が複雑で，現在でも子どもやその保護者等が施設を選ぶ仕組みでない「措置制度」をとっている。施設長による親権代行等の規定もあるほか，被虐待児等の増加，また子どもの最善の利益の実現のために，施設運営の質の向上が必要であることから，2012（平成24）年度より，社会的養護関係施設に自己評価及び第三者評価の受審及びその結果の公表が義務づけられた。

　第三者評価については，3か年度に1回以上受審し，その他の年度は第三者評価基準の評価項目に沿った自己評価を行わなければならない。

　第三者評価の結果については，実施した第三者評価機関が評価結果を全国推進組織及び都道府県推進組織に提出し，全国推進組織がその結果を公表することが定められ，併せて都道府県推進組織においても公表することができる。

　また社会的養護関係施設については，他の福祉施設等では必須ではない利用者調査（アンケート）を必ず実施するよう定められていることも大きな特徴といえる。ここでいう利用者とは，「児童養護施設」・「児童心理治療施設」・「児童自立支援施設」では施設に入所している小学校4年生以上の児童，「乳児院」では入所している児童の保護者，「母子生活支援施設」では入所している児童とその母親のことを指す。

3．利用者の権利擁護と苦情解決

（1）権利擁護とは

「権利擁護」という言葉は社会福祉においてさまざまな文脈で用いられている。そのため定義が明確に定まっていないが，平田によれば，

　判断能力の不十分な人々または判断能力があっても従属的な立場におかれている人々の立場に立って，それらの人々の権利行使を擁護し，ニーズの実現を支援すること

である（平田，2015：36）。

　また平田は「権利擁護制度」を狭義と広義に分けて論じている（図10-4）。

●狭義の権利擁護制度

・判断能力が不十分な人に対して，自己決定することを支援すること（自己決定過程の支援）

・自己決定したことを代弁すること（自己決定主張段階の支援）

（平田はこの2つを権利擁護制度の中核に据えるべきと述べている）

●広義の権利擁護制度

・判断能力の有無にかかわらず，従属的な立場に置かれているために権利を実現できない人に対して，自己決定に基づく権利の獲得や権利の回復など権利実現のための支援（自己決定実現段階の支援）

　以下，権利擁護に関わる「成年後見制度」，「未成年後見制度」，「日常生活自立支援事業」，「苦情解決制度」について取り上げる。

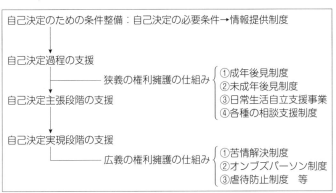

図10-4　権利擁護の仕組みの全体像

出典：平田（2015：117）を筆者が一部改変.

（2）成年後見制度

　認知症，知的障害，精神障害などの理由で判断能力が不十分な人は，不動産や預貯金などの財産を管理したり，自分の身のまわりの世話のために介護

図10-5　成年後見制度のイメージ
出典：法務省民事局パンフレット（2019：1）.

などのサービスや施設への入所に関する契約を結んだりする必要があっても，自らこれらのことをするのが難しい場合が多い。また，自分に不利益な契約であっても十分に判断ができずに契約を結んでしまったり，冷静な判断ができずに被害にあったりすることも少なくない。

　このような判断能力の不十分な人を保護し支援するのが，「民法」によって規定されている成年後見制度である。

　成年後見制度は大きく分けて以下の2つの制度がある。

① 法定後見制度

　法定後見制度は「後見」，「保佐」，「補助」の3つに分かれており，判断能力の程度など支援を受ける人（以降，本人）の事情に応じて制度を選べるようになっている。家庭裁判所によって選ばれた成年後見人等（成年後見人・保佐人・補助人）が，本人の利益を考慮し，本人の代理として契約等の法律行為をしたり，本人が自分で法律行為をするときに同意を与えたり，本人が成年後見人等の同意を得ないで行った不利益な法律行為を後から取り消したりすることで，本人の保護・支援を行う。

② 任意後見制度

　任意後見制度とは，本人に判断能力が十分にあるうちに，将来，判断能力が不十分な状態になった場合に備えて，自らが選んだ代理人（任意後見人）に，自身の生活，療養や看護，財産管理に関する事務等について代理権を与

	後　見	保　佐	補　助
対象となる方	判断能力が欠けているのが通常の状態の方	判断能力が著しく不十分な方	判断能力が不十分な方
申立てをすることができる方	本人，配偶者，四親等内の親族，検察官，市町村長など（注1）		
成年後見人等（成年後見人・保佐人・補助人）の同意が必要な行為	（注2）	民法13条1項所定の行為（注3）（注4）（注5）	申立ての範囲内で家庭裁判所が審判で定める「特定の法律行為」（民法13条1項所定の行為の一部）（注1）（注3）（注5）
取消しが可能な行為	日常生活に関する行為以外の行為（注2）	同上（注3）（注4）（注5）	同上（注3）（注5）
成年後見人等に与えられる代理権の範囲	財産に関するすべての法律行為	申立ての範囲内で家庭裁判所が審判で定める「特定の法律行為」（注1）	同左（注1）

（注1）　本人以外の者の申立てにより，保佐人に代理権を与える審判をする場合，本人の同意が必要になります。補助開始の審判や補助人に同意権・代理権を与える審判をする場合も同じです。

（注2）　成年被後見人が契約等の法律行為（日常生活に関する行為を除きます。）をした場合には，仮に成年後見人の同意があったとしても，後で取り消すことができます。

（注3）　民法13条1項では，借金，訴訟行為，相続の承認・放棄，新築・改築・増築などの行為が挙げられています。

（注4）　家庭裁判所の審判により，民法13条1項所定の行為以外についても，同意権・取消権の範囲とすることができます。

（注5）　日用品の購入など日常生活に関する行為は除かれます。

図10-6　成年後見制度の概要

出典：法務省民事局パンフレット（2019：2）.

える契約（任意後見契約）を，公証人の作成する公正証書で結んでおくものをいう。

（3）未成年後見制度

　未成年者は原則として父母の親権に服し，親権者は未成年者の監護教育（生活環境の整備，未成年者の教育など）や財産管理の方針を決定する権利と義務を負っている。

　しかし，親権者の死亡・行方不明などにより親権者が不在となった場合，それを放置しておくと，未成年者が十分な監護や教育を受けられなかったり，財産が失われてしまったりするおそれがある。また，親権の行使に際して，子の利益を侵害するような場合もある。

　このような場合，親権者に代わり未成年者の監護や教育を行ったり，財産

を管理したりする後見人を家庭裁判所を通じて選任し，未成年者を保護するのが「未成年後見制度」である。

　家庭裁判所が後見人候補者を選任する際は，未成年者の生活や財産の状況，後見人候補者の経歴や未成年者との関係，その他さまざまな事情を考慮するとともに，未成年者のために誠実にその職務を遂行できるかどうかの判断がなされる。

　未成年後見人は，
　　　・未成年者の監護教育，居所の指定，懲戒及び営業許可などについて親
　　　　権者と同一の権利・義務を有する。
　　　・未成年者に財産がある場合，それを管理し，その財産に関する売買・
　　　　贈与・抵当権設定などの法律行為について，未成年者を代理する。
　　　・その職務の遂行にあたって，未成年者の心身の状態及び生活の状況に
　　　　十分に配慮する。
　　　・財産の管理にあたっては，自己の財産を管理する以上に注意を払わな
　　　　ければならない。

　原則として未成年者が成年に達するか婚姻や養子縁組等により後見が終了するまで後見事務を行う。その内容については裁判所に定期的に報告する義務がある。また，保険金の受領や遺産分割など，未成年後見の申し立ての発端となった当初の目的が終了しても，後見人の職務が終了するわけではない。

（4）日常生活自立支援事業（福祉サービス利用援助事業）

　認知症高齢者，知的障害者，精神障害者等のうち判断能力が不十分な人が，地域において自立した生活が送れるように契約に基づいて，福祉サービスの利用援助などを行う事業のことをいう。

　後見制度との違いは，本事業の契約の内容について判断し得る能力を有していると認められる人が利用できるという点と，認知症・知的障害・精神障害の診断の有無にかかわらず利用できる点にある。

　具体的な援助の内容としては，福祉サービス事業所の選択や利用の援助，日常の金銭の支払いの手続きや支払い代行，預金通帳や保険証書などの保管，住民票の届出などがある。

（5）苦情解決制度
① 苦情解決の仕組みの目的

　「社会福祉法」第82条の規定により，サービス提供者は，常に提供するサービスについて，利用者等からの苦情の適切な解決に努めねばならないとさ

れている。そこで，厚生省（現・厚生労働省）は，サービス提供者が自ら苦情解決に積極的に取り組む際の参考として，「社会福祉事業の経営者による福祉サービスに関する苦情解決の仕組みの指針について」（以降，「苦情解決の指針」）（1990（平成12）年6月7日）を定めた。

　その後，介護保険制度，障害保健福祉制度，社会福祉法人制度等の制度改正が行われ，福祉サービスの提供体制も大きく変化したことなどから，「苦情解決の指針」の一部改正がなされた（2017（平成29）年3月7日通知，4月1日より適用）。

　「苦情解決の指針」では「苦情解決の仕組みの目的」として以下のことが定められている。下線部は2017（平成29）年の改正であらたに加えられた項目で，サービス提供者が自己の責務として苦情について適切な対応を行うことが明文化された。

- ・自ら提供するサービスから生じた苦情について，自ら適切な対応を行うことは，社会福祉事業の経営者の重要な責務である。
- ・このような認識に立てば，苦情への適切な対応は，自ら提供する福祉サービスの検証・改善や利用者の満足感の向上，虐待防止・権利擁護の取組の強化など，福祉サービスの質の向上に寄与するものであり，こうした対応の積み重ねが社会福祉事業を経営する者の社会的信頼性の向上にもつながる。
- ・苦情を密室化せず，社会性や客観性を確保し，一定のルールに沿った方法で解決を進めることにより，円滑・円満な解決の促進や事業者の信頼や適正性の確保を図ることが重要である。

② サービス提供者による苦情解決

　「苦情解決の指針」では，福祉サービス事業所内に苦情解決責任者（施設長や理事など）と苦情受付担当者（事業所内職員）を置くこと，またその客観性，公平性を確保するために第三者委員を設置することが定められている。第三者委員とは，サービス提供者の責任において選任された者で，苦情解決を円滑・円満に図ることができ，世間からの信頼性を有する者とされている。例として社会福祉士，民生委員・児童委員，大学教授，弁護士などが挙げられている。

　なお，幼保連携型認定こども園でも同様の体制を整えることが求められている。

③ 運営適正化委員会による苦情解決

　事故などのトラブルが起き，苦情がサービス事業者に寄せられた場合，通

常は利用者・事業者・第三者委員における話し合いで解決を図るが，それでは解決しない場合や事業者の苦情解決体制に直接相談しにくい場合など，利用者は運営適正化委員会に苦情を申し出ることができる。

　運営適正化委員会は，その申し出に対して解決に向けた必要な助言，事情調査などを行う。運営適正化委員会は都道府県社会福祉協議会に設置されている。

　2017（平成29）年3月7日に「運営適正化委員会における福祉サービスに関する苦情解決について」（厚生労働省）が改正され，「対象とする「苦情」の範囲」において，下記に該当する場合は，実質的な苦情解決が困難なものとして，事業の対象として取り扱わないことができることと定められた。

　　　・苦情に係る係争について裁判所で係争中または判決等がなされた場合
　　　・他の苦情解決機関においてすでに受理され審査等が行われている場合
　　　・業務上の過失に該当するか否かの調査の要求を主たる内容とする場合
　　　　など

演習問題

1．福祉サービスの情報発信方法およびその媒体について，利用者，事業者，双方の立場に立って考えてみよう。
2．狭義・広義の権利擁護について身近なケースとしてどのようなものがあるか考えて，話し合ってみよう。
3．福祉サービスにおける実際の苦情を想定し，その対応方法，解決方法を考えて，意見交換してみよう。

引用・参考文献

秋元美世・平田厚（2015）『社会福祉と権利擁護――人権のための理論と実践』有斐閣.

大津家庭裁判所 未成年後見サイト「未成年後見人Q&A」4，5．
　https://www.courts.go.jp/otsu/vc-files/otsu/file/miseinenkouken04QandAall.pdf（2020年8月18日閲覧）

全国社会福祉協議会（2017）「利用者の「安心」「信頼」 職員の「意欲向上」「意識改革」を導く 福祉サービス第三者評価―活用のご案内―」：5，8．
　http://www.shakyo-hyouka.net/panf/fukyu201703.pdf（2020年8月10日閲覧）

独立行政法人福祉医療機構 WAM NET ホームページ
　https://www.wam.go.jp/content/wamnet/pcpub/top/seido_top.html　（2020年8月20日閲覧）

独立行政法人福祉医療機構（2020）「2020年度　独立行政法人福祉医療機構ごあんない」：2.

https://www.wam.go.jp/hp/wp-content/uploads/goannai-2020-full.pdf（2020年8月15日閲覧）

平田厚（2012）『権利擁護と福祉実践活動—概念と制度を問い直す』明石書店.

法務省民事局（2019）パンフレット「いざという時のために知って安心 成年後見制度 成年後見登記制度」：1，2.

http://www.moj.go.jp/content/001287467.pdf（2020年8月21日閲覧）

横浜市健康福祉局地域福祉保健部福祉保健課（2019）「横浜市社会福祉基礎構造改革検討会報告書」：1章2.(2).

https://www.city.yokohama.lg.jp/kurashi/fukushi-kaigo/chiikifukushi/hokenkeikaku/sanko-shiryo/hokoku/mokuji1-2.html#NO2（2020年8月21日閲覧）

（古川　督）

第11章　共生社会の実現と障害者施策

　　今日，高齢者，障害者，子どもなど対象者別の法・制度が整備され，公的支援の充実が図られている。しかし，対象者別の縦割りの関係や，支え手と受け手といった関係を超えた住民主体の地域社会を創っていくことが期待されている。また，障害者とともに生きる共生社会の実現に向けたさまざまな粘り強い，着実な取り組みも求められている。その際，障害や障害者について誤った認識や偏見をもたないように，正しく理解することが必要である。本章では，地域で支え合い，ともに生きる共生社会の実現と障害者施策について学んでいく。

1．ノーマライゼーション・インクルージョンの理念と　共生社会の実現

（1）ノーマライゼーションの理念

　障害者基本法第1条において示されるとおり，我が国においては，「全ての国民が，障害の有無にかかわらず，等しく基本的人権を享有するかけがえのない個人として尊重されるものであるとの理念にのつとり，全ての国民が，障害の有無によって分け隔てられることなく，相互に人格と個性を尊重し合いながら共生する社会を実現する」ことが目指されている。そして，国民はその責務として，同法第8条において，その社会の実現に寄与しなければならないこと，が示されている。つまり，同法第3条および第4条のとおり，障害を理由として差別されることがなく，基本的人権を享有する個人としてその尊厳が重んぜられ，その尊厳にふさわしい生活を保障される権利を有することが前提とされる社会であることが，この地域共生社会の実現には，不可欠となる。こうした法律の根底には，ノーマライゼーションやインクルージョンといった理念の存在がある。

　厚生労働省は，ノーマライゼーションを「障害のある人もない人も，互いに支え合い，地域で生き生きと明るく豊かに暮らしていける社会を目指す」理念として，障害者の自立と社会参加の促進を図っている。

　ノーマライゼーションとは，通常化や普通化，標準化，または等生化とも訳されることがあり，障害のある人もない人も，等しく生活することができる社会への変化，つまり，支援や援助が普通で，当然であり，すべての人が支え合うことを日常とした社会のあり方を意味する。

　ノーマライゼーションの理念は，デンマークにおいて発祥された理念であり，もともとは，1950年代に知的障害児の保護者が，大規模収容施設での生活状況を改善しようとした運動から始まった。この理念は，デンマークの福祉法に盛り込まれ，他ヨーロッパ諸国や北アメリカなどにも影響を与えるようになっていった。こうした活動を経て，スウェーデンのニィリエにより理論として整理され，ノーマライゼーションの原理としてまとめられた。この原理は，劣等処遇の原則の否定を前提に，知的障害者（児）の生活のニーズの充足，生活の場の確保，所得や教育などの保障も意味し，障害をもつ／もたないに関わらない同等の暮らしを可能とするものとなった。

　現在では，ノーマライゼーションの対象は知的障害者だけにとどまらず，その理念は，障害の有無とは関係なく，性別や年令，環境等を超えて，すべての人が，互いに尊重し合い，支え合いながら，差別や社会的排除ではなく，共に豊かに生活を送ることができる社会を目指すものと考えられている。

（2）インクルージョン

　差別や社会的排除を解決し，互いに尊重し，支え合いながら，認め合い，社会生活を保障するための理念として，「インクルージョン」という考え方が存在する。

　「インクルージョン」とは，「包摂」や「包含」，「包み込む」という意味をもつ。その理念は，「ノーマライゼーション」の理念の延長線上にあるものといえる。

　かつて，障害児は養護学級（現・特別支援学級）や養護学校（現・特別支援学校）などで教育を受けることが当たり前とされ，障害をもたない子どもとは異なる教育の場において教育を受けるという暗黙の線引きがなされ，分離されてきた。こうした分離は，子ども同士のつながりと触れ合いの機会が抑えられ，知らないがゆえに相互の理解が進まないこととなり，差別や偏見を生み出してしまう可能性がある。一人ひとりを個別の存在として捉えるのではなく，集団化し，知らない存在としてのみ捉え，見ようとしてしまうことは，障害があるために，学校卒業後に就労することが難しいから社会福祉施設へ入所（通所）したり，地域での自立した生活を送ることが難しいから社会福祉施設へ入所（通所）するというような，地域において通常とは異なる生活様式を押し付けてしまうことにつながるであろう。

　地域共生社会は，障害の有無だけに限らず多様な人によって構成される社会であり，そこで暮らす人々にとって必要とされるサービスが，誰もが利用できる社会資源として地域の中に存在し，地域社会に暮らすすべての人が，互いにその存在を認め合い，尊重し合い，その人らしい暮らしを築いていく

ことができる社会のあり方こそが大切である。

「インクルージョン」の考え方は，1980年代から90年代にかけてヨーロッパにおいて広まってきた。わが国では，2000年に厚生労働省により，「つながり」の再構築の必要性と，孤立や排除，摩擦からすべての人を援護し，健康で文化的な最低限度の生活の実現につなげる社会構成員として，包み支え合うための共生社会の実現に向けた取り組みを目指し，課題として示されてきた。

（3）共生社会の実現

現在，我が国は，「人口減少社会」と呼ばれ，出生数を自然死数が上回った状態が2007年から連続して続いている。出生数は，100万人を割り込み，2020年には80万人台へと減少し続けている。

人口構造の3区分（年少人口（0-14歳），生産年齢人口（15-64歳），老年人口（65歳以上））でみても，年少人口と生産年齢人口が減少し，老年人口の増加が続いており，少子高齢社会がより進んでいる。年少人口や生産年齢人口の減少は，これから先の社会を支える労働力の担い手の減少を意味しており，税や社会保障等の社会経済システムにおいて，大きな影響を与えることとなる。

さらに，人口の都市部への一極集中により，地方における人口減少は急速に進んでおり，将来的に存続できなくなる恐れのある自治体（消滅可能性都市）の存在も問題視されている。少子高齢化がさらに進むことが確実な我が国において，どのように生活圏を持続させるかが重要であり，地域の暮らし方のあり方が，課題となる。たとえば，介護や医療，保健などの公的支援制度の維持，社会的孤立の防止，専門職の人材確保などは喫緊の課題である。急速な高齢化や人口減少の進行は，地域のつながりを弱め，家庭の機能喪失も生じさせている。

地域は，先述したとおり，障害者や高齢者，子どもなど，異なる背景をもつすべての人の生活の基盤であり，安定した暮らしの場所である。しかし，生活課題を抱え，生活圏の維持が困難な状況にある社会では，安心した生活を送ることは難しい。誰もが，自らの生活をよくするために，地域における生活課題を自分にも関係のある，自分自身が解決すべき課題と認識し，互いに支え助け合う社会づくりが重要となる。

我が国では，地域を基盤とした包括的支援体制の構築を目指して，地域住民や地域の多様な主体が参画し，人と人，人と資源が，世代や分野を超えてつながり，一人ひとりの暮らしと生きがい，地域をともに創っていく社会を目指すとして，厚生労働省により「地域共生社会」の実現に向けた取り組み

┌───┐
│　　　　「地域共生社会」の実現に向けて（当面の改革工程）【概要】　　　　│
└───┘

「地域共生社会」とは
　　　　　　　　　　　　　　　平成29年2月7日　厚生労働省「我が事・丸ごと」地域共生社会実現本部決定

◆制度・分野ごとの『縦割り』や「支え手」「受け手」という関係を超えて，地域住民や地域の多様な主体が『我が事』として参画し，人と人，人と資源が世代や分野を超えて『丸ごと』つながることで，住民一人ひとりの暮らしと生きがい，地域をともに創っていく社会

改革の背景と方向性

公的支援の『縦割り』から『丸ごと』への転換	『我が事』・『丸ごと』の地域づくりを育む仕組みへの転換
○個人や世帯の抱える複合的課題などへの包括的な支援 ○人口減少に対応する，分野をまたがる総合的サービス提供の支援	○住民の主体的な支え合いを育み，暮らしに安心感と生きがいを生み出す ○地域の資源を活かし，暮らしと地域社会に豊かさを生み出す

改革の骨格

地域課題の解決力の強化
- 住民相互の支え合い機能を強化，公的支援と協働して，地域課題の解決を試みる体制を整備【29年制度改正】
- 複合課題に対応する包括的相談支援体制の構築【29年制度改正】
- 地域福祉計画の充実【29年制度改正】

地域を基盤とする包括的支援の強化
- 地域包括ケアの理念の普遍化：高齢者だけでなく，生活上の困難を抱える方への包括的支援体制の構築
- 共生型サービスの創設【29年制度改正・30年報酬改定】
- 市町村の地域保健の推進機能の強化，保健福祉横断的な包括的支援のあり方の検討

「地域共生社会」の実現

- 多様な担い手の育成・参画，民間資金活用の推進，多様な就労・社会参加の場の整備
- 社会保障の枠を超え，地域資源（耕作放棄地，環境保全など）と丸ごとつながることで地域に「循環」を生み出す，先進的取組を支援

- 対人支援を行う専門資格に共通の基礎課程創設の検討
- 福祉系国家資格を持つ場合の保育士養成課程・試験科目の一部免除の検討

地域丸ごとのつながりの強化　　　　**専門人材の機能強化・最大活用**

実現に向けた工程

平成29（2017）年：介護保険法・社会福祉法等の改正
◆市町村による包括的支援体制の制度化
◆共生型サービスの創設　など

平成30（2018）年：
◆介護・障害報酬改定：共生型サービスの評価など
◆生活困窮者自立支援制度の強化

平成31（2019）年以降：
更なる制度見直し

2020年代初頭：
全面展開

【検討課題】
①地域課題の解決力強化のための体制の全国的な整備のための支援方策（制度のあり方を含む）
②保健福祉行政横断的な包括的支援のあり方　　　③共通基礎課程の創設　　　等

図11-1　厚生労働省「「地域共生社会」の実現に向けて」

出典：厚生労働省「「地域共生社会」の実現に向けて」。

が示されている（図11-1）。

　この中では，①地域課題の解決力の強化，②地域を基盤とする包括支援の強化，③地域丸ごとのつながりの強化，④専門人材の機能強化・最大活用を改革の骨格として，地域共生社会の実現に向けた取り組みがなされている。すでに，各地域において自治体ベースで，GP（グッドプラクティス）としての取り組みは進められており，24時間体制での保健・医療・介護供給体制を備えた高齢者住宅の整備や，障害者（児）の地域生活支援体制の整備，子育てを支援するためのセーフティネットの整備など，各自治体が抱える生活課題について，解決策の検討とサービスの供給が開始されている自治体も多い。しかしながら，全国的な共通の支援体制の整備には至っておらず，実現のためには，制度を持続させるための支援方策や行政機能の横断的な包括支援の仕組みづくり，サービス提供に関わる人材確保と育成など，社会資源の充実も踏まえた検討すべき課題は多い。人口減少社会となり，地域社会の担い手の減少という課題を抱え，問題が顕在化している我が国において，障

害の有無や年齢，性別などを超えて，すべての人の尊厳が守られ，互いに助け合い協力し，尊重し合える関係性を構築し，自らが課題解決に向けた役割の担い手としての意識のもと，「つながり」を重視した地域社会づくり，すなわち「地域共生社会」の実現が必要とされ，進められている。

（上村裕樹）

2．障害の定義とその理解

　本節では，障害者（児）の福祉を推進するための法律において示されている各障害の定義とその理解に関わる内容について学ぶため，まず，各法律の目的を示し，次に，各障害の定義や理解する上で必要な内容を取り上げる。さらに世界保健機関（WHO）が定めた国際的な障害分類の概念規定について取り上げる。

(1) 障害者基本法

　障害者基本法は，1970（昭和45）年に制定された「心身障害者対策基本法」を1993（平成5）年に改正したもので，直近に改正された法律は2016（平成28）年4月から施行されている。

　第1条に目的として「この法律は，全ての国民が，障害の有無にかかわらず，等しく基本的人権を享有するかけがえのない個人として尊重されるものであるとの理念にのつとり，全ての国民が，障害の有無によつて分け隔てられることなく，相互に人格と個性を尊重し合いながら共生する社会を実現するため，障害者の自立及び社会参加の支援等のための施策に関し，基本原則を定め，及び国，地方公共団体等の責務を明らかにするとともに，障害者の自立及び社会参加の支援等のための施策の基本となる事項を定めること等により，障害者の自立及び社会参加の支援等のための施策を総合的かつ計画的に推進することを目的とする」と規定している。

　第2条で障害者の定義と，社会的障壁について記載されている。障害者の定義として，「身体障害，知的障害，精神障害（発達障害を含む。）その他の心身の機能の障害（以下「障害」と総称する。）がある者であつて，障害及び社会的障壁により継続的に日常生活又は社会生活に相当の制限を受ける状態にあるものをいう」としている。また，社会障壁として，「障害がある者にとつて日常生活又は社会生活を営む上で障壁となるような社会における事物，制度，慣行，観念その他一切のものをいう」としている。

　また，地域社会との共生等を図るために第3条で，「全て障害者は社会を構成する一員として社会，経済，文化その他あらゆる分野の活動に参加する

機会が確保されること」や，「可能な限り，どこで誰と生活するかについての選択の機会が確保され，地域社会において他の人々と共生することを妨げられないこと」，「可能な限り，言語（手話を含む。）その他の意思疎通のための手段についての選択の機会が確保されるとともに，情報の取得又は利用のための手段についての選択の機会の拡大が図られる」ことが明記されている。また，第4条で，障害者に対して，「障害を理由として，差別することその他の権利利益を侵害する行為をしてはならない」ことや「社会的障壁の除去は，それを必要としている障害者が現に存し，かつ，その実施に伴う負担が過重でないときは，それを怠ることによつて前項の規定に違反することとならないよう，その実施について必要かつ合理的な配慮がされなければならない」ことが規定されている。

　さらに，障害者対策に関する新長期計画が，第11条に基づく障害者基本計画に位置づけられるとともに，「障害者が生活機能を回復し，取得し，又は維持するために必要な医療の給付及びリハビリテーションの提供を行うよう必要な施策を講じなければならない」（第14条第1項）ことや，「障害者が，その年齢及び能力に応じ，かつ，その特性を踏まえた十分な教育が受けられるようにするため，可能な限り障害者である児童及び生徒が障害者でない児童及び生徒と共に教育を受けられるよう配慮しつつ，教育の内容及び方法の改善及び充実を図る等必要な施策を講じなければならない」（第16条第1項）というインクルーシブ教育の推進，障害者の多様な就業の機会の確保，障害者の優先雇用その他の施策の推進などが規定されている。

（2）身体障害者福祉法

　1949（昭和24）年に制定された法律で，第1条で「この法律は，障害者の日常生活及び社会生活を総合的に支援するための法律と相まつて，身体障害者の自立と社会経済的活動への参加を促進するため，身体障害者を援助し，及び必要に応じて保護し，もつて身体障害者の福祉の増進を図ることを目的とする」と規定している。

　第4条で，「この法律において『身体障害者』とは，別表に掲げる身体上に障害がある18歳以上の者であつて，都道府県知事から身体障害者手帳の交付を受けたものをいう」と定義されている。別表には，視覚障害，聴覚又は平衡機能の障害，音声機能，言語機能又はそしゃく機能の障害，肢体不自由，心臓，じん臓若しくは呼吸器又はぼうこう若しくは直腸，小腸，ヒト免疫不全ウイルスによる免疫の機能の障害が掲げられており，障害の程度により1級から7級まで区分されている。

　身体障害者手帳は，医師の診断書を添えて本人または保護者が，居住地の

都道府県知事（政令指定都市市長または中核市市長）に交付申請することにより，別表に該当すると判断された場合に交付されることになっている。

（3）知的障害者福祉法

1960（昭和35）年に，精神薄弱者福祉法として制定された法律で，1999（平成11）年に知的障害者福祉法と名称が変更された。第1条で「この法律は，障害者の日常生活及び社会生活を総合的に支援するための法律と相まつて，知的障害者の自立と社会経済活動への参加を促進するため，知的障害者を援助するとともに必要な保護を行い，もつて知的障害者の福祉を図ることを目的とする」と規定している。

また，「すべての知的障害者は，その有する能力を活用することにより，進んで社会経済活動に参加するよう努めなければならない」ことや，「すべての知的障害者は，社会を構成する一員として，社会，経済，文化その他あらゆる分野の活動に参加する機会を与えられるものとする」ことが第1条の2に規定されている。

知的障害者の定義については，知的障害者福祉法には規定されていないが，2000（平成12）年に厚生労働省が実施した知的障害児（者）の基礎調査において，「知的機能の障害が発達期（おおむね18歳まで）にあらわれ，日常生活に支障が生じているため，何らかの特別の援助を必要とする状態にあるもの」と定義されている。

知的障害者には療育手帳が交付されるが，本人または保護者が居住地の市町村に申請することで，18歳未満の児童については児童相談所が，18歳以上の者については知的障害者更生相談所が，障害の程度の判定を行い，それに基づき都道府県知事または指定都市市長から療育手帳が交付されることになっている。

（4）精神保健及び精神障害者福祉に関する法律（精神保健福祉法）

1950（昭和25）年に，精神衛生法として制定された法律で，途中名称変更を経て，1995（平成7）年に現在の名称となった。第1条で「この法律は，精神障害者の医療及び保護を行い，障害者の日常生活及び社会生活を総合的に支援するための法律と相まつてその社会復帰の促進及びその自立と社会経済活動への参加の促進のために必要な援助を行い，並びにその発生の予防その他国民の精神的健康の保持及び増進に努めることによつて，精神障害者の福祉の増進及び国民の精神保健の向上を図ることを目的とする」と掲げられている。

精神障害者の定義は，第5条で「統合失調症，精神作用物質による急性中

毒又はその依存症，知的障害，精神病質その他の精神疾患を有する者をいう」と規定されている。

　精神障害者保健福祉手帳は，第45条に規定されていて，精神障害者（知的障害者を除く）が，居住地の都道府県知事に交付申請することになっているが，他の手帳と同様に市町村の窓口を通じて申請することで，精神保健福祉センターで精神疾患の状態と能力障害の状態の両面から総合的に判断され，1級から3級の手帳が都道府県知事（政令指定都市市長）から交付される。

（5）発達障害者支援法

　2004（平成16）年12月に制定された法律で，第1条で「この法律は，発達障害者の心理機能の適正な発達及び円滑な社会生活の促進のために発達障害の症状の発現後できるだけ早期に発達支援を行うとともに，切れ目なく発達障害者の支援を行うことが特に重要であることに鑑み，（中略）発達障害を早期に発見し，発達支援を行うことに関する国及び地方公共団体の責務を明らかにするとともに，学校教育における発達障害者への支援，発達障害者の就労の支援，発達障害者支援センターの指定等について定めることにより，発達障害者の自立及び社会参加のためのその生活全般にわたる支援を図り，もって全ての国民が，障害の有無によって分け隔てられることなく，相互に人格と個性を尊重し合いながら共生社会の実現に資することを目的とする」と規定している。

　発達障害者の定義としては，第2条第1項で「自閉症，アスペルガー症候群その他の広汎性発達障害，学習障害，注意欠陥多動性障害その他これに類する脳機能の障害であってその症状が通常低年齢において発現するものとして政令で定めるものをいう」と規定されている。

　また，第2条第2項で「発達障害者」とは，発達障害を有するために日常生活または社会生活に制限を受けるものをいい，「発達障害児」とは，発達障害者のうち18歳未満のものをいう，と規定されている。

　さらに，第14条で，都道府県知事（政令指定都市市長）は，発達障害者支援センターに次の業務を行わせ，または自ら行うことができるとしている。

　　① 発達障害の早期発見，早期の発達支援等に資するよう，発達障害者及びその家族その他の関係者に対し，専門的に，その相談に応じ，または情報の提供若しくは助言を行うこと。

　　② 発達障害者に対し，専門的な発達支援及び就労の支援を行うこと。

　　③ 医療，保健，福祉，教育・労働等に関する業務を行う関係機関及び民間団体並びにこれに従事する者に対し発達障害についての情報の提供及び研修を行うこと。

④　発達障害に関して，医療，保健，福祉，教育，労働等に関する業務を行う関係機関及び民間団体との連絡調整を行うこと。

⑤　①～④に掲げる業務に附帯する業務

なお，発達障害者支援法では手帳制度がないことから，本人や家族が希望し，療育手帳や精神保健福祉手帳の交付基準に該当する場合は，それぞれの手帳が交付されることになっている。

（6）児童福祉法

1947（昭和22）年に制定された法律で，障害児については，第4条第2項で「身体に障害のある児童，知的障害のある児童，精神に障害のある児童（発達障害者支援法に規定する発達障害児を含む。）又は治療方法が確立していない疾病その他の特殊の疾病であつて障害者の日常生活及び社会生活を総合的に支援するための法律の政令で定めるものによる障害の程度が同項の厚生労働大臣が定める程度である児童」と規定している。

障害児を対象とした福祉サービスは，第6条の2の2で障害児通所支援が，第7条第2項で障害児入所支援が規定されている。障害者総合支援法を含めた障害児福祉サービスについては表11-1のとおりである。

（7）世界保健機関（WHO）が定めた国際的な障害分類の概念規定

世界保健機関（WHO）が定めた国際的な障害分類の概念規定としては，1980年に発表した「国際障害分類（ICIDH）」（図11-2）がある。病気や変調によって自分の身体を思ったように自由に動かすことができない状態になった場合，機能や形態面での障害が生じてしまう。たとえば，脳血管障害を患ってしまうと，手足がうまく動かない，しびれている感覚がある，ろれつが回らずうまくしゃべることができない，ものをうまく見ることができないなどのさまざまな症状があらわれる。これらの能力障害が生じたことによって，歩くことや話すことが自由に思うようにできなくなってしまう。この結果，社会での活動や社会参加が制限されてしまい，社会的な不利につながってしまうという考えに基づくものであった。

しかし，これは疾患・変調，機能・形態障害，能力障害，社会的不利というように矢印が一方向で示されており，医学モデルとしては理解することができるが，環境的側面や個人的側面の要素が考慮されていないことなどから，2001年に障害は個人と社会の相互作用で生じるという社会モデルを取り入れた「国際生活機能分類（ICF)）」（図11-3）に変更された。心身機能や環境の状況を，それぞれがどのように関わりあっているのか，どこを改善すれば生活機能がよりよい状況になるのか，という視点で考えるものになった。

表11‐1　障害児が利用可能なサービス

		サービス名
訪問系	居宅介護（ホームヘルプ）	自宅で，入浴，排せつ，食事の介護等を行う。
	同行援護	重度の視覚障害のある人が外出する時，必要な情報提供や介護を行う。
	行動援護	自己判断能力が制限されている人が行動するときに，危険を回避するために必要な支援，外出支援を行う。
	重度障害者等包括支援	介護の必要性がとても高い人に，居宅介護等複数のサービスを包括的に行う。
日中活動系	短期入所（ショートステイ）	自宅で介護する人が病気の場合などに，短期間，夜間も含め施設で，入浴，排せつ，食事の介護等を行う。
障害児通所系	児童発達支援	日常生活における基本的な動作の指導，知識技能の付与，集団生活への適応訓練などの支援を行う。
	医療型児童発達支援	日常生活における基本的な動作の指導，知識技能の付与，集団生活への適応訓練などの支援及び治療を行う。
	放課後等デイサービス	授業の終了後又は休校日に，児童発達支援センター等の施設に通わせ，生活能力向上のための必要な訓練，社会との交流促進などの支援を行う。
	保育所等訪問支援	保育所等を訪問し，障害児に対して，障害児以外の児童との集団生活への適応のための専門的な支援などを行う。
障害児入所系	福祉型障害児入所支援	施設に入所している障害児に対して，保護，日常生活の指導及び知識技能の付与を行う。
	医療型障害児入所支援	施設に入所又は指定医療機関に入院している障害児に対して，保護，日常生活の指導及び知識技能の付与並びに治療を行う。
相談支援系	計画相談支援	【サービス利用支援】 ・サービス申請に係る支給決定前にサービス等利用計画案を作成 ・支給決定後，事業者等と連絡調整を行い，サービス等利用計画を作成 【継続利用支援】 ・サービス等の利用状況等の検証（モニタリング） ・事業所等と連絡調整，必要に応じて新たな支給決定等に係る申請の勧奨
	障害児相談支援	【障害児利用援助】 ・障害児通所支援の申請に係る給付決定の前に利用計画案を作成 ・給付決定後，事業者等と連絡調整等を行うとともに利用計画を作成 【継続障害児支援利用支援】

出典：厚生労働省「障害児支援について」（平成27年9月9日）の資料に基づき著者作成.

　たとえば，(1)健康状態に変調／病気が生じたとしても，医師や看護師と連携することにより活動や社会参加することができるようになる，(2)心身機能や身体構造に課題があったとしても，機能回復訓練や模擬動作訓練を行うことによって活動や社会参加することができるようになる，(3)日常生活の自立

図11-2 国際障害分類（ICIDH）（1980年版）

出典：世界保健機関（WHO）資料に基づき筆者作成。

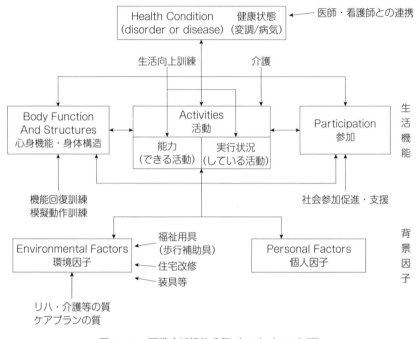

図11-3 国際生活機能分類（ICF）（2001年版）

出典：世界保健機関（WHO）資料に基づき筆者作成.

を助けるために必要なリハビリテーションを行う生活向上訓練や介護を行うことで活動がしやすくなり，社会参加ができるようになる，(4)社会参加を促進・支援することで積極的な社会参加につながることになる，(5)福祉用具を使用したり，住宅改修を行うことで住環境を改善することができ，車いすでの生活をすることが可能となり，外出もしやすくなることで行動範囲が広がり，積極的に社会参加ができるようになる。以上のように生活機能という面に着目している。このため各要素の矢印の方向が一方向ではなく双方向（相互作用）でつながっている。

　この「国際生活機能分類」の考え方を障害児・者への対応だけではなく，子ども虐待などの課題をかかえた子どもや家族の支援の一手法として用いている児童相談所もある。ソーシャルワークは人・環境・環境と人の接点の3者に働きかけるが，どのように相互作用が生じているのか，現在の状態はど

うか，今，起こっていることのリスク要因は何か，どのような行動が生じているのか，それぞれの関係性はどうなっているのか，親子が，親戚が，社会や取り巻く環境など環境因子や個人因子はどのようになっているのかを把握し，それぞれの相互作用を見極めて相談援助を行っている。

（寅屋壽廣）

3．障害者施策の動向と展開

（1）近代までの障害者（児）への対応

　わが国の障害者（児）に関する記述として残っているものに蛭子伝説がある。古事記には，不具の子どもが生まれたため，葦で作った船に乗せてその子を海に流したことや，日本書紀には，3歳になってもなお脚で立てなかったため，クスノキで作った船に乗せて流したことが記述されている。

　また，民間伝説として福子伝説がある。障害児が生まれるとその家は繁栄するというもので，その子を育てるために家族全員が力を合わせて働くことによって家が繁栄していくという結果につながったことからこの説が生まれたものと思われる。

　なお，目の不自由な人については，鎌倉時代の琵琶法師をはじめ，あんま，はり，灸などの仕事につき活躍していたことが明確となっている。

　障害者（児）に対して教育が施されたのは明治時代に入ってからで，古川太四郎が1875（明治8）年に京都で盲聾教育を開始し，1878（明治11）年に京都盲啞院を設立し，視覚障害児教育，聴覚障害児教育に取り組んだ。その後，明治中期から大正期にかけて全国各地に「盲啞院」が設立されていくこととなる。

（2）障害者施策の動向
① 障害者（児）に対する福祉向上のための法制定の経緯

　わが国の障害者施策が本格的に実施されるようになったのは，第二次世界大戦後（以下，「戦後」という）である。最初の法律は1949（昭和24）年に制定された身体障害者福祉法で，身体障害者の自立と社会参加を目指したものである。しかし，GHQ（連合国軍最高司令官総司令部）から，再び国民を戦争に駆り出すための法律ではないかとの懸念をもたれたため，1947（昭和22）年の児童福祉法から2年遅れての制定となった。

　一方，児童福祉法は，戦災孤児や浮浪児を対象としたものではなく，すべての児童を対象とする法律として制定されたもので，障害児に対する施設として，精神薄弱児施設（現：障害児入所施設），療育施設（現：障害児入所

施設）が，障害児のための施設として位置付けられた。

　しかし，精神薄弱者に対する施設がなかったため，精神薄弱児施設で年齢超過児への対応問題が生じることとなった。このため，1960（昭和35）年に18歳以上の者を対象とする施設整備や一貫した精神薄弱児・者に対する支援を図ることを目的とした精神薄弱者福祉法（現：知的障害者福祉法）が公布された。

　また，精神障害者に対しては，1950（昭和25）年に精神衛生法（現：精神保健及び精神障害者福祉に関する法律）が公布され，適切な医療と保護の提供が行われることとなった。

　さらに，各省庁が所管する障害者関連の個別の法律を指導する基本的な法律として，1970（昭和45）年に心身障害者対策基本法（現：障害者基本法）が公布された（福祉の動向は表11 - 2参照）。

② 国際的な動き

　国際的な動きとしては，1959年にデンマークでノーマライゼーションの理念が提唱され，1971（昭和46）年に国連で「知的障害者の権利宣言」が，1975（昭和50）年に国連で「障害者の権利に関する宣言」がそれぞれ採択された。さらに1981（昭和56）年を国際障害者年（テーマ：完全参加と平等）と定め，翌1982（昭和57）年に「障害者に関する世界行動計画」を採択し，翌1983（昭和58）年からの10年間を「国連・障害者の十年」として取り組むことになった。この10年間が終了した後，国連アジア太平洋経済社会委員会（ESCAP）による1993（平成4）年からの「アジア太平洋障害者の十年」が，さらに2003（平成15）年からの「第2次アジア太平洋障害者の十年」，2013（平成25）年からの「第3次アジア太平洋障害者の十年」の決議が採択され引き続き取り組まれている。

　一方，わが国では1973（昭和48）年と1979（昭和54）年の二度のオイルショックの影響を受け，全般的に福祉の施策が後退することになった。しかし，障害者施策については「国際障害者年」などの国際的な動きを受けて，1982（昭和57）年に「障害者対策に関する長期計画」を政府が初めて策定した。さらに1992（平成4）年に，兵庫県や大阪府が高齢者や障害者をはじめ，すべての人々がひとりの人間として等しく社会参加の機会をもつことにより自己実現を果たせる社会の構築をめざして「福祉のまちづくり条例」を制定するなど，障害者の社会参加を促進するための施策をはじめとする障害者施策は，後退することなく少しずつではあるが前進していくこととなる。

表11−2　障害者・児の福祉の動向

国際的な動き	わが国の動き
1948年　国連「世界人権宣言」	1947年　児童福祉法 1949年　身体障害者福祉法
1950年　国連「身体障害者の社会リハビリテーション」	1950年　精神衛生法公布（1987年「精神保健法」，1995年「精神保健及び精神障害者福祉に関する法律」に改正）
1959年　デンマーク「1995年法」制定・ノーマライゼーション理念の提唱	1951年　社会福祉事業法（2000年「社会福祉法」に改正） 1960年　精神薄弱者福祉法（1999年「知的障害者福祉法」に改正） 　　　　身体障害者雇用促進法 1970年　心身障害者対策基本法（1993年「障害者基本法」に改正）
1971年　国連「知的障害者の権利宣言」	
1975年　国連「障害者の権利に関する宣言」	
1979年　国連「国際障害者年行動計画」	1979年　養護学校教育の義務制を実施
1981年　国際障害者年（テーマ「完全参加と平等」）	1981年　国際障害者年実施
1982年　国連「障害者に関する世界行動計画」「障害者に関する世界行動計画の実施」	1982年　「障害者対策に関する長期計画」決定
1983年　「国連・障害者の十年」開始年（〜1992年まで）	1987年　精神保健法に改正
1989年　国連「児童の権利に関する条約」	
1992年　「アジア太平洋障害者の十年」（1993年〜2002年まで）	
1993年　国連「障害者の機会均等化に関する標準規則」	1993年　「障害者対策に関する新長期計画」策定 　　　　障害者基本法に改正 1995年　精神保健及び精神障害者福祉に関する法律に改正 　　　　「障害者プラン（ノーマライゼーション7か年戦略）策定（〜2002年度末まで） 1997年　介護保険法 1999年　知的障害者福祉法に改正 2000年　社会福祉法
2002年　「第2次アジア太平洋障害者の十年」（2003〜2012年まで）	2002年　身体障害者補助犬法 2003年　身体障害者及び知的障害者の福祉サービス，「措置制度」から「支援費制度」に移行 　　　　「障害者基本計画」「障害者プラン」策定 2004年　障害者基本法改正，発達障害者支援法 2005年　障害者自立支援法
2006年　国連「障害者権利条約」	2007年　「障害者権利条約」署名
2008年　国連「障害者権利条約」の効力発生	2011年　障害者基本法改正，障害者虐待防止法
2012年　「第3次アジア太平洋障害者の十年」（2013〜2022年）	2013年　障害者総合支援法施行 　　　　障害を理由とする差別の解消の推進に関する法律成立（2016施行） 　　　　障害者基本計画（第3次）決定（〜2017年度末まで） 2014年　障害者権利条約批准・発効 2018年　障害者基本計画（第4次）決定（〜2022年度末まで） 2020年　聴覚障害者等に対する電話の利用の円滑化に関する法律

出典：厚生労働省「令和2年版　障害者白書」，外務省「障害者を巡る国際的な動き」（平成27年）を参考に筆者作成.

③ 介護保険法制定に伴う障害者施策の動き

　高齢化の進行に伴う要介護高齢者の増加に対処するため，家族の介護負担を社会全体で支える介護の社会化の仕組みづくりや要介護者の自立支援，自分で利用したいサービスを選択し決定する自己選択，自己決定の導入，措置制度から利用契約制度への変更，社会保険方式の導入などを柱とする介護保険制度が1997（平成9）年に成立し，2000（平成12）年4月から施行されることになった。

　障害福祉分野においても財源が厳しいこと，障害児・者ともに介護が必要であることなどから，身体障害者福祉審議会（現：社会保障審議会）から1999（平成11）年に出された「今後の身体障害者施策の在り方について」のなかで「若年の身体障害者に対する介護サービスについては，介護保険制度と遜色のないサービス水準の確保」が必要であると明記された。

　介護保険制度と遜色のないものにするためには，障害福祉サービスの利用促進を図ることが喫緊の課題であったことから，措置制度を廃止し身体障害者（児），知的障害者（児）が，その必要に応じて市町村から各種の情報提供や適切なサービス選択のための相談支援を受け，利用するサービスの種類ごとに支援費の支給を受けて，事業者と対等な関係に基づき契約し，サービスを利用できる支援費制度が2003（平成15）年4月から導入されることになった。

　このように支援費制度は，障害者の自己選択・自己決定を前提としたノーマライゼーションの実現を目指す，社会福祉基礎構造改革の理念に基づいた制度であった。この制度の導入に伴い，各事業者は自分のところが提供するサービスを利用者が選択し，契約してくれることが必要となったことから，利用者は事業者と対等な関係となっていった。

　介護保険制度と遜色のないものとするため，利用者の掘り起こしを積極的に行い，福祉サービスの利用の促進を図ったことからサービスが多く活用され財源不足が生じてしまったこと，支援費制度では精神障害者が対象ではなかったこと，入所施設から地域生活への移行が進まなかったこと，サービスの提供体制が不十分な自治体も多く，必要とする人々すべてにサービスが行き届いていないことなどの課題が生じ，これを解決するために，障害者自立支援法（現：障害者総合支援法）が2005（平成17）年10月に成立し，2006（平成18）年10月から全面的に施行された。

　障害のある人の自立を支えるために，① 障害の種別（身体障害・知的障害・精神障害）にかかわらず，障害のある人々が必要とするサービスを利用できるよう，サービスを利用するための仕組みを一元化し，施設・事業を再編，② 障害のある人々に，身近な市町村が責任をもって一元的にサービス

を提供，③サービスを利用する人々もサービスの利用料と所得に応じた負担を行うとともに，国と地方自治体が責任をもって費用負担を行うこと，④就労支援を抜本的に強化，⑤支給決定の仕組みを透明化，明確化することが施策のポイントとして示された。

　しかし，サービスの支給量を決める区分として介護保険制度に準じた医学的な「障害程度区分」が用いられていたため，知的障害のある人にとっては適切でない部分もあった。たとえば信号を無視して勝手に走って道路を横断するような人の場合，その人は歩くことができる，走ることができる，自由に行動できるという評価になってしまい，介護は不要という結果が出てしまうことになる。すなわち介護者にとっては勝手に走り出さないようにするためにしっかりと介護しなければならないが，それが評価されないということである。

　これらのことも含めて障害者団体等からの反対意見が多く寄せられたことから，法律を見直し，2012（平成24）年に，障害者の日常生活及び社会生活を総合的に支援するための法律（障害者総合支援法）に改正され，翌年から施行された。

④ 障害者の日常生活及び社会生活を総合的に支援するための法律（障害者
　総合支援法）

　第1条の目的が，「この法律は，障害者基本法の基本的な理念にのっとり，身体障害者福祉法，知的障害者福祉法，精神保健及び精神障害者福祉に関する法律，児童福祉法その他障害者及び障害児の福祉に関する法律と相まって，障害者及び障害児が基本的人権を享有する個人としての尊厳にふさわしい日常生活又は社会生活を営むことができるよう，必要な障害福祉サービスに係る給付，地域生活支援事業その他の支援を総合的に行い，もって障害者及び障害児の福祉の推進を図るとともに，障害の有無にかかわらず国民が相互に人格と個性を尊重し安心して暮らすことのできる地域社会の実現に寄与することを目的とする」に改められ，障害者基本法の理念を継承するものとなっている。

　さらに第1条の2として，「障害者及び障害児が日常生活又は社会生活を営むための支援は，全ての国民が，障害の有無にかかわらず，等しく基本的人権を享有するかけがえのない個人として尊重されるものであるとの理念にのっとり，全ての国民が，障害の有無によって分け隔てられることなく，相互に人格と個性を尊重し合いながら共生する社会を実現するため，全ての障害者及び障害児が可能な限りその身近な場所において必要な日常生活又は社会生活を営むための支援を受けられることにより社会参加の機会が確保され

ること及びどこで誰と生活するかについての選択の機会が確保され，地域社会において他の人々と共生することを妨げられないこと並びに障害者及び障害児にとって日常生活又は社会生活を営む上で障壁となるような社会における事物，制度，慣行，観念その他一切のものの除去に資することを旨として，総合的かつ計画的に行われなければならない」ことが基本理念として新たに規定された。

このように障害者総合支援法では，

① 法に基づく日常生活・社会生活の支援が，共生社会を実現するため，社会参加の機会の確保及び地域社会における共生，社会的障壁の除去に資するよう，総合的かつ計画的に行われることを法律の基本理念として新たに掲げられたこと。

② 障害者の範囲（障害児の範囲も同様に対応）についても「制度の谷間」を埋めるために新たに難病等を加えたこと。

③ 「障害程度区分」を改め，障害の多様な特性その他の心身の状態に応じて必要とされる標準的な支援の度合いを総合的に示す「障害支援区分」に改めたこと（障害支援区分の認定が知的障害者・精神障害者の特性に応じて行われるよう，区分の認定に当たっては適切な配慮等を行う）。

④ 障害者に対する支援として，㋐重度訪問介護の対象拡大（重度の肢体不自由者等であって常時介護を要する障害者として厚生労働省令で定めるものとする），㋑共同生活介護（ケアホーム）の共同生活援助（グループホーム）への一元化，㋒地域移行支援の対象拡大（地域における生活に移行するため重点的な支援を必要とする者であって厚生労働省令で定めるものを加える），㋓地域生活支援事業の追加（障害者に対する理解を深めるための研修や啓発を行う事業，意思疎通支援を行う者を養成する事業等）を行うこと。

⑤ サービス基盤の計画的整備として，㋐障害福祉サービス等の提供体制の確保に係る目標に関する事項及び地域生活支援事業の実施に関する事項についての障害福祉計画の策定，㋑基本指針・障害福祉計画に関する定期的な検証と見直しを法定化，㋒市町村は障害福祉計画を作成するに当たって，障害者等のニーズ把握等を行うことを努力義務化，㋓自立支援協議会の名称について，地域の実情に応じて定められるよう弾力化するとともに，当事者や家族の参画を明確化すること

を内容とするものに改められた。

障害者総合支援法に基づくサービス体系は図11-4のとおりである。

（寅屋壽廣）

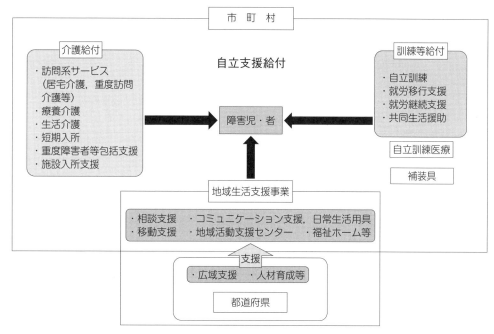

図11-4　障害者総合支援法に基づくサービス体系

出典：厚生労働省資料に基づき筆者作成.

演習問題

1. 「地域共生社会」の実現に向けた地方自治体の取り組みについて，実際の事例を調べてみよう。
2. 身体障害者をはじめとする障害者がそれぞれどの程度いるか調べてみよう。
3. 障害者総合支援法に記載されている社会的障壁とは何か，考えられるものをすべて挙げてみよう。

引用・参考文献

ベンクト・ニイリエ著，河東田博他訳（2004）『ノーマライゼーションの原理——普遍化と社会変革を求めて』現代書館。

三重野卓（2004）『「生活の質」と共生』白桃書房。

井村圭荘・今井慶宗編著（2019）『福祉の基本体系シリーズ　社会福祉の拡大と形成』勁草書房。

内閣府（2017）『平成29年版　障害者白書』勝美印刷。

厚生労働統計協会（2020）『国民の福祉と介護の動向　2020/2021』

志濃原亜美編（2020）『社会福祉』みらい。

相澤譲二・杉山博昭編（2020）『八訂　保育士をめざす人の社会福祉』みらい。

橋本好市・宮田徹（2019）『保育と社会福祉　第3版』みらい。

第12章　日本の社会福祉の歴史的変遷

　　現在の日本の社会福祉制度は，第二次世界大戦終戦後の民主化政策の一環とし
て，日本国憲法を基盤として確立されたものである。しかしながら，社会福祉制
度および社会福祉実践の活動は，終戦時から突如として始まったものではなく，
それらの元となる制度や実践があった。本章では，明治から昭和の社会事業（慈
善事業を含む）を経て戦後の社会福祉制度が確立するまでの，日本の社会福祉の
歴史的変遷について学ぶことにする。

1. 明治から昭和までの制度的変遷

　明治から第二次世界大戦終戦までは，いわば社会事業の時代であって，こ
の時代の恤救規則および救護法は，救貧法と呼ばれるものであった。この救
貧法による制度では，国の責任は明示されておらず，対象者を限定する点で
現在の公的扶助や社会福祉制度とは大きく異なっている。ここでは恤救規則
と救護法について詳述する。

（1）恤救規則
　恤救規則は明治政府によって制定された公的救貧制度（公的扶助制度）
の一つで，日本最初の社会福祉法（英国の救貧法に相当）である。1874（明
治7）年に定められた「恤救規則」では，その対象者を極貧の児童，障害者，
高齢者などの「無告の窮民」（身寄りがない生活困窮者の意）とし，対象と
なる者には，最初は米を年七斗（約98kg）支給し，後に金銭を支給する形
式に変わった。身寄りがある者や労働が可能な者は対象にならないなど非常
に限定的であり，原則的には明治政府はこのような生活困窮者の救済は地縁
（地域社会）や血縁（親族）による相互扶助で行うべきという消極的な姿勢
であった。
　また，明治政府はこの制度よりも前の1871（明治4）年，棄児養育米給与
方という制度を制定している。この制度は棄児（捨て子）を養育する者に米
七斗を支給するという内容で，対象は15歳になるまでの子どもであった。江
戸時代から特に農村部では捨て子や堕胎が多かったことから，明治政府がこ
れに対応したものであるが，基本的な方針は恤救規則同様，地縁，血縁によ
る相互扶助を優先するものであった。

（2）「恤救規則」から「救護法」へ

　1929（昭和4）年になると、「恤救規則」に代わって「救護法」が制定された。その背景には、第一次世界大戦後の経済的不況、関東大震災、世界恐慌などの国民の生活に悪影響を及ぼした事象があった。対象者は65歳以上の老衰者、13歳以下の児童、妊産婦、障害者などの生活困窮状況にある者である。恤救規則と大きく違う点としては、救護機関、救護内容、救護施設等が規定されたことである。これらは第二次世界大戦後の生活保護法に引き継がれている。一方で、扶養可能な親族がいたり、労働能力がある者は制度の対象外となるなど制限があった点では、恤救規則と大きく変わらなかった。

2．社会事業を行った篤志家たち

　明治時代以降に制定された救貧法やその他の公的社会事業では対象者が限定され、地縁や血縁による相互扶助が期待されていた。そのため、実際に法律が適用される者は少なく、困窮した生活を送る社会的弱者が多くおり、大正時代には経済的不況が重なり、低所得の労働者層も増えていった。そのような社会的弱者に対して献身的に社会事業を行い、支えたのが篤志家と呼ばれる民間人だった。

（1）「児童福祉の父」石井十次

　石井十次（1865-1914）は、現在の宮崎県で武士の家に生まれた。最初は医者を目指し、岡山県に移住し、キリスト教に入信、1887（明治20）年に最初の孤児を預かると、孤児養育事業を開始し、岡山市内で孤児教育会を設立、後に岡山孤児院とした。その後も濃尾地震、日露戦争、東北地方の大飢饉などでも多くの孤児を無制限に引き取り、岡山孤児院の児童数は1000人以上に達し、手狭になったので、1912（大正元）年まで

▶石井十次

に孤児院を故郷である宮崎県の茶臼原に移転させた。石井十次の実践は「岡山孤児院十二則」に代表されるが、たとえば、現在でいう小舎制（家族主義）、体罰を行わない（非体罰主義）、里親を積極的に探す（委託主義）など、現代の児童養護に通じる先進的な養育を明治時代から行っていたことは特筆すべき点である。彼の実践は同時代とその後の孤児養育に多大な影響を与え、「児童福祉の父」とも称される。また同時代の孤児院としては、近代日本最初の孤児院とされる日田養育館や岩永マキ（1849-1920）による浦上養育院が知られている。

このように，民間の篤志家に支えられた孤児養育事業は現在では児童福祉法上の児童養護施設に位置づけられている。

（2）知的障害児教育・福祉の基盤を築いた石井亮一

石井亮一（1867-1937）は，現在の佐賀市に生まれ，立教大学に進学し，キリスト教徒となる。その後，立教女学校で教職に就いたが，1891（明治23）年に濃尾地震が発生すると自ら被災地に出向いて孤児救済にあたり，20人以上の女児を東京に連れて帰り，聖三一孤女学院を設立した。これらの孤児の中に知的障害児がおり，当時，日本ではまだ知的障害に関する研究が進んでいなかったこともあって，アメリカへ留学し知的障害児教育について学んだ。帰国後，学院を滝乃川学園に改称し，知的障害児教育・福祉を実践，日本におけるこの分野の先駆者となった。亮一の死後は妻の筆子が校長を継いだ。同施設は日本で最初の知的障害児施設とされている。

▶石井亮一

（3）セツルメント運動を行った片山潜

片山潜（1859-1933）は，現在の岡山県に生まれ，アメリカに留学しキリスト教を学び，滞在中イギリスにも渡り社会事業について知識を深めた。帰国後，当時イギリスやアメリカで盛んだったロンドンのトインビーホールや，ボストンのハル・ハウスなどで知られるセツルメント運動を実践するため，1897（明治30）年，東京の下町，神田に日本人として最初の隣保館（セツルメントハウス）であるキングスレー館を建てて，地域の貧困層の住民の支援を行った。セツルメント運動は，イギリスで創始された，援助者がセツルメントハウスという拠点を貧民街（スラム）に設置し住み込み，住民の生活や問題を理解し，適切な援助を行うもので，グループワークやコミュニティワークの原型となった活動の一つとして知られている。片山潜は社会事業家でもあり，当時の日本の労働者の地位向上に尽力した労働運動家でもあった。

▶片山　潜

（4）留岡幸助と感化院

感化院とは明治時代に作られた，当時の非行児童を保護，教育し，更生を図るための施設で，当時まだ感化院に関する制度はなく，民間人による私設

の感化院が各地に建てられ活動していた。これらの代表的な施設として，大阪の池上感化院や留岡幸助による家庭学校が知られている。留岡幸助（1864-1934）は，同志社大学神学部を卒業後，京都の福知山で牧師，北海道の監獄（空知集治監）での教誨師を経て，アメリカの監獄で感化事業について学び，日本での感化事業定着に尽力した。1899（明治32）年には東京の巣鴨に私立の感化院，家庭学校を設立し，1914年（大正3）に北海道家庭学校も設立している。

▶留岡幸助

　このような民間での事業が先行するなか，1900（明治33）年，政府は感化法を制定し，感化院は各道府県に設置されることになった。その後，感化院は1933（昭和8）年に少年教護法の制定に伴い少年教護院となり，戦後，児童福祉法上の教護院となった。現在では1998（平成10）年の同法の改正により児童自立支援施設という名称になっている。

（5）日本人最初の救世軍士官として活動した山室軍平

　山室軍平（1872-1940）は，岡山県に生まれ，一時期は石井十次の岡山孤児院で孤児養育に従事した。1895（明治28）年にイギリスのプロテスタント牧師，ウィリアムブースが創始した国際的なキリスト教団体である救世軍（サルベーション・アーミー）が日本での活動を開始した際に参加し，日本人初の救世軍士官となった。以後，救世軍の日本での社会事業活動において中心的役割を果たし，その後の救世軍の活動の基盤を

▶山室軍平

築いた。公娼制度に反対する廃娼運動にも力を注いでいる。救世軍は山室軍平のこのような活躍もあって，現在も多くの社会福祉事業，医療事業などの活動を行っている。

（6）大正時代の貧困問題に取り組んだ河上肇

　日本では明治時代以降，資本主義政策がとられ，産業化が進み，労働者層が増えていった。大正時代に入ると，第一次世界大戦中は好景気であったが，戦後は一転して戦後恐慌が起こり，1923（大正12）年には関東大震災，昭和に入っても，1929（昭和4）年には世界恐慌が起き，日本経済は深刻な不況に陥り，失業者が増大した。労働者や女性による社会運動も盛んであ

▶河上　肇

った。現在，日本は経済開発機構（OECD）加盟国の中でも相対的貧困率が高く，ワーキングプア（働く貧困層）の問題を抱えているが，大正時代に活躍した経済学者だった河上肇（1879-1946）は，著書『貧乏物語』（1917年）で，貧困問題をなくすには富裕層が贅沢をやめる必要があると説き，この書は庶民，特に労働者層に支持され，当時のベストセラーとなった。

（7）民生委員制度の基礎の築いた林市蔵と小河滋次郎

現在の民生委員は，民生委員法に規定される，地域住民から選ばれ，厚生労働大臣に委嘱される特別職の地方公務員である。児童福祉法上の児童委員も兼ねている。主な活動としては福祉事務所などの行政機関に協力し，問題を抱える近隣住民を発見，支援する重要な役割を担っている。この民生委員制度の基になったのが，1917（大正6）年に岡山県で創設された済世顧問制度と翌年の1918年（大正7）に大阪府で創設され

▶林　市蔵

た方面委員制度である。当時の大阪府知事だった林市蔵（1867-1952）が，知事顧問の小河滋次郎（1864-1925）と共に，済世顧問制度を参考にし，住民の生活状態を調査し，要救護者の援助にあたる方面委員を地域の旧中間層に委嘱する方面委員制度を創設した。以後，各都道府県でこれを参考にした制度が採用されていき，1936（昭和11）年，政府により方面委員令が出され，方面委員制度に統一された。第二次世界大戦終戦後の1946（昭和23）年，民生委員令が公布され方面委員は民生委員と改称された。

3．第二次世界大戦後の民主主義と社会福祉の成立

1945（昭和20）年，日本は敗戦国として第二次世界大戦（太平洋戦争）の終結を迎えた。アメリカを中心としたGHQ（連合国軍最高司令官総司令部）の指導の下，民主主義国家として生まれ変わった日本は，翌年日本国憲法（1947年施行）を制定し，国家の責任において国民の基本的人権を保障し，社会福祉を行うことを明記した。

（1）日本国憲法と社会福祉

日本国憲法第25条で，「すべて国民は，健康で文化的な最低限度の生活を営む権利を有する。　2　国は，すべての生活部面について，社会福祉，社会保障及び公衆衛生の向上及増進に努めなければならない」と謳われ，国民の「生存権」が規定された。「生存権」とは，生命が維持できることだけ

ではなく，人間が人間らしく生きることの権利であり，国は国民の生存権保障のために社会福祉，社会保障，公衆衛生を行う責任があることが明示されたのである。人権は恩恵的に与えられたものとし，国の責任が明確でない戦前の社会事業期の救貧法とは一線を画すものである。

　戦後の社会福祉政策は日本国憲法の制定と共にスタートした。まずは戦災孤児・浮浪児の救済を最優先課題とし，1947（昭和22）年，児童福祉法が制定された。多くの児童が保護者を失くし，住む家が焼失し，十分な食事ができないなど劣悪な環境で生活していた。続いて，同じく戦災により身体的障害状態になった元軍人や国民の更生を目的とした身体障害者福祉法が1949年に制定されるなど，まずは戦争を原因とした対象者への社会福祉制度の充実が図られていった。

（2）糸賀一雄と近江学園

　このようにまだ社会福祉制度が始まったばかりで，一般社会では人権や社会福祉への理解が未熟な時代に，障害児福祉実践に取り組み，後世に大きな影響を与えた人物がいた。戦後間もない日本では，戦災孤児や浮浪児といった養育者もおらず，人権が守られていない児童が多く存在することが社会問題となっていた。そのようななか，滋賀県の職員をしていた糸賀一雄

▶糸賀一雄

(1914-68) は，協力者であり理解者である池田太郎，田村一二らと共に，児童福祉法制定に先んじて1946（昭和21）年，滋賀県大津市に孤児や知的障害児を保護する施設，近江学園を設立した。その後，近江学園は児童福祉法施行とともに滋賀県立の施設となり，1971（昭和46）年には現在の湖南市に移転した。

（3）この子らを世の光に

　糸賀一雄の知的障害児への思いは，「この子らを世の光に」というあまりにも有名な言葉に凝縮されている。糸賀は，世の中の光が当たらない「この子らにも世の光を当ててほしい」と訴えたのではなく，この子らもまた知的障害をもたない子ども同様に主体的に発達していく存在であり，世の中を明るく照らす光に喩え

▶開園当時の近江学園と光の国

たのである。知的障害があってもその生命の尊さと人権はそうでない子ども
と等しく，その発達は保障されなければならないという考え方である。広く
捉えるなら，社会福祉制度の対象となる人たちは光を当てるべき哀れな存在
ではなく，そうでない人とまったく同じ人権をもつ，光り輝く平等な存在で
あることを私たちに教えてくれている。現在の社会福祉援助職にとって基本
となる価値観といってよいだろう。

演習問題

1．明治時代以前に行われた社会福祉に類するような活動とその活動を行った人
　物について調べてみよう。
2．インターネットや図書館などを活用し，岡山孤児院十二則について詳細に調
　べて小グループでその内容について話し合ってみよう。
3．本章で取り上げた以外にも日本の社会福祉発展に貢献した人物が多くいる。
　以下の人物について調べ，発表をしてみよう。
　　　岡村重夫，賀川豊彦，高木憲次，呉秀三，野口幽香，福井達雨，横山源之助

引用・参考文献

福田公教・山縣文治（2011）『児童家庭福祉』ミネルヴァ書房。

山縣文治・柏女霊峰（2013）『社会福祉用語辞典　第9版』ミネルヴァ書房。

糸賀一雄（1980）『福祉の思想』NHKブックス。

室田保夫（2010）『人物で読む社会福祉の思想と理論』ミネルヴァ書房。

木村武夫（1964）『日本近代社会事業史』ミネルヴァ書房。

（花岡貴史）

第13章　欧米の社会福祉の歩みと諸外国の動向

　社会福祉制度は，現代生活のさまざまな場面において，私たちを支えている。それでは，この社会福祉システムはどのように体系化されてきたのだろうか。本章では，社会福祉の起源やその発展について，欧米に焦点を当てて学ぶこととする。

1．イギリスの社会福祉の歴史

（1）中世から近世の貧民救済

① 教区による自治から国による統治へ

　西暦313年にキリスト教（カトリック）がローマ国教として認められてから，中世ヨーロッパ社会は，教会組織を中心に統一されていった。教会はそれぞれの教区（担当地域）に十分の一税を課し，その収入によって教会の維持と救貧活動を行った。その後，荘園における封建領主と農奴の関係が基盤となり，11世紀ごろには村単位での共同体やギルドが形成され，その中で病人・障害児（者），老衰者，孤児などの生活に困難を抱えている者に対して相互に助け合うようになった。このような相互扶助で解決ができない場合は，教区や修道院に支援が委ねられた。その後，十字軍の遠征により都市が発達し，人口の流入，貨幣経済への切り替えなどにより，商業的な活動が行われるようになっていった。

　15世紀に入り，イギリスで毛織物が主要産業となると，領主が農民に貸していた農地から農民を非合法に追い出し，農地を柵で囲い込むことによって羊の放牧場に転換していった「囲い込み運動」（エンクロージャー）や，宗教改革にともなう教会領の没収と修道院の解散などにより，大量の貧民，浮浪者が生み出されることとなった。特に都市部においてはスラムが発生し，犯罪率が増加していく中で，個人事業家による慈善活動には限界があった。

　そこで，国家による対応を求められ，制定されたのが「エリザベス救貧法」（1601年）である。この法律は，救済対象の貧民を，労働能力の有無を基準に，「労働が可能な者」，「労働が不可能な者（病人，老衰者，障害者など）」，「養育者のいない児童」に分類した。労働が可能な者に対しては，刑務所や強制労働収容所に近い，労役場（ワークハウス）における過酷な労役を課し，労働が不可能な者には生活扶助，養育者のいない児童のうち，乳幼

▶救貧法改正時に労役場の実態を批判するために作成されたパンフレット（部分）

出典：*Inquiries Journal : Special Editions,* VOL. 2020 NO. 1.

児は収容保護し，4〜5歳になると，住み込みの見習い職人である徒弟として強制的に働かせた。労役場の劣悪な待遇から，脱走や労働拒否を試みる貧民が後を絶たなかった。

② 産業革命と救貧法の衰退

18世紀に起こった産業革命は，失業や低賃金を原因とした近代的な貧困を増大させた。このため，1782年にギルバート法が制定され，教区を連合・拡大させ，貧民救済の合理化と処遇の改善を試みた。また，これまでの労役場に収容保護するという院内救済に加えて，貧困者を居宅のまま保護する院外救済が認められることとなった。

1795年制定のスピーナムランド制度では，貧困世帯への生活費の賃金補助制度（失業者や低賃金労働者に対して，パンの価格と家族の人数に応じて最低生活基準を算定し，その不足分の手当を救貧税によって支給した）が英国全土に広まったが，これらの政策によって救貧税が増大し，救貧法が社会的批判を受けるようになった。この頃より児童の労働が一般化し，労働者階級の児童も家計を助けるために過酷な労働に従事させられるようになっていったため，1802年に工場法が制定され，児童の労働時間が規制された。

また，増加する国内の貧困層に対して，マルサス（Thomas Robert Malthus, 1766-1834）は，1798年に著した『人口論』の中で，「幾何級数的に増加する人口と算術級数的に増加する食糧の差により人口過剰，すなわち貧困が発生する。これは必然であり，社会制度の改良では回避され得ない」とする見方を主張し，禁欲と晩婚による出生数抑制は人々を勤勉にさせて社会経済

の進歩を促すと考え，産児制限で最貧困層を救おうとする考えを提唱した（マルサス自身は産児制限に反対であったが，マルサス主義を土台に産児制限を進めるべきとする考え方が新マルサス主義として広まっていった）。

③ 新救貧法における劣等処遇

　膨れ上がる救貧税を抑制するため，1832年に王立救貧法調査委員会が発足し，1834年に「新救貧法」を制定した。これにより，スピーナムランド制度は廃止され，ギルバート法における院外救済を院内救済のみが原則とされるようになった。また，貧困者への救済内容は，自活勤労者の最下層の平均的生活水準以下とした「劣等処遇の原則」が徹底された。貧困は個人の怠惰や不道徳の結果とみなされ，劣等処遇を受けたくない労働者階級は，国の制度に頼らず生活することを選択し，子どもにも過酷な労働を強いるようになった。

　労役場は貧民で溢れ，老衰者，障害者，病人，貧困児童などが混合収容され，集団感染もしばしば起こることとなった。そのため，労役場における乳幼児の死亡率は非常に高く，徒弟に出されても虐待や酷使を受け，飢えから盗みを働いた児童は7歳を超えると裁判にかけられ，大人の犯罪者と同様に刑務所に収容された。新救貧法による救済は制限的なものが多かったため，貧困問題の根本的な解決には至らず，むしろ社会問題は拡大することとなった。

（2）近代の貧民救済
① 慈善活動とセツルメント運動

　貧困の拡大に歯止めがかからず，国の政策では救済には限界があったため，国に頼らない協会の設立や民間による救済活動が各地で広がっていったが，これらの団体間では情報交換や連携が乏しく，救済の重複（濫給）や漏れ（漏給）などがしばしば起きていた。そこで，1869年に地区ごとの慈善事業間の連絡調整や，救済を必要とする者の調査，また，民間の篤志家が貧困家庭を個別に訪問し，人格的な関わりを通して貧困者の自立を援助する友愛訪問による援助等を行う慈善組織協会（Charity Organization Society，以下COS）が設立された。

　19世紀後半になると，民間有志が失業，疾病，犯罪等の貧困問題が集約されたスラムの中に宿泊所，授産所，託児所等の施設を設置し，住み込みながら貧困者との隣人関係を通して問題の解決を図るセツルメント運動が開始された。1884年にロンドンのスラムにキリスト教の牧師であったバーネット（Samuel Bernett, 1844-1913）夫妻が設立したトインビー・ホールが世界初の

▶トインビー・ホールの初期の居住者で，2列目中央がバーネット
牧師。その隣が妻のヘンリエッタ
出典：*Independent*, 11 October, 2018.

セツルメントとされており，オックスフォード大学やケンブリッジ大学の教員や学生が住み込んで，地域住民との交流を通じて相互扶助活動が行われた。トインビー・ホールの由来となるトインビー（Arnold Toynbee, 1852-1883）自身は，運動の最中，病により志半ばで命を落としてしまったため，バーネット夫妻の手により運動は引き継がれていった。

② 児童ホームの働き

　同じ頃，労役場から独立した救貧法学園に子どもを分離・保護することが一般化されていくが，当時の施設形態は大舎制と呼ばれる大規模収容施設が一般的で，一か所に2,000名以上の子どもを収容する施設もあり，その処遇内容が問題視された。そこで，このような行政による大舎制施設に代わり，民間の児童救済運動家たちによって，児童ホームと呼ばれる地域分散型の小規模施設が設立されることとなった。

　代表的な施設として，1867年にバーナード（Thomas John Barnardo）によって設立されたバーナード・ホームがある。1ホームに10人前後の子どもたちが，2～3名の職員と共に生活を営む小舎制養護を実践し，農家に生活費を払い，子どもが10歳になるまで里親になってもらう里親委託の仕組みにも試験的に取り組んでいた（バーナード・ホームは1989年に入所サービスを廃止し，現在はバーナードズ（Barnardos）という名称で，児童や家庭のための地域支援を行っている）。これらの実践はその後の児童入所施設の世界的規範となり，石井十次の岡山孤児院にも影響を与えた。この他にも，貧困児童の救済方法として，カナダやオーストラリアへの移民が積極的にすすめられ

▶バーナード・ホームから里子として委託される様子
出典：バーナーズ HP.

▶バーナード

ていた。

③　貧困調査と福祉国家体制の基盤
　20世紀になると，第一次世界大戦，第二次世界大戦が起こり，また1929年
には世界恐慌が起こることで失業や貧困が増大し，国家の安定や国民の福祉
的な支援ニーズへの期待が高まっていった。そのような中で，ブース
（Charles Booth, 1840-1916）のロンドン調査や，ラウントリー（Benjamin See-
bohm Rowntree, 1871-1954）のヨーク調査などは，両市民の約3割が貧困状
態にあることを明らかにし，個人の資質そのものより社会環境が貧困の原因
となることを説いた。また，ウェッブ（Sidney James Webb, 1st Baron Pass-
field, 1859-1947/Martha Beatrice Webb, Baroness Passfield, 1858-1943）夫妻は，
最低賃金，労働時間規制，衛生・安全基準，義務教育などの国家規制は，国
民経済発展にプラスになると主張し，社会保障政策の重要性を訴えた（現在，
ブースの作成した貧困地図や調査の詳細については以下から閲覧することが
できる。http://booth.lse.ac.uk/）。

▶私財を投じてロンドン調査をしたブース

▶ラウントリーはヨーク調査を約50年かけて3次調査まで行った

▶社会改革を進めることを主張したウェッブ夫妻

▶経済学者だったベヴァリッジ

表13-1　ベヴァリッジ報告で定義された5巨悪

5巨悪 (Five Giant Devils)	対応策
① 窮乏 (want)	所得保障
② 疾病 (disease)	医療保障
③ 無知 (ignorance)	教育政策
④ 不潔 (squalor)	住宅政策
⑤ 怠惰 (idleness)	完全雇用政策

　これらの調査や報告から，貧困が個人の問題ではなく，低賃金と雇用の不安定がその原因であることが理解されるようになり，イギリスでは貧困への予防対策がとられることとなる。その結果，1908年に児童法，老齢年金法，1911年には国民保険法が制定された。イギリスの児童憲章ともいわれる児童法では，里子の保護，虐待防止，法を犯した少年には再教育中心の少年刑務所や拘置所が規定された。

　また，ベヴァリッジ（William Henry Beveridge, 1879-1963）は，イギリス政府から依頼を受け，1942年に貧困に対して国による支援拡充の必要性を示した『社会保険および関連サービス』（通称ベヴァリッジ報告）をとりまとめ，全ての国民のナショナル・ミニマム（最低限度の生活）の保障や，5巨悪（五大悪，五つの巨人などと表記されることもある）とそれを克服するための対応策を示した。これにより，救貧法は廃止され，「ゆりかごから墓場まで」を目標とした社会保障制度が確立されることとなり，各国の社会保障政策に大きな影響を与えていった。

（3）現代の福祉国家体制
① カーティス委員会と児童法の改正

　第二次世界大戦後，イギリスでは，児童福祉，特に保護を必要とする子どもへの最善のサービスを検討するため，児童の保護に関する委員会（通称，カーティス委員会）が招集され，調査が行われた。1946年に提出された報告書では，それまでの貧困を理由とした親子を分離する施設収容制度が否定され，施設の小規模化や里親委託を優先することが提言された。これにより，1948年に新たに児童法が制定されたが，期待されていたほど里親の開拓と委託が進まず，施設収容に偏った児童保護システムとなったことで，リスク家庭への予防的支援の方策もとられなかった。こうした状況を踏まえ，児童少年法（1963年）が制定され，家庭への予防的ケアや救済の権限が国から地方

自治体へ委譲されることとなった。

② コミュニティを基盤とした家族サービス

　戦後の福祉体制が整えられていくなか，地方自治体の対人福祉サービスの組織と責任はそれぞれの部門に分散されていたため，非効率だった。そこで，家族に焦点を当てたサービスの活動を効果的に実施することを保障する改革案として，1968年に，地方自治体と関連する福祉サービスに関する委員会報告書（通称，シーボーム報告）が提出され，別々に運営されていた対人福祉サービス部門の単一部局への統合や，ソーシャルワーカーの配置が提言された。

　これにより，1970年に制定された地方自治体社会サービス法では，各地方自治体に児童・保健・住宅・教育等の分野を統合した社会サービス部が設置され，コミュニティ・ケアの形成が地方自治体の責任となったが，その後行われた業務拡大（障害者，老人福祉サービス，司法福祉関連等）によって，機能不全や疲弊を招く結果となった。里子が実親のもとに家庭復帰した結果，少女が義父の虐待によって死亡するという"マリア・コルウェル事件"（1973年）が契機となり，1975年に児童法の改正が行われ，里親制度を要保護児童政策の中心に位置づけたことで，バーナード・ホームに端を発した児童ホームが減少していった（田邉，1991：30）。

③ 経済危機と新たな福祉国家

　1970年代のオイルショックやポンド危機以降，イギリスでは経済危機を迎え，福祉見直し論が唱えられるようになった。1979年にサッチャー政権が発足すると，1982年にバークレー報告，1988年にはグリフィス報告が提出され，地域におけるケアやソーシャルワークのあり方が議論された。これらの影響を受けて，1990年に「国民保健サービス及びコミュニティケア法」が成立し，医療や福祉サービスの民営化，中央・地方政府における財政責任と運営責任の明確化等が図られ，さまざまなニーズに対応した幅広い福祉サービスを提供する体制が整えられていった。サッチャー政権は財政難のため，「小さな政府」として国有企業の民営化や社会福祉・社会保障の支出削減等が図られることとなった。

　1997年のブレア政権発足後は，公共サービスを受けられない層の増加など，課題は残るものの，サッチャー政権時代の民営化を維持しつつ，新しい福祉国家としての第三の道を目指し，福祉ニーズをもつ者を福祉へ依存させるのではなく，家族形成や就労を含めて社会参加を促す自立型福祉へと導く支援体制を築いていった。その他，地方分権化（スコットランド・ウェールズ・

北アイルランド各地方へ地方議会の設置）や，1999年には，「全国最低賃金法」が成立するなど，新たな福祉政策が推進されている。

（大村海太）

2．アメリカの社会福祉の歴史

（1）ソーシャルワークの確立
① 植民地時代から独立後の貧民救済
　アメリカでは，17世紀にヨーロッパ各国からの植民地化が活発となり，貧しい者は怠け者とみなされていた。労働力の不足から，子どもは徒弟や農家へ委託され，大人同様に過酷な労働を求められていた。当時のアメリカは，キリスト教会の活動が未発達だったため，貧困者への救済は最小限にとどめられ，それでも支援を必要とする者に対しては，イギリスのエリザベス救貧法にならい，州立の救貧院による救済が各地で行われていた。しかし，救貧内容は院内救済に限定され，不衛生や食事の不十分さが目立ち，教育や訓練も与えられていない状況であった。また，福祉サービスの具体的な運用は，地方自治体のもっとも小さな単位である町（town）に任されていた。

② 民間の福祉運動とソーシャルワークの発展
　1776年にアメリカは独立し，19世紀初頭から資本主義国家として産業革命が始まり，急激な近代化を成し遂げた。各地域に都市が形成され，都市化が加速化していった反面，失業，貧困，疾病，浮浪，犯罪など社会問題が増大した。家庭環境の悪化や過酷な児童労働が進み，少年非行も多く発生したが，自助と独立を尊ぶ半面，貧困は個人の責任とされ，さまざまな問題が拡大し

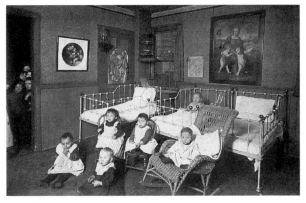

▶1990年代，ハル・ハウス内の保育所。開設当初は保育所，少年クラブ等の教育的なプログラムが中心であった。
出典：University of Illinoi at Chicago HP.

ていった。連邦政府による福祉制度の整備は
進まずにいたため，イギリスの影響を受け，
1877年にニューヨークのバッファローに民間
によるCOSが設立され，全国に展開してい
くこととなった。その後はアメリカでもセツ
ルメント運動が活発になり，1886年にコイツ
（Stanton George Coit, 1857-1944）がニューヨ
ークに隣人ギルドを設立，1889年にはアダム
ズ（Jane Addams, 1860-1935）とスター（Ellen
Gates Starr, 1859-1940）がシカゴのスラムに
ハル・ハウスを設立し，ヨーロッパからの移
民や貧困者への生活支援を実践した。

▶ソーシャルワークの専門性を確
立したリッチモンド
出典：History of Socialwork HP.

③　リッチモンドとソーシャルワークの専門性

　ボルチモアのCOSで友愛訪問員をしていたリッチモンド（Mary Rich-
mond, 1861-1928）は，COSの友愛訪問の活動を記録し，それを元に各施
設・機関の実践例や個別記録を整理することで，個別援助技術を科学的な方
法で理論化・体系化をした。その後，ケースワーク研究と従事者の教育訓練
に心血を注ぎ，「ケースワークの母」と呼ばれた（リッチモンド，=1991参照）。
リッチモンドがソーシャル・ケースワークを「人間と社会環境の間を個別に，
意識的に調整することを通して，パーソナリティを発達させる諸過程から成
り立つ」と定義したことで，社会福祉の専門性が認められ，近代社会福祉の
基礎が築かれた。

　このようにして，19世紀半ばから20世紀にかけて，アメリカでは公的福祉
供給の未整備が貧困に対する民間の福祉運動やソーシャルワークの確立につ
ながっていくこととなった。イギリスは労働者およびその家族の国内移住に
よって大都市と化し，そこで貧困層問題が発生したのに対し，アメリカのソ
ーシャルワークが先駆けて発展したシカゴやニューヨーク等の地域は，南
欧・東欧からの移民とその家族の社会的包摂の問題が大きな課題となってい
た。これらの諸課題に対応するため，ソーシャルワークは発展したといえる。

　20世紀に入ると，政府も積極的に国内の社会福祉の増進に取り組むように
なり，1909年にはセオドア・ルーズベルト大統領が，全米の子ども家庭福祉
の専門家を招集して，第一回ホワイトハウス会議を開催した。この会議によ
り，「家庭は文明の最高の創造物である。故に緊急やむを得ない事情のない
限り児童を家庭から切り離してはならない」という家庭尊重の原則が宣言さ
れ，現代までのアメリカにおける児童福祉の根本的な考え方の基本となった。

1912年には連邦政府に児童局が設置され，貧困や要保護児童への支援が，慈善・博愛事業といった私的活動から公的救済制度へと変化していった。

（2）世界恐慌以降の福祉政策
① 社会保障法の成立と貧困対策
　1929年の株価大暴落から始まった世界恐慌と長期間の不況によって，アメリカでは失業者と貧困者の急増が大きな社会問題となった。その対応策として，フランクリン・ルーズベルト大統領は，1933年にニューディール政策の発表によって，失業者救済のための大規模な公共事業をおこし，1935年には世界で初となる社会保障法を成立させた。社会保障法における社会保険は，失業保険・退職金制度・年金制度などに限定され，親の不在，障害，稼得能力の欠如等の理由でケアが欠けている子どもがいる家庭を対象に扶助が行われる AFDC（Aid to Families with Dependent Children：要扶養児童家族扶助）等の限られた公的扶助とともに，保障規模の小さな制度を特徴とした。これにより，貧困や障害，高齢者などの生活問題への対策が打ち立てられ，今日まで至る社会保障の骨組みが築かれた。一方で，日本や欧州諸国とは異なり，医療保険制度は創設されなかったのが米国の特徴といえる。
　1960年代に入ると，戦前アメリカ社会と対比させて，基本的欲求が充足された戦後アメリカ社会を「豊かな社会」と呼ぶようになり，貧困は消滅したかのように捉えられていたが（ガルブレイス，2006），黒人をはじめとする人種的マイノリティを中心に依然として貧困は減少せず，数多くの「貧困の再発見」に関する報告がなされた（ハリントン，1965）。
　そこで，ジョンソン大統領は，貧困撲滅のために「貧困戦争」を宣言し，各種福祉制度の立法化対策に乗り出した。メディケア（高齢者医療保険）やメディケイド（低所得者医療扶助）の導入や，ヘッド・スタート計画（貧困家庭の就学前児童や障害児を対象とする教育保障事業）を開始し，アファーマティブ・アクション（積極的格差是正措置）によって，女性や人種・民族的少数派等，歴史的・構造的に差別や不利な扱いを受けてきた（受けやすい）人々を対象として，大学入学における優遇措置や，官公庁・民間企業での採用・昇進等における差別撤廃措置の義務化を図るなどの職業の積極的な差別是正措置を求めた。しかし，すべての貧困の増加にまでは対応しきれず，貧困戦争は1969年，ニクソン大統領のもと事実上終結された。

② 福祉政策の抑制と当事者活動
　1970年代に入り，ベトナム戦争で敗戦したアメリカは，国内で長期的な不況や生活の不安定化によって，それまでの福祉体制を維持できなくなった。

▶自立生活運動の父と呼ばれているエド・ロバーツ
出典：Metropolitan Transportation Commission HP.

そのため，レーガン大統領は，準福祉国家的な政策展開から，減税と福祉抑制により福祉の見直しを図り，最小限の福祉が望ましい（小さな政府）として個人や家庭の自立・自助を優先させた。1974年には社会保障法が改正され，所得保障と福祉サービスを分離し，州の権限で個別の福祉サービスが提供されることとなった。

　障害者の領域においては，1970年代はじめに，カリフォルニア州の重度の障害をもつ学生たちが中心となって，障害者が自立生活の権利を主張し始めたことをきっかけに，アメリカ国内で IL 運動（Independent Living Movement：自立生活運動）が活発に展開されることとなった。この運動は，障害者の自己決定と選択権が最大限尊重されている限り，たとえ全面的な介助を受けていても人格的には自立していると考え，自己決定を自立の中心的な価値として位置づけた点で重要である。

　また，1990年に制定された ADA 法（Americans with Disabilities Act：障害をもつアメリカ人法）は，障害を理由とするあらゆる差別を包括的に禁止することを明文化し，雇用，公共サービス，移動・交通，教育，住宅およびコミュニケーション等，社会的活動や生活の場面において心身に障害をもつものに対する差別の排除だけでなく，障害者の社会への参加を保障するための具体的な条件整備を，州・行政機関，民間企業に義務づけた。

（3）近年の福祉的課題

　1993年にクリントン大統領による政権になると，教育や保育，子育て支援の他に，再度福祉改革が進められた。また，1960年代以降，離婚の増加によるシングルマザーの低所得層が AFDC の財政を圧迫していたため，1996年に一時的な扶助制度である TANF（Temporary Assistance for Needy Families：貧困家族一時扶助）への制度改革が行われた。これにより，受給開始後2年以内に就業機会を獲得するか，職業訓練および求職活動への参加が義

務付けられ，それができない場合には給付が減額あるいは打ち切られることになった。また，受給期間は通算して5年間までという厳しい制限が設けられた。

　その後も依然として医療保険のない人々，貧困問題，ホームレス，青少年非行，子ども虐待は増加し，社会保障については，州の権限と裁量が拡大され，自治体ごとの公的な福祉サービスに差が生じている。このようにさまざまな福祉的支援を必要とする問題をアメリカは抱え，2007年から2008年にかけては，世界的な金融危機により深刻な状況に追い込まれることになった。

　2009年からはオバマ大統領による新政権が発足し，全国民に民間保険への加入を義務付ける，患者保護並びに医療費負担適正化法（通称，オバマケア）が成立したが，2017年に就任したトランプ新政権では，このオバマケアの見直しがなされ，新たな福祉対策が喫緊の課題となっている。

（大村海太）

3．諸外国の動向

　社会福祉に関して，国や地域によって生活様式や文化が異なるため，その内容を単純に比較することはできない。しかし，各国の福祉事情に触れることは，日本の社会福祉を相対化することにつながる。もちろん，各国の利点をそのまま取り入れることは難しいものの，各国の福祉事情に触れることは，問題点を探ることにもなるため，非常に意義深い。

　ここでは，スウェーデン，デンマーク，フィンランドなどの福祉先進国の福祉事情や取り組みを取り上げ，紹介する。

（1）スウェーデン

　スウェーデンは，高福祉高負担という考え方に代表されるように，福祉制度が充実した国として知られている。1980年に施行された「社会サービス法」によって，日本で言う地方自治体に相当する住民に身近なコミューンに行政責任を移行させて，社会福祉の推進が図られている。ここでは特にコンタクトパーソンやコンタクトファミリーを取り上げてみたい。

　コンタクトパーソンとは，障害者に馴染みの人間が，個別的な相談支援を行いながら，孤立化を防ぐ仕組みである。専門職によるフォーマルな支援や，日本でいういわゆる近隣住民によるインフォーマルな支援とは異なり，友人もしくはそれに近い関係性の人間が継続的に関わることとなるため，心理的な抵抗も少ないと考えられる。

　コンタクトファミリーとは，虐待などで機能不全に陥っている家族と別の

家族が交流することで，家族機能が正常化するよう個別に関わっていく仕組みである。日本でも，虐待やDVといった問題は生じている。その多くは，家族といった親密な関係で，かつ閉鎖性の高い空間のなかで発生するため，犯罪として表面化しづらく見過ごされる場合が多い。このように，私的な領域に公的な支援が行き届きにくいが，スウェーデンでは，日本と異なり，家庭への介入が積極的に行われていると言えるだろう。

（2）デンマーク

　デンマークは，バンク＝ミケルセンに代表されるように，ノーマライゼーションの考え方がいち早く定着した国として有名である。ノーマライゼーションは，日本の障害者福祉のみでなく，社会福祉そのものの理念にも大きな影響を与えた思想である。デンマークでは，高齢者や障害者に対する福祉関連サービスは「社会支援法」に基づいて提供されており，介護や看護も公的に実施されている。家庭医制度が置かれており，病院での医療費は原則無料である。

　また，パーソナルアシスタントが制度化されているのが特徴的である。パーソナルアシスタントとは，障害のある人が雇用主となって自ら派遣されるヘルパーを決める制度のことである。その費用は国や自治体が負担するため，ヘルパーの確保がしやすく，在宅での24時間対応が可能となるなどのメリットがある。その反面，障害当事者自らがヘルパー候補者を応募・面接して採用する必要があり，一定程度労務を管理する能力が求められるなど，利用を希望する障害者がすべて利用できるとは限らないというデメリットもある。

（3）フィンランド

　フィンランドも，スウェーデン同様，高福祉高負担であることが知られている。家族政策が歴史的に早くから開始されており，充実している。たとえば，フィンランドにも，日本同様に，産休や育児休暇などがあり，出産に関して父親が休暇を取得することも可能である。2003年まで首相を務めたリッポネンが，在任中に父親休暇を取得したことが注目されたが，父親が出産に立ち会うことも一般的である。また，学校教育が完全に無料とされており，OECD加盟国を中心に実施されている2018年の学習到達度調査（PISA）でも上位にランキングされているなど，教育大国として知られている。

　フィンランドでも他国同様，ホームレス対策を中心とした雇用政策が課題となっている。ホームレス状態にある人，健康問題や精神疾患を抱える人など，容易には就労に結びつかない人は，生活に困窮しやすい。こうした人は，そもそも住宅を確保することに大きなハードルを伴うことが多い。たとえば，

日本の場合であれば，すぐに住宅を確保するのではなく，準備期間として病院などの医療機関やシェルター，グループホームなど施設にいったん入居してから，その人が果たして居宅生活が可能なのかどうか判断されることが一般的である。フィンランドでは，こうした人に対して，ハウジングファーストと題して，他の支援に優先して無条件で入居できる住宅支援が実施される。単純に住む場所を提供するのではなく，専門職を配置し，たとえば，ソーシャルワーカーによって必要に応じて医療や警察など各種機関と連携し，カウンセリングなどの支援も積極的に実施し，新たな人間関係の構築についても手厚いサポートが行われているのである。

（高城　大）

演習問題

1．世界のさまざまな国で，それぞれどのような福祉的な課題を抱えているか調べ，途上国と先進国における問題の違いについて検討してみよう。
2．世界と日本では国民の福祉的ニーズにどのような違いがあるか検討してみよう。
3．友愛訪問をすることで，クライエントのどんなことが分かるか，検討してみよう。

引用・参考文献

ガルブレイス，J・K 著，鈴木哲太郎訳（2006）『ゆたかな社会』岩波書店.

ハリントン，M 著，内田満・青山保訳（1965）『もう一つのアメリカ——合衆国の貧困』日本評論社.

リッチモンド，M 著，小松源助訳（1991）『ソーシャル・ケース・ワークとは何か』中央法規出版.

田邉泰美（1991）「英国児童虐待研究　その一」『佛教大學大學院研究紀要』19：22 -42.

第14章　在宅福祉・地域福祉の推進

　2000（平成12）年の社会福祉法の制定を契機として，地域社会を基盤とした社会福祉が推進されてきている。そこで，本章では，市町村の福祉計画，在宅福祉・地域福祉の推進，社会福祉法人・社会福祉協議会の今後の役割について学ぶこととする。

1．市町村の福祉計画

　日本では，社会福祉の領域拡大，少子高齢化の進展とともに，サービスや関連する諸資源を効率的かつ効果的に調達・提供するために，福祉政策の計画化の技術が必要とされるようになった。このことは国の福祉政策に限らず，地方自治体にも必要不可欠なものになってきた。特に市町村では，地域の実情に応じて計画的に福祉サービスが準備されるように目標を設定し，その実現に向けた方策を決める取り組みが進んでいる。

　福祉計画における，国・都道府県・市町村の関係は図14-1のように整理できる。

　国の役割としては，それぞれの計画を規定する法律において，国に「基本方針」や「基本指針」を策定するよう求めているように，計画の基本的な方向性を示すことにある。都道府県の役割は，主に市町村等の支援をすることにある。これは，現在，多くの福祉行政の実施主体が市町村であることから，

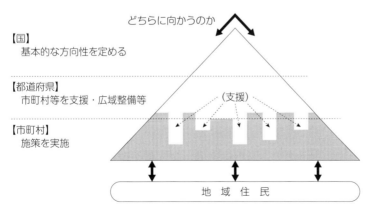

図14-1　計画の政府間関係（イメージ）
出典：谷口（2016：91）．

都道府県に市町村間の地域格差を是正することが求められているためである。市町村は，地域住民に最も身近な行政機関であり，制度の運営主体として具体的な施策等を掲げた計画を策定する。なお，都道府県・市町村が計画を策定する際には，国の計画や基本方針等に即して策定する旨の規定が根拠法に設けられていることが多い。これは，施策展開の効率性等も踏まえて，都道府県・市町村のそれぞれが果たすべき役割を明確にすること，かつ市町村間の地域格差を極力生じさせないためである。以下，本節では，市町村において策定されている各種福祉計画を中心に述べていく。

（1）地域福祉計画

　「地域福祉計画」は，2000（平成12）年，社会福祉法に新たに規定された事項であり，市町村地域福祉計画と都道府県地域福祉支援計画からなる。市町村地域福祉計画は，地域福祉推進の主体である地域住民等の参加・協力を得て，地域生活の課題を明らかにし，その解決のために必要な施策の内容や量，体制等について，市町村の関係部局だけでなく，地域のさまざまな関係機関・専門職とともに協議した上で，目標を設定し，計画的に整備していくことを内容とするものである。

　2018（平成30）年4月の社会福祉法の一部改正により，地域福祉計画の策定については，任意とされていたものが「努力義務」とされた。さらに，「地域における高齢者の福祉，障害者の福祉，児童の福祉その他の福祉に関し，共通して取り組むべき事項」が定められ，他の分野別計画の「上位計画」として位置づけられた（図14‐2）。

　また，策定した地域福祉計画について，定期的に「調査，分析及び評価を行うように努める」ことが明記され，PDCA サイクルを踏まえた進行管理（図14‐3）の必要性が示されている。なお，この PDCA サイクルを踏まえ

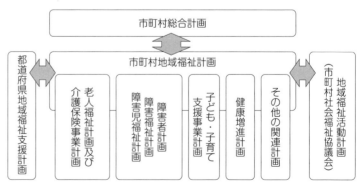

図14‐2　市町村地域福祉計画と関連計画等との関係
出典：筆者作成.

図14 - 3　PDCA サイクルによる計画の進行管理
出典：筆者作成．

た進行管理は，後述の各種福祉計画においても同様の取り組みをすることが
求められている。

（2）老人福祉計画

　「老人福祉計画」は，老人福祉法によって地方自治体（都道府県・市町村）
に作成が義務づけられた計画である。市町村老人福祉計画は，高齢者の生活
に必要な福祉サービス量の目標を定めることにより，高齢者福祉サービスの
基盤整備を計画的に進めるために市町村が作成するものである。

　2000（平成12）年からは介護保険制度が施行され，2005（平成17）年の老人
福祉法改正により，市町村老人福祉計画は市町村介護保険事業計画と一体の
ものとして策定されなければならないと定められた。また，社会福祉法に規
定する市町村地域福祉計画その他の法律の規定による計画であって老人の福
祉に関する事項を定めるものと調和が保たれたものでなければならない。

（3）介護保険事業計画

　「介護保険事業計画」は，介護保険法に基づいて地方自治体に策定が義務
づけられた介護保険の保険給付を円滑に実施するための計画である。

　市町村介護保険事業計画は，厚生労働大臣が定める「介護保険事業に係る
保険給付の円滑な実施を確保するための基本的な指針」（基本指針）に即し
て，3年を1期として，区域（日常生活圏域）の設定，各年度における介護
サービスの種類ごとの量の見込み，介護予防・重度化防止等の取り組み内容
及び目標などの事項を定めなければならない。

　市町村介護保険事業計画は，市町村老人福祉計画と一体のものとして作成

されるほか，地域における医療及び介護の総合的な確保のための事業の実施に関する計画との整合性，市町村地域福祉計画，その他要介護者等の保健，医療，福祉又は居住に関する事項を定めるものと調和が保たれたものでなければならない。

　市町村介護保険事業計画は，介護保険事業費の見込み額の算定に基づく第1号被保険者の保険料基準額の設定も行っており，市町村における介護保険制度の運営について重要な意味をもつ計画である。

（4）障害者計画

　1993（平成5）年，心身障害者対策基本法が障害者基本法に改正された。障害者基本法では，国に，障害者の自立及び社会参加の支援等のための施策の総合的かつ計画的な推進を図るため，「障害者のための施策に関する基本的な計画」（障害者基本計画）の策定が義務づけられた。また，都道府県においては2004（平成16）年，市町村においては2007（平成19）年に障害者計画策定が義務づけられた。

（5）障害福祉計画

　「障害福祉計画」は，2005（平成17）年制定の障害者自立支援法（現・障害者総合支援法）に規定された。この計画は，障害者計画とならんで，地方自治体に策定が義務づけられたものである。国については，障害福祉サービスなどの提供体制，円滑な実施を確保するための基本指針を定めるものとされている。

表14-1　市町村が策定する障害児・者関係計画

障害者計画	障害福祉計画	障害児福祉計画
障害者基本法に基づく計画	障害者総合支援法に基づく計画	児童福祉法に基づく計画
＊市町村は，市町村障害者計画を策定しなければならない	＊基本指針に即して，3年を1期とする市町村障害福祉計画を定める	＊基本指針に即して，3年を1期とする市町村障害児福祉計画を定める
＊定める事項 ・国の障害者基本計画および都道府県障害者計画を基本とするとともに，市町村における障害者の状況等を踏まえた施策に関する事項	＊定める事項 ・障害福祉サービス等の提供体制の確保に係る目標 ・指定障害福祉サービス等の必要な見込み量 ・地域生活支援事業の種類ごとの実施に関する事項	＊定める事項 ・障害児通所支援等の提供体制の確保に係る目標 ・指定通所支援又は指定障害児相談支援の種類ごとの必要な見込量
	＊両者は一体のものとして作成することができる ＊市町村障害者計画，市町村地域福祉計画と調和が保たれたものでなければならない	

出典：筆者作成.

（6）障害児福祉計画

　18歳未満の障害児に対する福祉サービスの一部は，児童福祉法の規定に基づいて実施されているが，2016（平成28）年の児童福祉法の改正により，「障害児福祉計画」に関する規定が新たに追加された。これにより，地方自治体は，厚生労働大臣が定める基本指針（障害福祉計画と同一のもの）に即して，3年を1期とする障害児福祉計画を定めることが義務づけられた。

（7）次世代育成支援行動計画

　急速な少子化の進展に対応し，子育てしやすい環境を実現するため，2003（平成15）年7月に，次世代育成支援対策推進法が制定された。この法律では，地方自治体及び事業主に対して，「次世代育成支援行動計画」の策定を義務づけ，2005（平成17）年度から10年間の集中的・計画的な取り組みを推進することが規定された。市町村については，5年を1期として，国が定める行動計画策定指針に即して，地域の子育て支援サービスの整備目標を盛り込んだ市町村次世代育成支援行動計画（前・後期の2期に分けた計画）が策定された。

　次世代育成支援対策推進法は，2015（平成27）年3月までの時限立法とされていたが，一般事業主行動計画の更なる推進という観点から，2025（令和7）年3月まで10年間延長されることになった。同法で定める市町村次世代育成支援行動計画の策定は任意となり，後述の子ども・子育て支援事業計画と一体的に策定することも可能とされた。これにより多くの市町村では，次世代育成支援行動計画の内容を子ども・子育て支援事業計画に盛り込み，次世代育成支援対策推進法に基づく市町村次世代育成支援行動計画として一体的に策定している。

（8）子ども・子育て支援事業計画

　2012（平成24）年8月，子ども・子育て支援法が成立した。同法では，国は，「子ども・子育て支援のための施策を総合的に推進するための基本的な指針」（基本指針）を定めるものとした。地方自治体は，この基本指針に即して，5年を1期とする「子ども・子育て支援事業計画」を定めることが義務づけられた。

　市町村子ども・子育て支援事業計画には，基本的記載事項として，幼児期の学校教育・保育を提供する体制の確保及び地域子ども・子育て支援事業について，市町村が定める区域ごとに，5年間の計画期間における「量の見込み」，「確保の内容」，「実施時期」を記載することが必須とされた。あわせて，任意的記載事項として，都道府県が行う専門的な知識・技能を要する社会的

養護等に係る支援との連携やワーク・ライフ・バランスに係る施策との連携等が挙げられている。市町村子ども・子育て支援事業計画は，市町村地域福祉計画，教育基本法の規定による「教育振興基本計画」，その他の法律の規定による計画であって子どもの福祉又は教育に関する事項を定めるものと調和が保たれたものでなければならない。

（9）子どもの貧困対策計画

　子どもの貧困対策については，2013（平成25）年6月に制定された「子どもの貧困対策の推進に関する法律」により，貧困の状況にある子どもが健やかに育成される環境を整備するとともに，教育の機会均等を図るため，子どもの貧困対策が総合的に推進されている。

　この法律に基づき，2014（平成26）年8月に閣議決定された「子供の貧困対策に関する大綱」によって，幼児教育・保育の段階的無償化，給付型奨学金の拡充のほか，生活保護受給世帯を含む生活困窮世帯やひとり親家庭の子どもたちへの学習支援事業の創設等，教育機会均等や生活の基盤強化に関する具体的な支援が進められている。

　法律制定当初，「子どもの貧困対策計画」の策定は都道府県のみの努力義務であったが，2019（令和元）年6月に可決・成立した「改正子どもの貧困対策推進法」により，市町村においても策定が努力義務となった。

2．在宅福祉・地域福祉の推進

（1）在宅福祉・地域福祉とは

　かつて日本では，地域住民や家族同士の助け合いなど，人々のさまざまな生活場面において，支え合いの機能が存在した。社会福祉における公的支援制度は，社会状況の変化に伴い，家庭や地域が果たしてきたこれらの役割の一部を代替する必要性が生じたことで，「子ども」，「障害者」，「高齢者」などの対象者ごとに，あるいは生活に必要な機能ごとに，整備・充実が図られてきた。近年の公的支援制度の特徴としては，利用者本位，市町村中心，在宅福祉の充実，自立支援の強化，サービス供給体制の多様化などが挙げられる。在宅福祉とは，福祉援助を必要とする者が自宅での生活を続けながら，必要なサービスを利用できるようにする支援方法である。在宅福祉は，社会福祉の基本理念のひとつであるノーマライゼーションを具体化するものとして捉えられており，地域福祉を推進する上でも重要なものである。

　地域で生じるさまざまな生活上の問題については，公的支援制度だけではなく，地域住民や民間機関などが協力して解決・改善を図ろうとする地域活

動が行われてきた。地域社会におけるこうした活動実践の積み重ねにより，地域福祉はかたちづくられてきている。地域福祉の定義は，広義・狭義ともにさまざまな立場・視点からなされているが，ここでは地域福祉を，「地域住民（老若男女や障害の有無などを問わず）が，それぞれの地域において，安心・安全に暮らし続けられるように，地域住民や公私の社会福祉関係者が協力して地域の生活課題の解決・改善に取り組むこと」としておきたい。

（2）地域福祉に関する法規定

　「地域福祉」は，2000（平成12）年に制定された社会福祉法において，次のように規定された。

> （目的）
> 第1条　この法律は，社会福祉を目的とする事業の全分野における共通的基本事項を定め，社会福祉を目的とする他の法律と相まつて，福祉サービスの利用者の利益の保護及び地域における社会福祉（以下「地域福祉」という。）の推進を図るとともに，社会福祉事業の公明かつ適正な実施の確保及び社会福祉を目的とする事業の健全な発達を図り，もつて社会福祉の増進に資することを目的とする。
> （地域福祉の推進）
> 第4条　地域住民，社会福祉を目的とする事業を経営する者及び社会福祉に関する活動を行う者（以下「地域住民等」という。）は，相互に協力し，福祉サービスを必要とする地域住民が地域社会を構成する一員として日常生活を営み，社会，経済，文化その他あらゆる分野の活動に参加する機会が確保されるように，地域福祉の推進に努めなければならない。

　社会福祉法という社会福祉の基本法の中で，その目的として「地域福祉の推進」が明文化されたことは，現在に至る社会福祉の方向性を示した意味でも重要なものである。また，これまで「客体（福祉サービスの受け手）」の位置づけであった地域住民も，「主体（福祉サービスの支え手）」として，社会福祉関係者と相互に協力して地域福祉の推進に努めなければならないことも明記されている。

　このように，社会福祉法の制定を契機として，以降は，地域が基軸となって社会福祉が推進されている。「地域福祉の主流化」ということもいわれることがある。

（3）福祉サービスの現状・課題と地域共生社会

　近年，人口減少，少子高齢化や世帯の小規模化が一層進み，さらに一人ひ

支え・支えられる関係の循環
～誰もが役割と生きがいを持つ社会の醸成～

◇居場所づくり
◇社会とのつながり
◇多様性を尊重し包摂
　する地域文化

◇生きがいづくり
◇安心感ある暮らし
◇健康づくり、介護予防
◇ワークライフバランス

すべての人の生活の基盤としての地域

◇社会経済の担い手輩出
◇地域資源の有効活用、
　雇用創出等による経済
　価値の創出

地域における人と資源の循環
～地域社会の持続的発展の実現～

◇就労や社会参加の場
　や機会の提供
◇多様な主体による、
　暮らしへの支援への参画

すべての社会・経済活動の基盤としての地域

農林　　　　環境　　　　産業　　　　交通

図14-4　地域共生社会とは

出典：厚生労働省（2019：22）を一部改変.

とりの価値観や生活様式の多様化など，社会環境の変化によって，人と人とのつながりが希薄化し，家庭や地域で支え合う力が弱まりつつある。そのようななか，ひとり暮らし高齢者や認知症高齢者の増加に加え，ひきこもりや子育て家庭の孤立，虐待，経済的困窮，ダブルケアや8050問題など，新たな課題も表面化している。このように，多種多様化した福祉ニーズへの対応や，複合化・複雑化した課題をもつ世帯への支援など，従来の制度・分野ごとの「縦割り」で整備されてきた公的支援制度では支援が難しくなってきている。

　こうしたなか，打ち出されたのが「地域共生社会」という考え方である。これは，制度・分野ごとの「縦割り」や「支える側」，「支えられる側」という従来の関係を超えて，人と人，人と社会がつながり支え合い，地域に生きる一人ひとりが尊重され，その生きる力や可能性を最大限に発揮できるような社会を目指すものである（図14-4）。

（4）地域共生社会の実現に向けた改革の内容

　2016（平成28）年6月に閣議決定された「ニッポン一億総活躍プラン」では，施策の方向性として「地域共生社会の実現」が盛り込まれたほか，2017（平成29）年2月には厚生労働省の「我が事・丸ごと」地域共生社会実現本部が，「『地域共生社会』の実現に向けて（当面の改革工程）」をとりまとめ，具体化に向けて改革に着手している（図14-5）。

　地域共生社会実現本部では，改革の方向性として，「公的支援の『縦割り』から『丸ごと』への転換」，「『我が事』・『丸ごと』の地域づくりを育む仕組

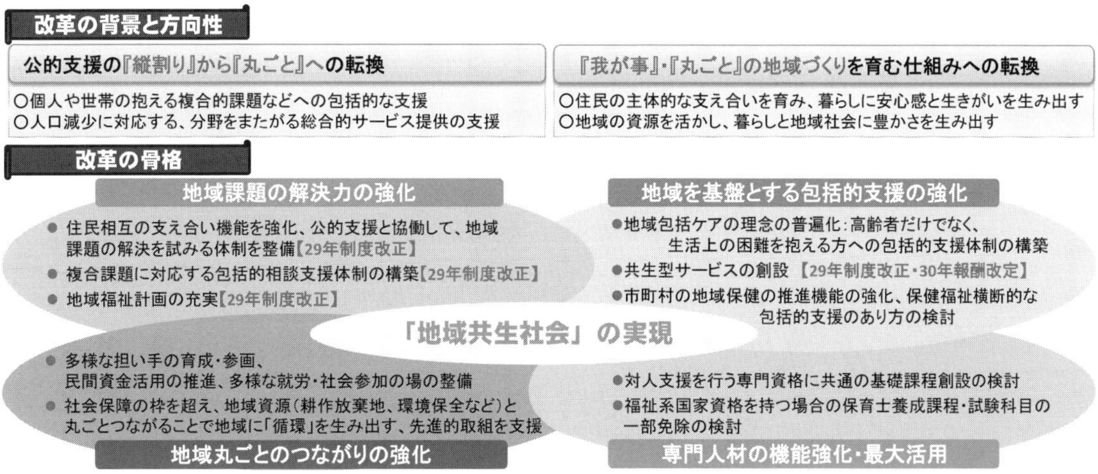

改革の背景と方向性

公的支援の『縦割り』から『丸ごと』への転換	『我が事』・『丸ごと』の地域づくりを育む仕組みへの転換
○個人や世帯の抱える複合的課題などへの包括的な支援 ○人口減少に対応する、分野をまたがる総合的サービス提供の支援	○住民の主体的な支え合いを育み、暮らしに安心感と生きがいを生み出す ○地域の資源を活かし、暮らしと地域社会に豊かさを生み出す

改革の骨格

地域課題の解決力の強化
- 住民相互の支え合い機能を強化、公的支援と協働して、地域課題の解決を試みる体制を整備【29年制度改正】
- 複合課題に対応する包括的相談支援体制の構築【29年制度改正】
- 地域福祉計画の充実【29年制度改正】

地域を基盤とする包括的支援の強化
- 地域包括ケアの理念の普遍化：高齢者だけでなく、生活上の困難を抱える方への包括的支援体制の構築
- 共生型サービスの創設【29年制度改正・30年報酬改定】
- 市町村の地域保健の推進機能の強化、保健福祉横断的な包括的支援のあり方の検討

「地域共生社会」の実現

- 多様な担い手の育成・参画、民間資金活用の推進、多様な就労・社会参加の場の整備
- 社会保障の枠を超え、地域資源（耕作放棄地、環境保全など）と丸ごとつながることで地域に「循環」を生み出す、先進的取組を支援

- 対人支援を行う専門資格に共通の基礎課程創設の検討
- 福祉系国家資格を持つ場合の保育士養成課程・試験科目の一部免除の検討

地域丸ごとのつながりの強化

専門人材の機能強化・最大活用

図14-5 地域共生社会の実現に向けた改革の方向性と骨格

出典：厚生労働省（2017b）を一部改変.

みへの転換」を示している。また、改革の骨格として、次の4点を掲げている。要約すると以下のとおりである。

① 地域課題の解決力の強化：住民が主体的に地域課題を把握して解決を試みる体制を構築していく。また、住民に身近な圏域において、地域の住民が抱える課題について、分野を超え「丸ごと」の相談を受け止める場を設けるとともに、多機関が緊密に連携することにより、すべての住民を対象とする包括的相談支援体制を構築していく。

② 地域丸ごとのつながりの強化：社会保障の枠を超えて、まちづくりなどの分野における取り組み（耕作放棄地の再生、空家の利活用、森林など環境の保全、商店街の活性化など）と連携し、人と人、人と資源が「丸ごと」つながり、地域に「循環」を生み出す取り組みを支援していく。

③ 地域を基盤とする包括的支援の強化：地域包括ケアの理念を普遍化し、高齢者のみならず、障害者や子どもなど生活上の困難を抱える者が地域において自立した生活を送ることができるよう、地域住民による支え合いと公的支援が連動し、地域を「丸ごと」支える包括的な支援体制を構築し、切れ目のない支援を実現していく。

④ 専門人材の機能強化・最大活用：「地域共生社会」を実現していく上では、住民とともに地域をつくり、また、人々の多様なニーズを把握し、地域生活の中で本人に寄り添って支援をしていく人材が一層重要となる。このような観点から、保健医療福祉の各資格を通じた基礎的な知識や素養を身につけた専門人材を養成していく。

（厚生労働省，2017b：5-6より要約）

（5）地域共生社会の実現のための法改正

　地域共生社会の実現に向けた改革の一環として，2017（平成29）年5月に「地域包括ケアシステムの強化のための介護保険法等の一部を改正する法律」により，社会福祉法等が改正され，2018（平成30）年4月に施行された。改正内容は，⑴「我が事・丸ごと」の地域づくり・包括的な支援体制の整備，⑵高齢者と障害児・者が同一の事業所でサービスを受けやすくするため，介護保険と障害福祉の両方の制度に新たに共生型サービスを位置づけたことである。⑴の内容は次の3点である。

　　①「我が事・丸ごと」の地域福祉推進の理念を規定：地域福祉の推進の理念として，支援を必要とする住民（世帯）が抱える多様で複合的な地域生活課題について，住民や福祉関係者による把握及び関係機関との連携等による解決が図られることを目指す旨が明記された（社会福祉法第4条第2項）。

　　② 市町村に包括的な支援体制づくりに努める旨を規定：地域住民の地域福祉活動への参加を促進するための環境整備（社会福祉法第6条第2項），住民に身近な圏域において，分野を超えて地域生活課題について総合的に相談に応じ，関係機関と連絡調整等を行う体制（社会福祉法第106条の2），主に市町村圏域において，生活困窮者自立相談支援機関等の関係機関が協働して，複合化した地域生活課題を解決するための体制（社会福祉法第106条の3）の整備に努める旨が規定された（図14-6）。

　　③ 地域福祉計画の充実：市町村が地域福祉計画を策定するよう努めるとともに，福祉の各分野における共通事項を定め，上位計画として位置づけることが規定された（社会福祉法第107条，108条）。

（厚生労働省，2019：24より要約）

　また，2020（令和2）年6月には，「地域共生社会の実現のための社会福祉法等の一部を改正する法律」が成立し，子育て支援，障害福祉，介護，生活困窮者支援といった既存の枠組みに縛られない分野横断的な相談体制を，市町村などがより柔軟に整備できるようにされた。制度の枠を超えた包括的な支援については，新たに，その受け皿となる具体的な事業（重層的支援体制整備事業）が設けられ，ひきこもりなど，制度のはざまで孤立した人や家庭を把握し，伴走支援できる体制をつくることを目指している。また，困りごとの解決を目指すだけでなく，社会とのつながりを取り戻すことで困りごとを小さくするような関わりも重視し，① 断らない相談支援（属性や年齢を問わずに相談を受け止め，関係機関との協働を進める），② 参加支援（就労，学習など多様な形の社会参加の促進），③ 地域づくりに向けた支援（交流や参加の機会を増やす）をセットで行うことを想定している（図14-7）。

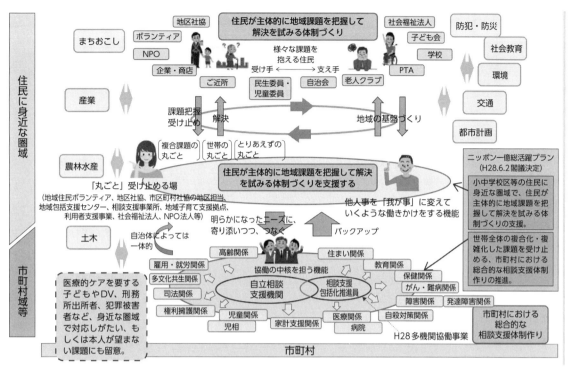

図14-6　地域における住民主体の課題解決力強化・包括的な相談支援体制のイメージ

出典：厚生労働省（2017a：275）.

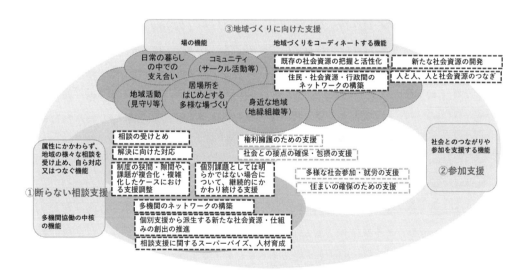

図14-7　新たな包括的な支援の機能等

出典：厚生労働省（2019：8）を一部改変.

3．社会福祉法人・社会福祉協議会の今後の役割

（1）社会福祉法人

社会福祉法人は，社会福祉法第22条において「社会福祉事業を行うことを目的として，この法律の定めるところにより設立された法人」と定義されている。「社会福祉事業」とは，社会福祉法第2条に定められている第一種社会福祉事業及び第二種社会福祉事業をいう。また，社会福祉法人は，社会福祉事業の他に「公益事業」と「収益事業」を行うことができる（図14-8）。

社会福祉法人は，社会福祉事業の主たる担い手として，社会福祉法第4条「地域福祉の推進」の趣旨を踏まえ，地域福祉の推進に努める使命を有していること，また，同法第24条「経営の原則等」の趣旨を踏まえ，地域におけるさまざまな福祉ニーズにきめ細かく柔軟に対応するとともに，既存の制度による支援や市場でのサービス供給では対応できない事業の実施などを社会福祉事業に支障のない範囲において積極的に取り組んでいくことが求められている。

社会福祉法

（経営の原則等）

第24条　社会福祉法人は，社会福祉事業の主たる担い手としてふさわしい事業を
　　　　確実，効果的かつ適正に行うため，自主的にその経営基盤の強化を図るとと
　　　　もに，その提供する福祉サービスの質の向上及び事業経営の透明性の確保を
　　　　図らなければならない。

　2　社会福祉法人は，社会福祉事業及び第26条第1項に規定する公益事業を行
　　　　うに当たつては，日常生活又は社会生活上の支援を必要とする者に対して，
　　　　無料又は低額な料金で，福祉サービスを積極的に提供するよう努めなければ
　　　　ならない。

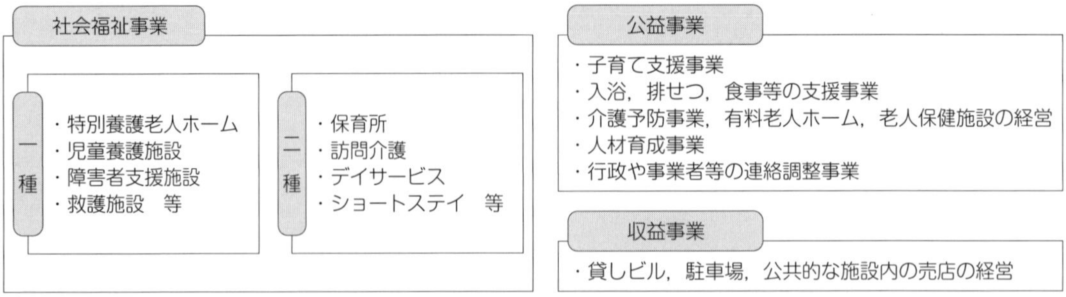

社会福祉事業

一種
・特別養護老人ホーム
・児童養護施設
・障害者支援施設
・救護施設　等

二種
・保育所
・訪問介護
・デイサービス
・ショートステイ　等

公益事業
・子育て支援事業
・入浴，排せつ，食事等の支援事業
・介護予防事業，有料老人ホーム，老人保健施設の経営
・人材育成事業
・行政や事業者等の連絡調整事業

収益事業
・貸しビル，駐車場，公共的な施設内の売店の経営

図14-8　社会福祉法人が行う事業

出典：厚生労働省（2020）．

　2016（平成28）年３月に成立した「社会福祉法等の一部を改正する法律」により，「経営組織のガバナンスの強化」，「事業運営の透明性の向上」，「財務規律の強化」，「地域における公益的な取組を実施する責務」など，社会福祉法人制度の改革が行われた。社会福祉法人の公益性・非営利性を確保する観点から制度を見直し，国民に対する説明責任を果たし，地域社会に貢献する法人の在り方を徹底することが目的であった。

　在宅福祉・地域福祉の推進の観点からは，特に「地域における公益的な取組」の実施が重要である。この取り組みは，①社会福祉事業又は公益事業を行うに当たって提供される「福祉サービス」であること，②「日常生活又は社会生活上の支援を必要とする者」に対する福祉サービスであること，③無料又は低額な料金で提供されることとされる。社会福祉法人には，この取り組みを通して，地域において，少子高齢化や人口減少などを踏まえた福祉ニーズに対応するサービスの充実や，他の主体では困難な福祉ニーズへの対応など，新たな役割を担うことで地域社会に貢献することが期待されている。

（2）社会福祉協議会

　社会福祉協議会は，社会福祉法第109〜111条に基づき設置されている，民間の社会福祉活動を推進することを目的とした非営利の民間組織で，住民組織，民生委員・児童委員，社会福祉施設・社会福祉法人等の社会福祉関係者などから構成されている。社会福祉協議会には，法律に基づくものとしての「全国社会福祉協議会」，「都道府県社会福祉協議会」，「市区町村社会福祉協議会」，さらに地区や校区ごとに住民が主体となって任意に組織する「地区（校区）社会福祉協議会」などがある。

　市区町村社会福祉協議会は，住民に最も身近な地域で活動している。訪問介護や配食サービスなど，さまざまな福祉サービスを運営しているほか，多様な福祉ニーズに応えるため，地域のボランティアと協力した「サロン活動」や小中高校における福祉教育の支援等，地域の福祉活動の拠点としての役割を果たしている。

　都道府県社会福祉協議会は，都道府県域での地域福祉の充実をめざした活動を行っており，各市区町村の社会福祉協議会の指導や支援・監督のほか，福祉サービスの振興・評価などを主な事業としている。

　全国社会福祉協議会は，都道府県社会福祉協議会の連合会として，全国レベルの社会福祉協議会として設置されている。全国の福祉関係者や福祉施設等事業者の連絡・調整や，社会福祉のさまざまな制度改善に取り組んでいる。

　全国社会福祉協議会は，「全社協　福祉ビジョン2020〜ともに生きる豊かな地域社会の実現をめざして」で，国が進めている「地域共生社会」の推進

と，国際的に進められている「持続可能な開発目標（SDGs）」の「誰一人取り残さない持続可能で多様性と包摂性のある社会」を包含し，「ともに生きる豊かな地域社会」の実現をめざすことを表明している。その実現のために，社会福祉協議会，社会福祉法人，民生委員・児童委員等は，2030（令和12）年までを取り組み期間とし，①重層的に連携・協働を深める，②多様な実践を増進する，③福祉を支える人材（福祉人材）の確保・育成・定着を図る，④福祉サービスの質と効率性の向上を図る，⑤福祉組織の基盤を強化する，⑥国・自治体とのパートナーシップを強める，⑦地域共生社会への理解を広げ参加を促進する，⑧災害に備える，の8項目を進めることとしている。

演習問題

1．市町村が策定した「地域福祉計画」や「子ども・子育て支援事業計画」の内容を確認してみよう。
2．自分の住む地域で取り組まれている「地域の福祉活動」を探してみよう。
3．子どもや子育て家庭に対して行われている地域からの支援を挙げてみよう。

引用・参考文献

厚生労働省「社会福祉法人の概要」．
　　https://www.mhlw.go.jp/seisakunitsuite/bunya/hukushi_kaigo/seikatsuhogo/shakai-fukushi-houjin-seido/01.html（2020/08/15）
厚生労働省（2017a）「平成29年版 厚生労働白書」．
厚生労働省（2017b）「『地域共生社会』の実現に向けて（当面の改革工程）【概要】」．
厚生労働省（2017c）「『地域共生社会』の実現に向けて（当面の改革工程）」．
厚生労働省（2019）「地域共生社会に向けた包括的支援と多様な参加・協働の推進に関する検討会（地域共生社会推進検討会）最終とりまとめ（概要）」．
全国社会福祉協議会政策委員会（2020）「全社協 福祉ビジョン2020 ～ともに生きる豊かな地域社会の実現をめざして・概要」
谷口泰司（2016）「福祉計画の目的と意義」『福祉行財政と福祉計画 第2版』みらい．

（青木淳英）

第15章　社　会　保　障

　私たちは，自らの責任と努力によって生活を営んでいる。しかし，自分自身や家族の誰しもが，失業や病気や怪我などの生活上の問題が起きる可能性を持っている。社会保障制度とは，私たちの生活を守る公的な仕組みである。本章では，私たちの安定した幸せな生活を支える社会保障制度の基本的な考え方や各制度について学ぶ。

1．社会保障制度

（1）社会保障制度の体系
① 体　系

　日本の社会保障制度の体系を示したものとして，社会保障制度審議会が1950（昭和25）年に出した「社会保障制度に関する勧告」（以下，「1950年勧告」）があり，この考え方に基づいて現在の制度が作られている。この勧告の中で，社会保障制度は「疾病，負傷，分娩，廃疾，死亡，老齢，失業，多子その他困窮の原因に対し，保険的方法又は直接公の負担において経済保障の途を講じ，生活困窮に陥った者に対しては，国家扶助によって最低限度の生活の保障をするとともに，公衆衛生及び社会福祉の向上を図り，もってすべての国民が文化的社会の成員たるに値する生活を営むことができるようにする」ものであると定義されている。つまり，日本の社会保障制度は，社会保険，公的扶助，社会福祉，公衆衛生の4要素によって構成されているといえる（表15-1）。

② 社 会 保 険

　社会保障制度の大きな柱のひとつであり，防貧制度といわれている。病気や怪我，障害，加齢，失業などで収入がなくなる，あるいは，少なくなるこ

表15-1　社会保障制度の体系

社会保険	年金保険，医療保険，介護保険，雇用保険，労働者災害補償保険
公的扶助	生活保護，（社会手当）
社会福祉	児童家庭福祉，障害者福祉，高齢者福祉，母子・父子・寡婦福祉など
公衆衛生	感染症対策，母子保健，上下水道整備・運営，ごみ処理など

とは誰にでも起こりうる。こうしたあらかじめ想定された万が一のリスクに備えるために国が用意した制度が社会保険である。社会保険制度は，対象となった人全員に加入を義務付けるとともに，保険を運営する保険者が保険料を集め，保険料をプールする。そして，あらかじめ想定されたリスクが生じた場合，プールされた保険料から現金やサービスが給付される。つまり，人々による社会全体の助け合いの制度として存在する。

　同じ保険の原理を用いた仕組みに，生命保険や損害保険などの民間保険があるが，民間保険は，保険者との自由な契約に基づくものである。

③　公 的 扶 助

　公的扶助は，自らの努力や社会保険制度等を活用しても，それでもなお困窮に陥った場合に，困窮状態から救済し，自立に向けた援助を行う制度である。あらかじめ想定されたリスクに対応するのではなく，生活困窮という事実に対して，金銭や現物を給付するものである。困窮状態の事実を確認するために資力調査（ミーンズテスト）が行われ，給付の財源は，租税によって賄われている。社会保険の防貧制度に対し，救貧制度といわれている。社会保険と並び，社会保障制度のもう一つの柱として人々を守る制度となっている。

　公的扶助と同じように租税を財源にした給付に児童手当，児童扶養手当などの社会手当がある。社会手当は，公的扶助のように資力調査を必要としないが，支給にあたり所得制限を設けている。社会保険のように保険料の拠出はない。

④　社 会 福 祉

　さまざまな理由により生活上の配慮が必要な人に対して，原則，金銭以外の方法で支援するものである。主に，租税を財源としている。

⑤　公 衆 衛 生

　私たちの生活が安心で快適であるように，公衆衛生や保健医療の側面から環境を整えるものである。病気の予防や治療，食品やゴミなどの衛生環境，次世代を担う子どもの保護などに対する取り組みを行い，人々が健康で寿命を延ばし，心身の機能の増進を図ることを目的としている。

⑥　社会保障の範囲の動向

　日本国憲法第25条には「社会保障」という用語が使用され，現在に至るまで「1950年勧告」で定義された社会保障が基礎となっている。しかし，この

定義がなされた当時は，戦後間もない混乱期であり，困窮者の生活救済や栄養状態や衛生環境の改善が目的となっていた。経済成長を経て，次第に，救貧から防貧制度の充実へと変化し，その後，社会経済環境や人口構造，人々の意識の変化に伴い，社会保障の範囲も生活の保障や安定，個人の自立支援，家族機能の維持向上のための支援，雇用対策，生活環境の安全対策，住環境の対策などへと広がりを見せている。

（2）社会保障制度の機能

　社会保障制度は，国民の生涯にわたる生活を国家が保障するものである。社会保障の機能の一つは，人々の生活を保障することである。これは，憲法第25条に保障されている国民の権利であり，国家の責務である。ライフサイクルからみた社会保障（図15-1）のように，日本の社会保障は，今日，出生から死亡に至るまで，各段階において生活上の困難に対応できるようになっている。

　社会保障制度の機能は，『平成29年版　厚生労働白書』に，主として，①生活安定・向上機能，②所得再分配機能，③経済安定機能の3点が挙げられている。

① 生活安定・向上機能

　生活のリスクに対応するとともに，人々の生活の安定を図り，安心をもたらすための「生活安定・向上機能」がある。これは，社会的な安全装置（セーフティネット）の役割をもつと同時に，生活上のリスクによる影響を可能な限り最小限にとどめるといったリスクを分散する役割も持っている。

② 所得再分配機能

　所得再分配機能とは，社会保障や税によって，所得格差の縮小や低所得者の生活の安定を図るものである。市場を通じて分配された個人の所得の一部を，税や社会保険料として政府（保険者）が徴収し，社会保障給付などの形で必要な人に分配し直す仕組みである。

　所得再分配には，高所得者から低所得者へ再分配される垂直的再分配，同一所得内で再分配される水平的再分配，現役世代から高齢世代へといった世代を超えての再分配である世代間の再分配，の3つに分類される。

③ 経済安定機能

　社会保障は，生活安定・向上機能や所得再分配機能があることによって，社会全体を安定化させる機能をもっており，また，景気変動による人々の生活への影響を緩和し，経済を安定化させる機能をもっている。

　また，社会保障が担う保健・医療・福祉の各分野においては，雇用の場を提供しており，経済や社会，人々の暮らしの安定や向上にも寄与している。

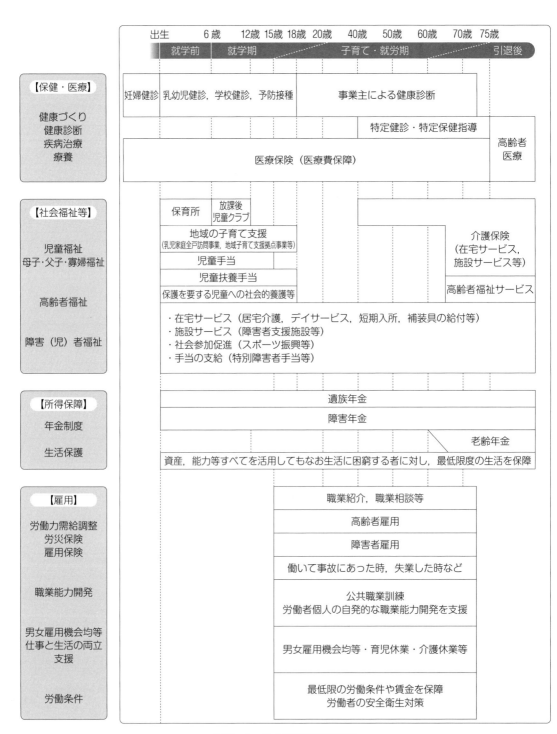

図15-1　社会保障制度の概要

出典：厚生労働省 HP, 一部加筆.

2．社会保障の各制度

（1）年金保険制度

　年金保険制度は，自らの加齢や障害，一家の稼ぎ手の死亡により収入を得る手段がなくなった場合でも，安心して一定の生活が送れるように所得保障を行う制度である。

　制度の体系は，1階部分は国民全員が加入する「国民年金（基礎年金）」，2階部分には，民間サラリーマンや公務員等の被用者が加入する「厚生年金保険」がある。3階部分は，個人や企業の選択により加入できる「確定拠出年金（企業型）」や「確定給付企業年金」などの企業年金や個人年金である。公的年金制度は，1階・2階部分によって構成されているが，それを補完する役割として3階部分が存在する（図15-2）。

　基礎年金部分は，20歳〜60歳の人は全員が被保険者となり，保険料を納め，要件を満たせば年金として給付を受け取ることができる。全員が加入することによって年金の皆保険が実現している。厚生年金部分は，勤務先を通じて加入し，給与に比例した保険料を納めるが，納めた保険料額に応じた給付を基礎年金に上乗せして受け取る。

　給付には，老齢年金，障害年金，遺族年金の3種類がある。

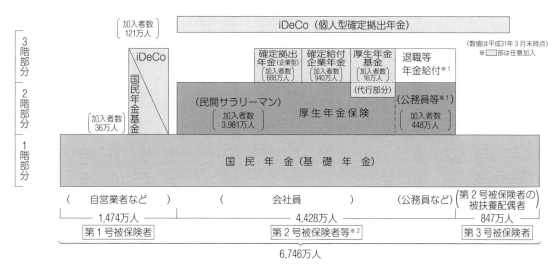

※1　被用者年金制度の一元化に伴い，平成27年10月1日から公務員および私学教職員も厚生年金に加入。また，共済年金の職域加算部分は廃止され，新たに退職等年金給付が創設。ただし，平成27年9月30日までの共済年金に加入していた期間分については，平成27年10月以後においても，加入期間に応じた職域加算部分を支給。
※2　第2号被保険者等とは，厚生年金被保険者のことをいう（第2号被保険者のほか，65歳以上で老齢，または，退職を支給事由とする年金給付の受給権を有する者を含む）。

図15-2　年金制度の仕組み

出典：厚生労働省HP.

表15-2　主な医療保険制度の種類

年齢	種類		保険者
75歳未満	職域保険 （被用者保険）	健康保険	健康保険組合（健保組合）
		日雇特例健康保険	全国健康保険協会（協会けんぽ）
		船員保険	
		共済	国家公務員共済組合
			地方公務員等共済組合
			私学教職員共済組合
	地域保険 （国民健康保険）	都道府県国保	都道府県及び市町村
		国保組合	国民健康保険組合
75歳以上	後期高齢者医療制度		後期高齢者医療広域連合

出典：『厚生労働白書　令和2年版』資料編，p. 27，厚生労働省資料「国民健康保険制度改革の概要」を参考に筆者作成.

（2）医療保険制度

　医療保険制度は，病気や怪我をしたときに，安心して医療を受け，人々の健康や命を守る意味において，年金と共に社会保障の重要な分野のひとつである。年金制度同様，すべての国民が公的医療保険に加入することになっており，誰でも平等に医療を受ける機会が保障されている。ただし，医療保険は，複数の保険集団に分かれており，就業形態や年齢によって加入する制度が異なる（表15-2）。被用者（雇用労働者）とその家族が加入する制度が職域保険（被用者保険）であり，その他の自営業者や無職者，退職者，被用者保険の適用とならなかった労働者が加入する制度が地域保険（国民健康保険）である。地域保険の運営は，2018（平成30）年4月以降，これまでの市町村単位から都道府県単位に変更され，都道府県と市町村の共同で行うことになった。都道府県が財政運営の責任主体となり，市町村は資格管理や保険給付，保険料率の決定などを担う。これは保険財政の安定化と医療費適正化について都道府県の役割を強化した制度改正である。

　75歳になると，それまで加入していた制度から抜けて，後期高齢者医療制度に加入することになる。後期高齢者医療制度は，2008（平成20）年4月に創設された制度である。1983（昭和58）年に導入された老人保健制度において，制度間の財政負担を調整することで公平化を目指していたが，高齢化に伴う高齢者の医療費の増加は，市町村国保や被用者保険の財政を圧迫していった。後期高齢者と各医療保険の被保険者の負担の明確化を図るために，老人保健制度は2008年3月末に廃止され，後期高齢者医療制度が発足した。

　いずれの医療保険制度も保険料を納付し，必要に応じて給付を受けるが，

給付には，診察や治療などの医療給付と出産一時金や傷病手当金などの現金給付がある。受診にあたり，病院等で被保険者証を提示すると，一部負担金の支払いで医療給付を受けることができるが，これは，被保険者証が保険料を納めている証明となっているからである。

（3）介護保険制度

介護保険制度は，2000（平成12）年4月から施行された，日本の社会保険制度の中で一番新しい制度である。加齢が原因で生じる病気や障害により，日常生活において介護が必要になったときに，可能な限り自立した生活を営めるように，必要なサービスを給付するものである。介護保険の保険者は，地域住民に最も身近な自治体である市区町村となっている。被保険者は，第1号被保険者と第2号被保険者に分かれており，前者は，65歳以上の人，後者は，40歳以上65歳未満の医療保険に加入している人となっている。そのため，第2号被保険者の保険料は，医療保険料に上乗せして徴収される。

介護が必要になったときには，要介護（要支援）認定申請を行い，介護や支援の必要性の有無，程度について審査，判定されることになる。要支援，要介護と判定されれば，保険給付を受けることができる。しかし，区分に応じて支給上限額が定められているため，それを超えてサービスを利用する場合は，超過分は全額自己負担となる。給付には，要介護者に対する介護給付と要支援者に対する予防給付があるが，市町村が独自に給付を設定することもできる。

2017（平成29）年6月に「地域包括ケア強化法（地域包括ケアシステム強化のための介護保険法等の一部を改正する法律）」が制定され，2018（平成30）年4月より順次施行されている。受給者が増加し，介護費用の増加や保険料の上昇の検討が続くなか，介護保険制度自体が持続可能な制度となることを目的としている。

（4）雇用保険制度

雇用保険制度は，労働者が失業した時や，雇用の継続が困難となる事由が生じた時に必要な給付を受けることによって失業時の所得保障を行ったり再就職を支援したり，また，雇用の安定を図るための制度である。保険者は政府であるが，主に保険料の徴収に関しては都道府県労働局が，給付に関しては公共職業安定所（ハローワーク）が業務を担っている。労働者を雇用する事業であれば，原則，すべて雇用保険が適用（適用事業）されるため，適用事業に雇用された労働者は，31日以上の雇用見込みがあるなどの適用基準を満たしていれば被保険者となる。

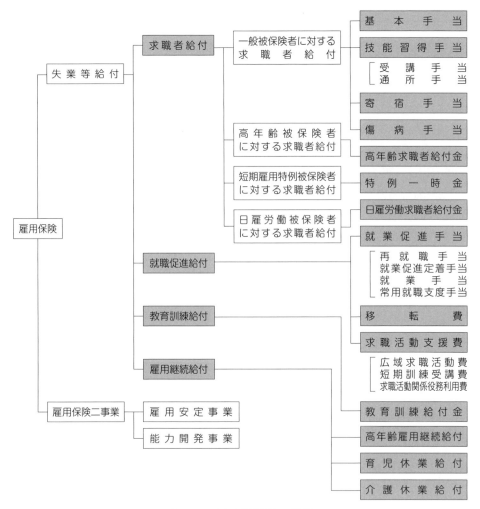

図15-3　雇用保険制度の概要

出典：ハローワークインターネットサービス.

　雇用保険の事業は大きく分けて，失業等給付と雇用保険二事業がある（図15-3）。前者は，失業時の生活保障や再就職への支援，職業に関する教育訓練を受けるときに受給できるものである。一般に，失業手当と呼ばれるものは，求職者給付の中の基本手当である。基本手当は，失業の状態にある場合に支給されるが，支給金額は，離職理由，被保険者であった期間，離職時の年齢，給与によって異なる。また，育児や介護休業給付は，雇用継続給付のひとつである。後者は，労働者の職業の安定のために行う事業であり，使用者のみに保険料が課されている。

（5）労働者災害補償保険制度

　労働者災害補償保険（労災保険）は，労働者が仕事によって病気や怪我が

生じたり，障害が残ったり，死亡した場合に，労働者やその遺族の生活を保障するために必要な保険給付を行う制度である。保険者は政府であるが，雇用保険同様，主に保険料の徴収に関する業務を都道府県労働局が，労災認定や保険給付に関する業務を労働基準監督署が担っている。労災の適用を受ける労働者は，雇用形態に関係なく，賃金を支給される人すべてとなる。保険料は，使用者の過失の有無に関係なく被災した労働者への補償責任を問うものであることから，全額事業主負担とされている。労災保険の保険料率は，事業の種類や過去の労災発生率などを考慮して定められており，労災の発生率によって保険料率が増減されるメリット制を導入している。

　労災の補償給付を受けるためには，業務上，あるいは通勤に起因して発生した病気や怪我であることが認定されなければならない。同じような病気や怪我が生じた場合でも，業務や通勤との間に因果関係があると認められなければ，労災保険の適用とはならず，医療保険での治療を行うこととなる。保険給付の内容は，業務災害や通勤災害に関する保険給付と二次健康診断等給付に分けられる。

（6）生活保護制度

　生活上生じるさまざまな理由により，自分の力だけでは一定レベルの生活を営むことができない困窮した状態にある人の生活を支えるものである。生活困窮に陥る理由は，個人の怠惰によるものであると考えられていた時代もあったが，今日では，社会の側にあるという考えに基づいている。

① 制度の概要

　日本における公的扶助に該当する制度は，生活保護法に基づく生活保護制度である。生活保護制度には，「健康で文化的な最低限度の生活」の保障と自立の助長の2つの目的がある。生活保護制度を実施するにあたり，国家責任の原理，無差別平等の原理，最低生活保障の原理，保護の補足性の原理の4つの基本原理が示されている。また，要保護者に対しての制度の運用上の考え方を示した基本原則が4つある。申請保護の原則，基準及び程度の原則，必要即応の原則，世帯単位の原則である。

　保護の種類は，8種類の扶助（生活扶助，住宅扶助，教育扶助，医療扶助，介護扶助，出産扶助，生業扶助，葬祭扶助）があり，保障は生活全般にわたっている。一つの扶助のみを受給（単給）する場合もあれば，複数の扶助を受給（併給）する場合もあり，要保護世帯の生活上のニーズに対応できるようになっている。居宅による保護受給を原則とするが，困難な場合に，入所，または通所して保護を受ける保護施設（救護施設，更生施設，医療保護施設，

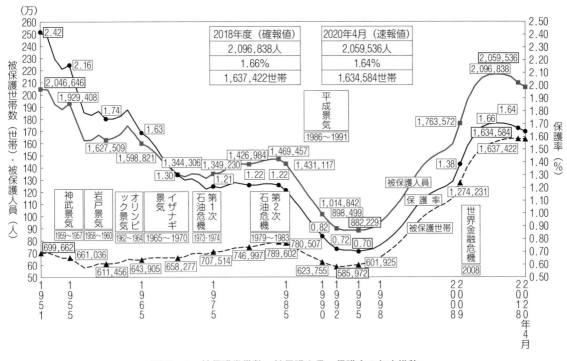

図15-4　被保護世帯数，被保護人員，保護率の年次推移

出典：『令和2年版　厚生労働白書』，p. 284.

授産施設，宿所提供施設）がある。こうした保護は，すべて租税により賄われている。

　保護が必要な状況になった場合には，福祉事務所で申請を行う。資力調査などを経た後，保護の必要性が認められれば支給が開始される。

② 保護の動向

　生活保護の動向を把握するためには，被保護人員や被保護世帯数，保護率をみるとよい（図15-4）。景気の変動や社会状況に影響を受けることがわかる。被保護世帯は増加する傾向にあり，高齢者世帯が半数を占め，受給期間の長期化にもつながっている。

③ 生活困窮者自立支援法

　2015（平成27）年4月より生活困窮者自立支援法が施行された。生活保護に至る前のもう一つのセーフティネットとして，生活困窮者に対し，自立に向けて包括的な支援を行い，自立の促進を図ることを目的とするものである。防貧機能を備えた社会保険制度（第1のセーフティネット）と救貧機能を備えた生活保護制度（第3のセーフティネット）の中間に位置付けられている

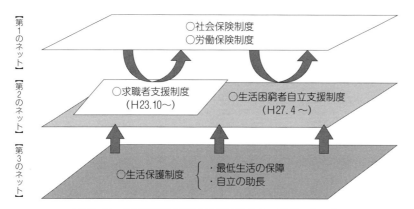

図15-5　生活困窮者に対する重層的なセーフティネット
出典：厚生労働省，社会・援護局保護課資料．

（図15-5）。この制度の創設により，生活困窮者に対する「切れ目のない，一体的な支援」を目指し，生活保護法も一部改正されている。

　現代社会において，生活困窮に陥る要因は，経済的困窮だけでなく，複雑多岐にわたっている。セーフティネットの重層化を図り，貧困の連鎖を断ち切る方策として位置づけられている。

（7）社会手当

　社会手当は，社会保険と公的扶助の中間的な性格をもつ制度である。具体的には，児童手当，児童扶養手当，特別児童扶養手当，障害児福祉手当・特別障害者手当などがある。

① 児童手当

　児童手当は，家庭における生活の安定に寄与するとともに，次世代の社会を担う児童の健全な育成及び資質の向上に資することを目的としている。この前提には，保護者が子育てについての第一義的責任を有するという考え方がある。

　国内に住所を有する中学校修了前までの児童を家庭で養育している保護者に対して支給される。児童が施設に入所等している場合は，施設の設置者などに支給される。ただし，施設の運営費として支給されるのではなく，児童個人の財産として管理される。

② 児童扶養手当

　父または母と生計を同じくしていない児童が育成される家庭の生活の安定と自立の促進のために手当を支給し，当該児童の福祉の増進を図ることを目的としている。つまり，ひとり親家庭等への経済支援を行うものである。ただし，当該児童が，母子生活支援施設を除く児童福祉施設に入所している場合は，支給されない。

児童扶養手当は，支給対象が母子家庭等のみから父子家庭に拡大されたり，公的年金を受給していても条件を満たせば受給できるようになったり，支給要件に配偶者からの暴力（DV）により裁判所からの保護命令が出された場合も加わったりした。子どもを取り巻く社会の状況の変化に応じて手当の内容も変化している。

③　特別児童扶養手当

　精神または身体に障害を有する20歳未満の児童に手当を支給することにより，これらの児童の福祉の増進を図ることを目的にしている。在宅で障害児を養育するための経済支援制度となっている。

④　障害児福祉手当・特別障害者手当

　精神または身体に著しく重度の障害を有する者に手当を支給することにより，これらの者の福祉の増進を図ることを目的にしている。重度の障害があるため，日常生活において常時介護が必要な在宅生活者の負担の軽減を図るものである。障害児福祉手当は，20歳未満，特別障害者手当は20歳以上が対象となる。

（8）社会サービス

　社会的な支援や配慮が必要な人を対象に，それぞれ個別に法制度が創設されていることが多い。児童福祉や母子・父子および寡婦福祉，障害者福祉，高齢者福祉が代表的である。これらの福祉サービスは，国や都道府県が責任の主体を主に担っていたが，1980年代以降，法改正等により，現在では，基本的には市町村がサービス提供の責任主体となっている。

3．社会保障制度の費用と財源

（1）費用と財源

　日本の社会保障に関する費用を表す数字として，「社会支出」と「社会保障給付費」の2つの統計が使用されている。これらを合わせて「社会保障費用統計」と呼び，国立社会保障・人口問題研究所が発表している。「社会支出」は，OECD（経済協力開発機構）が定めた基準に基づいて集計された社会保障の費用を示す数字である。社会支出は，「高齢」，「保健」，「家族」，「遺族」，「障害，業務災害，傷病」，「失業」，「積極的労働市場政策」，「住宅」，「他の政策分野」の9つの政策分野に分かれて集計されている。国際比較を行う場合には，この統計がよく使用される。一方，「社会保障給付費」は，ILO（国際労働機関）が定めた基準に基づいて集計された費用を示すものである。社会保障給付費は，「年金」，「医療」，「福祉その他」の3部門に分類

表15-3　社会支出と社会保障給付費（2018年度）

社会支出（OECD基準）	125兆4,294億円
社会保障給付費（ILO基準）	121兆5,408億円
医療	39兆7,445億円
年金	55兆2,581億円
福祉その他	26兆5,382億円
内，介護対策	10兆3,872億円

注：「社会支出」は，施設設備費など直接個人には移転されない
　　支出まで含んでいるため，「社会保障給付費」に比べ高くな
　　っている。
出典：国立社会保障・人口問題研究所，2018年度社会保障費用統
　　　計より

されるとともに，9つの機能（高齢，遺族，障害，労働災害，保健医療，家族，失業，住宅，生活保護その他）にも分類され集計されている。一般に，日本の社会保障の費用を表す場合には，この統計が使用される。いずれも，1年間に税や社会保険料等を財源として給付された費用を示しているため，医療保険などの自己負担分は含まれない。

　2018（平成30）年度は，社会支出が約125.4兆円，社会保障給付費が121.5兆円となっている。いずれも増加の一途をたどっている。社会保障給付費を部門別にみると，「年金」が最も高く55.3兆円と約半分を占める。次いで，「医療」，「福祉その他」と続くが，「福祉その他」には介護対策の費用が含まれており，社会保障給付費全体の8％を超える割合を占めるようになっている（表15-3）。

　社会保障の財源の総額（2018年度）は，132兆5,963億円であった。財源構成は，大きく「社会保険料」，「公費負担」，「他の収入」に分けられる。全体の約半分を占めるのが「社会保険料」である。また，「公費負担」のうち，国の予算の国庫負担分が社会保障関係費に相当し，その額は33.6兆円と，一般会計歳出の約3割を占めるほど大きな割合となっている。

（2）社会保障制度の課題
　国立社会保障・人口問題研究所の将来推計人口によると，今後40年間以上にわたって高齢化率の上昇が続くと予想されている。したがって，日本の社会保障給付費は増大を続けることになる。あわせて，年少・労働人口の減少が進み，社会保障給付費の確保策の検討も大きな課題となる。
　日本の社会保障制度は，「1970年代モデルから21世紀（2025年）日本モデル」への改革が必要であると示されており，2025年モデルは，「すべての世代を対象とし，すべての世代が相互に支え合う仕組み」であるとしている。
　こうしたなか，各社会保障制度における給付について，一定程度の水準を

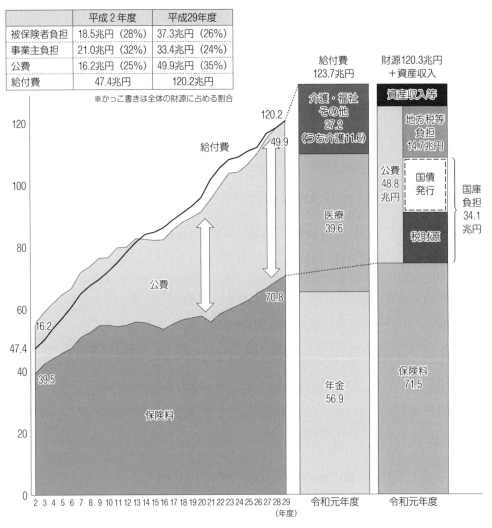

	平成2年度	平成29年度
被保険者負担	18.5兆円（28%）	37.3兆円（26%）
事業主負担	21.0兆円（32%）	33.4兆円（24%）
公費	16.2兆円（25%）	49.9兆円（35%）
給付費	47.4兆円	120.2兆円

※かっこ書きは全体の財源に占める割合

給付費
123.7兆円

財源120.3兆円
＋資産収入

給付費

介護・福祉
その他
27.2
（うち介護11.6）

医療
39.6

年金
56.9

資産収入等

地方税等
負担
14.7兆円

公費
48.8
兆円

国債
発行

税財源

保険料
71.5

国庫
負担
34.1
兆円

令和元年度

令和元年度

図15-6　社会保障給付費の増に伴う公費負担増

出典：財務省「日本の財政関係資料」p. 29.

維持するためには，財源の確保も必要となる。日本の社会保障制度は，社会保険方式を柱に制度設計をしているが，基礎年金，国民健康保険，後期高齢者医療制度，介護保険にかかる制度については，半分を公費で賄うなど，公費負担に依存する状態となっている。実際，公費負担の割合は，増加傾向にある（図15-6）。

　また，国民負担率をみても，先進諸国との比較において，日本は低い水準にある（図15-7）。国民負担率とは，国民所得に占める租税負担と社会保障負担（社会保険料）の合計の割合のことであり，2020年度の日本の国民負担率は44.6％となっている。国民負担率が上がれば，人々の消費や勤労に向かう意欲が低下する可能性があることから，政府は，国民負担率を50％以内に

【国民負担率＝租税負担率＋社会保障負担率】　　【潜在的な国民負担率＝国民負担率＋財政赤字対国民所得比】

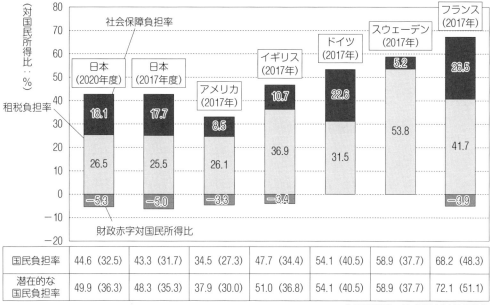

	日本 (2020年度)	日本 (2017年度)	アメリカ (2017年)	イギリス (2017年)	ドイツ (2017年)	スウェーデン (2017年)	フランス (2017年)
国民負担率	44.6 (32.5)	43.3 (31.7)	34.5 (27.3)	47.7 (34.4)	54.1 (40.5)	58.9 (37.7)	68.2 (48.3)
潜在的な 国民負担率	49.9 (36.3)	48.3 (35.3)	37.9 (30.0)	51.0 (36.8)	54.1 (40.5)	58.9 (37.7)	72.1 (51.1)

(対国民所得比：％（括弧内は対GDP比））

図15-7　国民負担率の国際比較

出典：財務省「公民負担率の国際比較」.

抑える方針を出している。

　今後，望ましい社会保障制度を考えていくためには，現在の状態だけに着目するのではなく，次の世代，その次の世代の社会を見通していくことが求められる。今の社会が抱えている課題や取り組んでいる課題を把握するとともに，将来生じる可能性のある課題に対して真摯に向き合い，長期的な視点で社会保障の給付のあり方と国民負担の関係について全世代で考えていくことが求められる。

演習問題

1．社会保障制度は，なぜ必要なのだろうか。ライフサイクルを通して，社会保障制度がどのような問題に対応しているのかまとめてみよう。

2．社会保険制度や生活保護制度の中で，興味や関心をもった制度について詳しく調べてみよう。

3．少子高齢化や人口減少社会に対応していくためには，どのような社会保障制度が今後必要となってくるだろうか。みんなで考えてみよう。

引用・参考文献

椋野美智子・田中耕太郎（2020）『はじめての社会保障—福祉を学ぶ人へ　第17版』
　　有斐閣.

社会保障入門編集委員会（2020）『社会保障入門2020』中央法規出版.

生活保護制度研究会編（2019）『生活保護のてびき　令和元年度版』第一法規.

岩村正彦・菊地馨実・嵩さやか編著（2007）『目で見る社会保障法教材　第4版』
　　有斐閣.

「国民健康保険制度改革の概要」（pdf）厚生労働省 HP.

『平成29年版　厚生労働白書』（pdf）厚生労働省 HP.

『平成30年版　厚生労働白書』（pdf）厚生労働省 HP.

ハローワークインターネットサービス「雇用保険制度の概要」
　　https://www.hellowork.nhw.go.jp/insurance/insurance_summary/html

（関谷みのぶ）

人名索引

事項索引

執筆者紹介（執筆順，執筆担当，＊は編著者，編著者紹介参照）

＊芝野松次郎（しばの・まつじろう，関西学院大学 名誉教授）第1章
＊山縣 文治（やまがた・ふみはる，関西大学 教授）第2章
　宮野 安治（みやの・やすはる，関西福祉科学大学 教授）第3章
　榎本 祐子（えもと・ゆうこ，びわこ学院大学 専任講師）第4章
＊新川 泰弘（にいかわ・やすひろ，関西福祉科学大学 教授）第5章
　本田 和隆（ほんだ・かずたか，大阪千代田短期大学 准教授）第6章
　室谷 雅美（むろや・まさみ，豊岡短期大学 准教授）第7章
　渡邊 慶一（わたなべ・けいいち，京都文教短期大学 教授）第8章
　橋本 好広（はしもと・よしひろ，足利短期大学 准教授）第9章
　古川　督（ふるかわ・さとし，大阪芸術大学短期大学部 教授）第10章
　上村 裕樹（うえむら・ひろき，聖和学園短期大学 准教授）第11章1節
　寅屋 壽廣（とらや・としひろ，元・大阪成蹊短期大学 教授）第11章2・3節
　花岡 貴史（はなおか・たかし，京都保育福祉専門学院 専任講師）第12章
　大村 海太（おおむら・かいた，桜美林大学 助教）第13章1・2節
　高城　大（たかしろ・だい，愛知淑徳大学 専任講師）第13章3節
　青木 淳英（あおき・あつひで，鳥取短期大学 准教授）第14章
　関谷みのぶ（せきや・みのぶ，名古屋経済大学 教授）第15章

編著者紹介

芝野松次郎（しばの・まつじろう）
　　1983年　　シカゴ大学ソーシャルワーク政策実践大学院博士課程卒業
　　　　　　　博士（社会福祉学）（シカゴ大学）
　　現　在　　関西学院大学 名誉教授
　　主な著書　『社会福祉実践モデル開発の理論と実際──プロセティック・アプローチに基づく実践モデ
　　　　　　　ルのデザイン・アンド・ディベロップメント』単著，有斐閣，2002
　　　　　　　『ソーシャルワークとしての子育て支援コーディネート──子育てコンシェルジュのための
　　　　　　　実践モデル開発』共著，関西学院大学出版会，2013
　　　　　　　『ソーシャルワーク実践モデルの D&D ──プラグマティック EBP のための M-D&D』単著，
　　　　　　　有斐閣，2015

新 川 泰 弘（にいかわ・やすひろ）
　　2015年　　関西学院大学大学院人間福祉研究科博士課程後期課程修了
　　　　　　　博士（人間福祉）（関西学院大学）
　　現　在　　関西福祉科学大学 教授
　　主な著書　『地域子育て支援拠点におけるファミリーソーシャルワークの学びと省察』単著，相川書房，
　　　　　　　2016
　　　　　　　『ソーシャルワーク研究におけるデザイン・アンド・ディベロップメントの軌跡』分担執筆，
　　　　　　　関西学院大学出版会，2018
　　　　　　　『子ども家庭福祉入門』共編著，ミネルヴァ書房，2020

山 縣 文 治（やまがた・ふみはる）
　　1982年　　大阪市立大学大学院生活科学研究科後期博士課程中退
　　　　　　　博士（学術）（大阪市立大学）
　　現　在　　関西大学 教授
　　主な著書　『子ども家庭福祉論』単著，ミネルヴァ書房，2016
　　　　　　　『子どもの人権をどう守るのか』単著，放送大学教育振興会，2021

社会福祉入門

| 2021年5月30日 | 初版 | 第1刷発行 | 〈検印省略〉 |
| 2023年4月20日 | 初版 | 第3刷発行 | |

定価はカバーに
表示しています

編著者	芝 野 松次郎
	新 川 泰 弘
	山 縣 文 治
発行者	杉 田 啓 三
印刷者	江 戸 孝 典

発行所　株式会社　ミネルヴァ書房

607-8494 京都市山科区日ノ岡堤谷町1
電話代表 (075)581-5191
振替口座 01020-0-8076

© 芝野・新川・山縣ほか, 2021　　共同印刷工業・坂井製本

ISBN978-4-623-09105-8

Printed in Japan

子ども家庭福祉入門

芝野松次郎・新川泰弘・宮野安治・山川宏和編著　Ｂ５判　164頁　本体2200円
●「子ども家庭福祉」の理論と実際について，わかりやすく解説する。子どもと子育て家庭を支援するための基礎的・専門的な知識や技術を網羅。「子ども家庭福祉の理念・法制度と子育て家庭を支援するソーシャルワーク」を学ぶことに主眼を置いた。また，子育て支援にかかわるいくつかの重要なテーマについて，コラムで解説した。

子ども家庭福祉専門職のための子育て支援入門

才村　純・芝野松次郎・新川泰弘・宮野安治編著　Ｂ５判　176頁　本体2200円
●保育士養成課程の新科目，「子育て支援」「子ども家庭支援論」の教科書。児童福祉法，子ども・子育て支援新制度における地域子ども・子育て支援事業，保育所保育指針の改定における子育て支援などを踏まえて，子ども家庭福祉の理論と実践に関する専門的知識・技術と実践力を修得するために必要となる内容をわかりやすく解説する。

児童や家庭に対する支援と子ども家庭福祉制度［第3版］

才村　純・芝野松次郎・松原康雄編著　Ｂ５判　280頁　本体2600円
●今日の子どもと家庭が抱える様々な問題を整理して説明する。また，児童・家庭福祉に関する法律・制度を体系的に学び，ソーシャルワークの視点から，子どもや家庭への支援の理念と手法を説明する。好評だった第2版までのものに，子ども・子ども子育て支援新制度に関わる説明の追加，学童に関する説明の追加，その他，少年法など改正された法も含め，全体的に最新の制度とデータに対応し，改訂した。

子ども家庭福祉論 ［第2版］

山縣文治著　Ａ５判　250頁　本体2600円
●子ども家庭福祉って何？　子ども子育て支援新制度って何？　に応える一冊。子ども家庭福祉は，全ての子どもの豊かな暮らしを支えるために存在します。子どもは誰の物でも（親のものでも）なく，固有の人格をもった，内発的な生きる力を持った存在なのです。子どもの生活の支援とは，教育でも訓練でもなく，子どもの内部に存在する生きる力を支えることです。本書ではよりよい支援のために，基礎的な知識をわかりやすく説明します。

──────── ミネルヴァ書房 ────────

https://www.minervashobo.co.jp/